英国法中的先例
（第四版）

法源羊皮书

Precedent in English Law

英国法中的先例

（第四版）

〔英〕 鲁伯特·克罗斯 J.W.哈里斯 ◎著

苗文龙 ◎译

北京大学出版社
PEKING UNIVERSITY PRESS

著作权登记号:01-2009-4769
图书在版编目(CIP)数据

英国法中的先例:第4版/(英)克罗斯(Cross,R.),(英)哈里斯(Harris,J.W.)著;苗文龙译.—北京:北京大学出版社,2011.1
(法源羊皮书系列)
ISBN 978-7-301-18293-2

Ⅰ.①英… Ⅱ.①克… ②哈… ③苗… Ⅲ.①法律-研究-英国 Ⅳ.①D956.1

中国版本图书馆CIP数据核字(2010)第251797号

书　　　名:英国法中的先例
著作责任者:〔英〕鲁伯特·克罗斯　J.W.哈里斯　著　苗文龙　译
责 任 编 辑:李　铎
标 准 书 号:ISBN 978-7-301-18293-2/D·2776
出 版 发 行:北京大学出版社
地　　　址:北京市海淀区成府路205号　100871
网　　　址:http://www.pup.cn　电子邮箱:law@pup.pku.edu.cn
电　　　话:邮购部62752015　发行部62750672　编辑部62752027
　　　　　　出版部62754962
印　刷　者:三河市北燕印装有限公司
经　销　者:新华书店
　　　　　　965mm×1300mm　16开本　17.5印张　237千字
　　　　　　2011年1月第1版　2011年1月第1次印刷
定　　　价:36.00元

序　　言

由鲁伯特·克罗斯爵士写就的本书的三个版本，已经成为了学者和律师关于英国法中的先例这一主题的基本教科书。他给这个主题带来了他自己的混合风格，既有学者的，也有实践的常识。由我来承担这本书第四版的修正工作，我感到很敬畏。我要感谢克罗斯夫人和克拉伦登法律丛书的编辑们，谢谢他们将这项工作交给我。所有克罗斯爵士的同事和以前的学生都很怀念他，并哀悼他的故去。三十多年前，我首次见到他，当时他到他和我的母校就法律职业的挑战和陷阱进行演讲。他在那时，而且此后一直都是我和很多其他人的灵感之源。我把这个第四版作为实在太普通的礼物来表达对他的怀念。

本书的目的仍然是要全面陈述目前英格兰的先例原理，并将它放在该主题涉及的法学问题的背景下进行讨论。这些问题包括先例的判决理由和约束力的本质，和其他法律渊源相比，先例的重要性，它们在法律推理中的角色，以及任何法律一般理论都必须对它们加以考虑时的解释。在所有这些问题上，鲁伯特·克罗斯爵士都清晰地论述了一种相当传统的律师的观点。这种方法仍保留在目前这个版本中，尽管考虑到第三版出版以来的该领域的发展，在第2、5、6和7章提及了有竞争性的答案。

主要的变化与判例法有关。要出版这个新版本的理由是，1976年以来发生了很多变化，以至于如果不修订的话，本书就不能继续履行作为参考著作的角色。关于贵族院行使其1966年获得的推翻其本身判决的权力,我们已经有了很多经验。遵循先例方面的其他发展是矛盾的。一方面,*Davis* v. *Johnson* (1979) AC 264 案中的判决已经暂时确定了这个规则,即上诉法院要普遍地接受它自己判决的约束。另一方面,该规则的例外已经有了一种较为宽泛的解释,而且更进一步的对整体的遵循先例的推定例外已经得到了发展——特别地,与没有论证的判决和"废弃"判决有关。所有这些主题需要在相当程度上重写第 3 章和第 4 章。在很多其他方面,近期的例证也已经加入了进来。

在前面的版本中忽略掉的另一发展,与欧共体法对先例原理的影响的可能意涵有关。为了考虑这个问题,在第 1 章和第 5 章里另外增加了材料。我特别想对伦敦大学学院的埃里克·巴伦特(Eric Barendt)教授表达我的感激,因为他对这个主题提供了非常宝贵的建议。我也要感谢牛津大学的萨默维尔学院(Somerville College)的安妮·德·穆尔(Anne De Moor)女士和圣希尔达学院的克里斯廷·格雷(Christine Gray)女士,谢谢他们分别在法国法和国际公法方面给我的帮助。

J. W. H.
基布尔学院,牛津大学
1990 年 7 月

缩略词表

ALJ	《澳大利亚法律杂志》(*Australian Law Journal*)
ASSAL	《南非法律年刊》(*Annual Survey of South African Law*)
CJQ	《民事司法季刊》(*Civil Justice Quarterly*)
CLJ	《剑桥法律杂志》(*Cambridge Law Journal*)
Col. LR	《哥伦比亚法律评论》(*Columbia Law Review*)
Cr. LR	《刑事法评论》(*Criminal Law Review*)
HLR	《哈佛法律评论》(*Haverd Law Review*)
Int. and Comp. LQ	《国际法和比较法季刊》(*Internationa and Comparative Law Quarterly*)
Isr. LR	《以色列法律评论》(*Israel Law Review*)
LQR	《法律评论季刊》(*Law Quarterly Review*)
LS	《法律研究》(*Legal Studies*)
MLR	《现代法律评论》(*Modern Law Review*)
Minn. LR	《明尼苏达法律评论》(*Minnesota Law Review*)
OJLS	《牛津法律研究杂志》(*Oxford Journal of Legal Studies*)
SLR	《斯坦福法律评论》(*Stanford Law Review*)
Vand. LR	《范德比特法律评论》(*Vanderbilt Law Review*)
Yale LJ	《耶鲁法律杂志》(*Yale Law Journal*)

参 考 文 献

关于先例的有价值的论文集粹包含在 *Precedent in Law*, edited by LAURENCE GOLDSTEIN

关于法律渊源的当前领先作品是 *Law in the Making*(7th edn.),by SIR CALLETON ALLEN

The Nature and Sources of the Law(by J. C. GRAY(2nd edn.))是首先从美国角度出发的经典作品。

The Science of Legal Judgment(by JAMES RAM)包含了19世纪早期英国法中有关先例的许多重要信息。

另一项重要的研究是 *precedent in English and Continental Law*, DR A. L. GOODHART 的就职演讲。

在 *A Textbook of Jurisprudence*(4th edn.)(by G. W. PATON), Jurisprudence(by SIR JOHN SALMOND(12th edn. ,edited by P. J. FITZGERRALD))和 *Jurisprudence* by R. W. M. DISA(5th)中包含了有关先例和其他法律渊源的重要篇章。

关于判决理由,应当参照 *Essays in Jurisprudence and the Common Law*, by DR A. L. GOODHART。

关于法律推理,见 *The Nature of Legal Argument* by O. C. JENSEN; *An Introdection to Legal Reasoning*, by EDWARD H. LEVI; *Legal Reasoning and Legal theory*, by NEIL MacCORMICK; *Justice, Law and Argument*, by CHAIM PERELMMAN; *Precedent and Law*, by JULIUS STONE; and *A Theory of Legal Argument*, by ROBERT ALEXY。

The French Legal System, by DAVID and DE VREES, 包含了许多对法国法律渊源有益的描述;关于苏格兰的先例,应当参考 *Precedent in Scots Law*, by

T. B. SMITH。

有关本书中提到的很多主题的美国作品有：*The Nature of the Judicial Process*, by BENJAMIN CARDOZO; *Law and the Medern Mind*, by JEROME FRANK, *The Bramble Bush*, and *The Common Law Tradition*, by K. LLEWELLYN. R. A. WASSERSTROM 的 *The Judicial Decision* 和 D. H. HODGSON 的 *Consequences of Utilitarianism* 从哲学角度对先例进行了讨论。

目 录

导　论 1

先例通常在有关法理学的图书中进行讨论。法理学大致可以说是对法律人的基本假设(fundamental assumptions)进行研究的学问。边沁认为法理学是“系统地忽略每一个人都知道的知识的艺术”。如果我们在这里以“每一个法律人”置换“每一个人”,我们就知道了下面将要研究的法理学的概念。每一个法律人,无论他是开业律师或法律学者,通常都想当然地把这样表述的意思当做“这是一条法律规则”,“这是这个案件的判决理由”,“这个裁决对上诉法院有约束,而对贵族院则没有”,以及“X有权要求Y支付100英镑”。法理学的一个目的就是要阐明这些表述。但是,它不是,或者至少不必是,法理学的唯一目的。对法律规则的道德或社会价值的考量同样构成了该主题的一部分。当法律概念的阐明是研究的首要目标时,这种工作常被称为“分析法理学”(analytical jurisprudence);本书可以被看做一部分析法理学的著作,因为它主要关注的是阐明先例规则和判例法提出的某些其他问题。

法理学研究经常被分为三个部分:法律理论(legal theory)、法律渊源(the sources of law)和法律概念分析(the analysis of legal concepts)。法律理论主要关注法律的本质和定义,法律渊源是法律得以制定的机构,而法律概念分析涉及的是对诸如所有权(ownership)、占有(possession)和法律人格(legal personality)等问题进行详尽的研究。在英国,法律的主要渊源是议会*和高级法院的法官们。如果一位英国的法律人想要知道什么是法律,他首先探究的是这个问题是否受制定法的约束,在这里他希望查阅相关的立法,因为根据议会主权原则(the doctrine of sovereignty of Parliament),法官一定要实施议会的法律。根据这个原则,在法律理论中,议会可以制定也可以不制定法律,尽管它的权力受制于很多实际的约
2 束。英国法律人接下来要探究的内容与法官们的行动有关。他可能想要知道在该问题上有无汇编案例(reported cases),因为根据先例原则,很多英国法来源于法官们的判决和评论,这些可以在各种判例汇编中找到。因为本书主要关注的是先例原则,因此它所针对的只是法律渊源这个主题的一个方面。

法理学的另一种分法是将其分成特别法理学和一般法理学。特别法理学关注的是某一法律制度的基本假设,而一般法理学涵盖范围则更宽。按照奥斯丁(Austin, 1790—1859)的看法,一般法理学研究成熟法律制度所共通的"原则、观念和区别"。本书所确定的研究范围是英国法中先例的运作。因此本书可以称得上是一部特别法理学的作品,尽管会提出一些涉及普遍本质的问题。

第一章比较了先例在英国与在其他地方的运作。第二章、第三章和第四章讨论了英国先例原则的不同方面。在第五章里,比较了判例法和其他英国法渊源。第六章提及了受判例法影响的法律推理这个主题,而第七章关注的是先例原则与诸如法律定义和法律、事实和自由裁量之间的区别等问题的联系。这些分法绝非无懈可击。在第七章之前,我们会提到法律理论的诸多问题,而且通观全书,我们把注意力放在了英国先例原则的优点和不足上。

毫无疑问,本书的很多内容,和本导论一样,对于受过专业训练的法律人来说过于简单。在对此进行责备之前,读者或许应该

---

* 关于议会立法职能的运行,请参阅罗伯特·罗杰斯(Robert Rogers)和罗德莱·瓦特斯(Rhodri Walters):《议会如何工作》第七章,刘莉译,上海三联书店2011年即出。——译者注

记住奥斯丁的下列话语：

> 严格来讲，科学的要素是以最简单的方式被说明的它的各个部分。最具涵盖力的术语，和最简明的序列，是我们简洁地解决它们的不二法门。而且当我们试图定义它们，或者将它们翻译成我们认为更好理解的术语，我们就会被迫面对糟糕且乏味的境况。

3

第一章

英国的先例原则

1. 初　　论

同案同判(like cases should be decided alike)是司法的一条基本原则。[1] 这足以说明,在几乎每一个法院里,法官倾向于以另一个法官已经在一个同样案件中作出裁决的方式来裁决案件。这种倾向的力量变化很大。它可能仅仅是一种按照其他人之前所为来作出行动的癖好,或者它可能是一种实证义务的结果,这种义务就是如果没有理由不遵守先前判决就必须遵守。司法先例几乎在每一个地方都具有某些说服力,因为遵循先例(stare decisis)(遵守之前所决定的)是一条实践中获得普遍适用的准则。英国先例原则的独特特征在于其具有很强的强制力。英国法官有时被迫遵守一个先前的判例,尽管他们有另外看来充分的不这样做的理由。

判例法

英国先例原则的强制力归功于惯例规则,被称为"先例规则"(rules of precedent),这被用来实施更为根本的规则,即英国法在很大程度上是以判例法为基础的。"判例法"由法官在作出裁决时阐

〔1〕 关于此原则在先例背景下的哲学讨论,见 David Lyons,"Formal Justice and Judicial Precedent", *Vand. LR* 38(1985), 495; Theodore Benditt,"The Ruele of Precedent", in Laurence Goldstein (ed.), *Precedent in Law*, ch. 4.

述和据以行动的规则和原则组成。[2] 在一个判例法为基础的制度
中,后来案件的法官必须尊重这些原则;它们不仅仅像在某些其他
法律体系中那样,是后来案件的法官在准备作出裁决时可以考虑
的材料。英国法在很大程度上是一种判例法体系,这个事实意味 4
着法官在某一特定案件中的判决构成了"先例"。如果我们将自己
放在一个处于后来案件中的法官的位置上,可以说会有很多不同
种类的先例。法官可以仅仅有义务将以前的裁决当作其作出当下
裁决所依赖的部分材料,或者他有义务以先前案件被裁决的相同
方式对置身于其面前的案件作出裁决,除非他能给出不这样做的
充分理由。最后,初审案件中法官有义务以先前案件被裁决的相
同方式来裁决这个案件,即使他有不这样做的充分理由。在最后
提及的情况中,与其他情况下先例仅具有"说服力"(persuasive
effect)——在这些情况下,先例的说服力可能变化非常大——相
比,该先例被称为"约束性的"(binding),或具有"强制力"(coercive
effect)。

我们的某些部门法几乎完全是法官判决的产物,他们基于合理理由的判决已经被各种类型的判例汇编了近七百年。我们其他部门法以制定法为基础,但是,在很多情况下,判例法在制定法解释过程中起到了重要的作用。因为议会主权在英国实际上比世界任何其他国家更为彻底,可能有人认为这个国家先例原则的刚性没有什么特别的重要性,因为任何判例法导致的不令人满意的结果可以由立法来清除,但是就此进行立法的话,往往来的缓慢而且困难。在很多情况下,议会专门调查委员会和诸法律修改委员会有意改变判例法所产生的状况,其原因明显是仅仅为了消耗议会时间。*

或许这些情况以后会减少,因为现在有不少非常重要的法律

---

〔2〕 对于什么程度的建议性观点可以构成法律的渊源,见 Joseph Jaconelli, *LQR* 101(985), 586.

* 关于此点如何操作,请参阅《议会如何工作》第六章。——译者注

改革机构,著名的有法律改革委员会——处理有关勋爵提交的事务方面的民事法律改革事宜,刑事法律修改委员会——处理有关内政部长提交的事务方面的刑事法律改革事宜,以及,所有这些机构中最重要的——法律委员会。该委员会于 1965 年依法成立,负责从系统发展和改革的角度,特别是法典化的角度审查法律。当法律委员会的工作产生出英国重要部门法的法典时——将来可能会如此,判例法的作用从此将变得不那么重要。

先例规则

先例规则依赖于法院的惯例,这种惯例变化相当大。在最近的 1948 年,可能是古德哈特博士(Dr Goodhart)——当时关于先例的一位最主要的作者——认为“英国先例原则比以往任何时候都更为刚性”。[3]

然而,从那时起,就有了放松的迹象,这种放松在 1966 年的一次非常重要的惯例陈述(Practice Statement)达到了巅峰,我们将在 104 页对之进行全面的说明。在这次陈述中,勋爵说,尽管,从总体上说,贵族院将继续认为其过去的判决对其具有约束力,它将通过偏离一个过去的判决——当其认为这样做是正确的之时——来修改其当时的惯例。根据盛行于 1898 年到 1966 年之间的惯例,贵族院认为其自身要接受其过去判决的绝对约束,在整个 19 世纪就已经有了一种显著的通往此方向上的趋势。

目前英国的先例原则在一定程度上可是说是处于不断变化之中(in a state of flux),但是看起来有三个稳定的特征。这些特征是尊重上级法院的判决,下级法院的判决对上级法院来说是一种说服性先例,以及上级法院的判决对下级法院总是约束性先例。我们对英国法院的等级体系做一个简要的描述,这样就会对这些论点有更好的理解。

---

〔3〕 64 *LQR* 40.

英国法院的等级体系

从民事法院开始将是合适的。在这个等级体系的最底端有郡法院(County Court)[*]和治安法院[**](Magistrate's Court),它们对初审案件具有有限的司法管辖权。接下来是高等法院(High Court),对此类案件行使无限制的司法管辖权。高等法院的诸分庭(the Divisional Courts),作为高等法院的组成部分,除了初审某些特别的申请外,还行使有限的上诉管辖权。[***] 在民事法院的等级体系中,接
下来是上诉法院民事分庭(Civil Division),听审来自郡法院和高等 6
法院的上诉。最后,是贵族院,它听审来自英格兰上诉法院(the English Court of Appeal)、苏格兰最高民事法院(the Court of Sessions in Scoland)以及北爱尔兰上诉法院(the Court of Appeal in Northern Ireland)的上诉。

---

* 它们的管辖权范围为:(1) 合同和侵权案件(诽谤除外);(2) 金额不超过3万英镑的衡平案件(信托、抵押、合伙等);(3) 恢复土地之诉;(4) 无抗辩及某些有抗辩的婚姻案件;依1989年《儿童法》进行的程序;(5) 破产案件。——译者注

** 治安法官享有有限的民事诉讼管辖权,其中包括适用于婚姻救济的家事程序,包括婚姻关系无法存续时,如果不是妇女一方提出的离婚,那么他可以为自己和/或孩子申请生活费支付令,家事程序也可以适用于孩子的监护问题,治安法官也可以命令具有暴力行为的配偶一方离开家庭,还可以认可那些不是寡妇或者鳏夫的16或17岁未成年人的婚姻,除此之外,治安法官也管辖那些酒馆、餐馆、博彩店和娱乐场所的许可审批和家庭税的征收等问题。——译者注

*** 这些高等法院的分庭管辖范围有明确分工,具体而言,王座分庭(queen's bench division)受理以下民事诉讼:除了由家事分庭和衡平分庭管辖以外的合同、侵权和其他案件,分庭内设两个独立法庭对商事案件和海事案件行使管辖权,分庭基于司法审查的申请对下级法院和裁判庭的运行进行监督;家事分庭(family division)受理有抗辩的婚姻案件及有关婚姻的合法性和效力、1882年已婚妇女财产法,以及其他有关婚姻争议和子女的事项的诉讼,另外,它还受理治安法院的家事诉讼法庭有关家庭事项的上诉(例如,有关子女的命令);衡平法庭(chancery division)受理有关抵押、契据土地买卖合同的实际履行、合伙、公司、破产、税收以及有争议的遗嘱检验事项的案件,还对来自郡法院的有关破产和土地登记事项的上诉享有有限的管辖权。——译者注

就刑事法院而言,治安法院对初审案件行使重要的简易程序管辖权。在一个简易案件中,已决犯有权上诉至刑事法院(crown court),但是有关简易程序管辖权的最为重要的上诉和监督工作是由高等法院王座分庭(queen's bench division of the high court)来完成的。刑事法院受理按正式起诉书审判的案件。根据正式起诉书经由审判的已决犯可以上诉至上诉法院刑事分庭(the court of appeal (criminal division)),此后可上诉至贵族院。

英国先例原则初论

贵族院的惯例陈述展现了诸先例规则是多么易于被改变,但是下面的初步陈述代表了1990年7月末的惯例趋势。每一个法院都必须遵守等级体系中高于它的法院所做的判决,上诉法院(贵族院除外)必须受其先前的判决的约束。

对于某些细节尚有可争论的余地,而且不可否认的是,这种陈述在某些方面是不够准确的,尽管这些方面不甚重要。这种不准确涉及刑事法院对来自治安法院的上诉案件所做判决的效力。这样的判决可能日后并不约束治安法院或刑事法院本身。这种不准确不甚重要,是因为先例原则主要是对其有关法律问题的裁决定期被汇编的法院才有重要意义。行使上诉管辖权的刑事法院的判决并不被包含在任何日常应用的判例汇编系列之中,而且,在没有被汇编的情况下,遵循先例原则容易是无效的。然而,对于为什么英国先例原则的上述初步陈述过于准确和独断,有一些严肃的原因。它并没有指出只有一个先前判例的某些方面——所谓的判决理由(ratio decidenti),才有约束力,而且它并没有提及遵循先例原
7 则有着重要的诸多例外。这些问题将在以后诸章里进行讨论,但是一定不能忘记,先例诸规则服从于判例法的规则,而且远远没有法官有义务考虑判例法的规则那么重要。在最近的两种情况下,上诉法院已经拒绝遵守贵族院的判决,贵族院已经以一种近乎劝告的态度做了回应,但是普通法毫发无损。一个拒绝认为尊重普通法乃其义务的法官将被认为非常与众不同,而且,如果这种拒绝

被广泛接受,那么英国法律制度就会遭遇一次最严重的革命。

在对现代的英国先例诸规则进行说明后,我们就将它们与今天其他国家和其他时代的英国所应用的先例诸规则做一次对比。

2. 说　　明

上面提到的英国先例原则的第一个特征,尊重上级法院所做的判决[4],可以从 *Beamish* v. *Beamish* 案对 *R.* v. *Mills* 案的处理中得到说明。在 *R.* v. *Mills* 案[5]中,因为某些尚不清楚的历史原因,而且没有很多先前的权威,贵族院接受了这样的规则,即在普通法上,一个英国国教牧师的出席对于在英格兰或爱尔兰的婚姻有效至为重要,结果导致爱尔兰长老会婚姻无效。尽管该判例被制定法乃至后来的判决在一定程度上改变了不少,但还是引发了不少麻烦。贵族院议员们在投票是否接受法官们的意见时旗鼓相当,因此这个判决的有效性给人留下了更为深刻的印象。爱尔兰上诉法院的判决,反对该婚姻的有效性,相应地只能根据推定否定者有利原则(the principle *praesumitur pro negante*)*来确认。一个动议已经被提出,因为没有被执行,它就被认为已经失败了。

在 *Beamish* v. *Beamish* 案[6]中,贵族院决定,新郎任圣职(Holy Orders)这个事实并没有阻碍 *R.* v. *Mills* 案所确立的规则的适用。为了使得婚姻生效,牧师出现时,必须作为一位司仪神父(a cele- 8
brant)而非婚礼的一方(a party to the ceremony)。坎贝尔勋爵(Lord Campbell)不同意盛行于之前判例中的这种观点;但是,在 *Beamish* v. *Beamish* 案中,他说:

---

[4] 例如,贵族院,上诉法院,高等法院,以及充任初审法院的刑事法院。

[5] (1844) 10 CL. & F.534.

* 根据英国贵族院的议事规则,当对一项动议的支持与反对意见相等时,则推定该动议被否决。对该原则,国内有人译为"推定否决原则",可能不够准确。——译者注

[6] (1861) 9 HLC 274. see specially per Lord Campbell 338.

如果我有资格的话,我现在请求阁下们重新考虑 *R. v. Mill* 一案所确立的原则,特别是当那时主事法官抱怨,没有适当的时间进行考虑就匆匆地作出判决,听取这场辩论并对"上诉反对的判决应该被推翻"这个问题进行投票的本院的议员们,势均力敌;因此,决定一位长老会男牧师和女人——他们都笃信他们的宗教,他们都相信他们正在缔结合法的婚约,他们已经作为丈夫和妻子生活在了一起,而且他们作为这样的丈夫和妻子生活在一起时生育了孩子们——的婚姻无效的判决,只有在阁下们的议院里根据这个技术规则才得以宣布,即在一次分门表决(*a division*)* 时,当反对者和支持者人数相同时,推定反对者有利。但是我有责任说,阁下们受此裁决的约束,好像它是在毫无反对地情况下被通过的一样,而且作为阁下们参加这个帝国最后的和最高的上诉法院进行司法事务,作出你们的判断根基的法律规则,在被一项平民院和国王以及阁下们同意的议会法律所改变之前,必须被当作法律。法律就是阁下的判决理由,清晰地约束着所有其下的法官们以及所有其他女王的臣民,如果认为它并不平等地约束着阁下,本院就僭越了自身改变法律和通过其自己单独权威进行立法的权力。

值得注意的是,坎贝尔勋爵提到了贵族院作为最高上诉法院开庭时确立的一项规则。在一个高度不寻常的贵族院背景下——它确立了藐视其自身动议程序的制度,其中贵族院的一个上诉委员会既充任初审法院又充任终审法院,无论在审理过程中提出的有关任何法律问题的规则是否确立了一个有约束力的权威,都会

---

* 英国议会两院中对动议表决时,将反对与支持该动议的议员自然地分成两个表决厅的表决方式。愿意表决的议员离开会议厅(chamber),进入其中一个分表决厅(division lobby),两名计票员站在分表决厅的入口处,在议员向书记官通报了姓名走出分表决厅时计点议员数;而那些弃权的议员则不离开会议厅。多数一方的计票员向议长(speaker)或主席报出数字,然后由后者宣布分组表决结果。——译者注

受到人们的责难。[7]

第 5 页提到的英国先例原则的第二个特征，下级法院的判决对上级法院而言是有说服力的，这可以由贵族院在 *Ross-Smith* v. *Ross-Smith* 案[8]对 *Simonin* v. *Mallac* 一案的处理得到说明。[9]

Simonin v. *Mallacan* 是离婚及婚姻案件法庭*全席庭的一个判 9
决，它多多少少有些预示着现代的等级体系；其判决无论是在过去还是在现在都绝对不对贵族院构成任何约束。据此，英国法院对因为仪式（如果它是在英格兰举行的，虽然当事人都定居在法国，例如，他们在那里有永久的住所，而丈夫暂居那不勒斯）中的某项缺失而要求婚姻从一开始就无效的请求拥有司法管辖权。此项判决的根据是，"当事人通过相互表示在英格兰缔约就互相给了对方要求该契约的效力由一个英国审判庭裁决之权利。"[10]

Ross-Smith v. *Ross-Smith* 案由贵族院的七名成员进行审议，其中一个在能够给出自己意见之前就过世了，尽管他已经对之做好了准备。这份意见被宣读了，但是这个判例必须被推定是由贵族院的六名成员裁决的。他们中间，没有人接受刚刚引用过的 *Simonin* v. *Mallacan* 案的判决理由；但是一个先例可以是一个说服性的权威，尽管它并没有说服，特别是当它被遵循之时，如 *Simonin* v. *Mallacan* 已经在很多场合被遵循。里德勋爵（Lord Reid）说：

---

〔7〕 Re Lonrho plc (1990), 2 AC 154, 201.

〔8〕 (1860) 2 Sw. & Tr. 67.

〔9〕 [1963] AC 280.

* 离婚及婚姻案件法庭（court for divorce and matrimonial causes or court of divorce and matrimonial causes）是指根据 1857 年《婚姻案件法》（Matrimonial Causes Act）设立的普通法法庭，被赋予了以前英国教会法庭对婚姻案件的所有管辖权，此外还享有批准离婚、发布婚生宣告等新的权力。该法庭由御前大臣（lord chancellor）、王座法庭（queen's bench）、民诉法庭（common pleas）和财税法庭（exchequer）的 3 名首席法官和 3 名资深常任法官以及该法庭的常任法官组成全席庭（full court），但实际上所有的案件都由常任法官初审。依据 1873 年《司法法》（Judicature Act），该法庭被撤销，其职能转归新的高等法院中的家事法庭。——译者注

〔10〕 2 Sw. & Tr. 67, at 75.

> 在主张该判决应该被推翻之前，我必须确认不仅其判决理由是错误的，而且没有其他能够支持该判决的根据。[11]

既然不能发现任何这样的根据，里德勋爵和他的两个同僚准备推翻 *Simonin* v. *Mallacan* 案，但是，因为贵族院在这一点上正反双方力量均等，他们最终根据 *Simonin* v. *Mallacan* 案的判决必须被限制在被宣称无效的婚姻方面而作出了他们的结论，正如贵族院的两个其他成员所做的一样；贵族院的第六个成员不同意，而且本可以把 *Simonin* v. *Mallacan* 案引申以适用于他面前的这个案件。

Ross-Smith v. *Ross-Smith* 案里的焦点是英国法院是否对这样的撤销婚姻拥有司法管辖权，因为该婚姻有故意的拒绝或不能完成的描述而使得其本身无效，如果该婚姻是在英国举行仪式的，尽管当事人定居在其他地方，而且丈夫居住在国外。通过一个五比一的多数，贵族院作出了否定的回答。

10 离婚和婚姻案件全席庭的判决是否约束初审法官或许是一个有些棘手的问题，但是 *Simonin* v. *Mallacan* 案已经被上诉法院暗示地当作善法，而且贵族院在 *Ross-Smith* v. *Ross-Smith* 案根据它对之进行处理，这个事实已经足够促使乔斯林·西蒙爵士（Sir Jocelyn Simon P）本人在 *Padolecchia* v. *Padolechia* 案中认为自己受到了它的约束。[12] 我们然后对第 5 页提到的英国先例原则的第三个特征进行说明。无论上级法院的判决多么不合常规（根据 *Simonin* v. *Mallacan* 案的处理在司法上被描述为“永存的错误”（the perpetuation of error））[13]，一旦其获得上诉法院的支持，它就对等级体系中所有其下的法院构成约束。

直到最近，获得广泛认定的是，贵族院的一个上诉委员会对上诉的拒绝使得一个判决更有权威。贵族院在 *Wilson* v. *Colchester* 案

---

〔11〕 [1963] AC at 294.

〔12〕 [1967] 3 ALL ER 863.

〔13〕 *Garthwaite* v. *Garthwaite* [1964] p. 356 at 391 per Diplock LJ.

审判中已经着力修正了这个"错误印象"。[14] 对于为什么许可可能被拒绝而非判决获得同意,有很多原因。对许可的允许或拒绝绝不能被看做对下级法院的判决和裁判暗含的否决或同意。

3. 与法国的比较

尽管它们之间有种种重要不同,法国法律体系可以被当作进行目前讨论的西欧法律体系的典型。

从严格的法律理论角度来看,法国法根本就不是以判例法(la jurisprudence)为基础的。民法典和刑法典在理论上是完备的,它们(以及其他制定法条款)被认为是涵盖了普通的法院(ordinary courts)涉及的每一种情况。仍可争论的是,严格讲,判例法在法国不是一种法律渊源,因为一个法官在作出判决时并无义务考虑判例法。《法国民法典》第5条禁止法官在宣布一项判决时制定一般规则,而且对于一个法国上诉法院而言,很可能将一个仅仅根据过去的判决作出的裁决置之不理,因为该裁决缺乏足够的法律根 11
据。[15] 虽然如此,在法典的解释以及法典在事实上付之阙如的问题之解决方面,还是有一种实质的判例法。此外,国家行政法院(Counseil d'Etate)实施的行政法(droit administratif)并没有法典,该机构并不被当作普通的法院,而且它主要是以判例法为基础的。

从实践的角度来看,英国判例法和法国判例法的一个最为重要的区别在于这样的事实,即法国法官并不认为自己受一个先前进行审判的任何法院的判决绝对约束。他就某一特别的问题尽力去探知近来判决的趋势。引用一个杰出的法国法学家的话就是,"法院的实践并不能成为一种法律渊源,直到它被在某一问题上一

---

〔14〕 (1985) AC 750.

〔15〕 David and De Vrees, *The French Legal System*, 115.

致的诸多先例一再重复而明确地确定下来。"[16]尽管有人已经建议说,这种本质的陈述对于一个偶然的单独判决在法国法发展过程中的影响不够公平[17],还是几乎没有人怀疑,一个法国法官将不会在关于*R.* v. *Mills*案的异议方面分享坎贝尔勋爵的克制。

对于法国和英国适用先例原则的方法之间的不同,有三个主要的原因,分别是英国法官对法律中的确定性的要求之强烈要超过大多数欧陆的法官、英国法院高度中央化的等级体系以及法官在两个国家的地位的不同。

确定性之需要

古德哈特博士已经强调过第一点。欧陆法官毫无疑问与英国法官一样总是想要法律确定,但是他对这种需要不那么强烈,因为
12 之前的罗马法和法典化的习俗以及后来的拿破仑时代的诸法典提供了规则背景。这些导致了欧洲法的确定性尺度较大。罗马法从来没有在英格兰被"继受"过,而且我们从来就没有对整个法律进行书面描述意义上的法典。"英国司法,如果不想处于不稳定状态下,需要一种强力的黏合剂。这在普通法的先例原则中可以发现,这种原则非常而且特别强调刚性和确定性。"[18]

法院的等级体系

法国的司法制度以国家被划分为数个地区为基础。就民事案

---

〔16〕 Lambert, "Case-method in Canada", 39 *Yale LJ* 1 at 14. 对法国先例操作以及法国法院的裁判实例的有益描述见 Lawson, "Negligence in Civil Law", 231—5. 另见 Esmein, *Revue trimestrielle de droit civile* (1902), i. 5; Encyclopédie Dalloz, iii. 17; "Le Droit privé francais", by Ripert, i. 9; O. Kahn-Freund, C. Lévy, and B. Rudden, *A Source-book of French Law* (2nd edn.), pt. I. 在西班牙,看起来最高法院的两个判决建构了一种约束下级法院的"原则",尽管最高法院后来改变了这个"原则"(Neville Brown, "The Sources of Spanish Law", 5 *Inst. Comp. LQ* (1956), 367)。

〔17〕 Gutteridge, *Comparative Law*, 90.

〔18〕 "Precedent in English and Continental Law", *LQR* 50 (1934), 40 at 62.

件而言,每一个地区都有一个初审法院和一个上诉法院。地区的初审法院并不受他们自己先前的判决或任何其他地区的初审法院判决约束,这样的初审法院也不受它们自己的或其他地区的上诉法院的先前判决约束。地区上诉法院既不受他们自己的过去判决约束,也不受任何其他地区上诉法院过去判决约束。对于法律问题,当事人有权从地区上诉法院上诉至巴黎的最高法院(the Cour de Cassation)*。理论上,这个组织不受任何其自己先前判决约束,而且地区法院不必遵循最高法院在先前案件中作出的判决。就最高法院审议的实际案件而言,该法院可以将它发还给上诉所来的那个地区附近的地区上诉法院对其进行重审。如果该案件再次被上诉至最高法院,从 1967 年开始该法院有权最终处置此案,而不是以一种有约束力的指导态度将其发还另一个地区上诉法院——后者要以此作出裁决。

较为严重的刑事案件由地区重罪法院审理,除了就一个法律问题向最高法院提出申请(这可能导致一次新审判的命令)之外,不能就此法院的判决提出上诉。

以刚刚勾勒的如此分散的一种法院体系,对于法国来说,很难发展出在每个方面都如同我们自己那样刚性的先例原则。即使法 13
国最高法院已经开始使其自己和地区法院受到其过去判决的绝对

---

* 法国最高法院成立于大革命时期的 1790 年,其名称 Tribunal de Cassation,意为撤销法庭,它并不行使一般法院的司法职能,而是维护立法权不受司法权的侵夺,监督各类法院,防止它们通过司法解释而偏离法律文本。1804 年,拿破仑将撤销法庭正式命名为最高法院(La Cour de Cassation),直译其实还是撤销法院,并没有用与英美 Suprem Court 对应的 Cour Suprême 命名。这时大革命时代对司法机构的敌视已经逐渐消逝,民法典确认了司法解释的必要性。然而,它还是不能够根据案情作出自己的判决,而只能撤销原判,将案件发回原审法院重新审理。下级法院仍然可以再作出与被撤销原判一致的判决。第二个判决由最高法院的合议庭审查,如结果还是被撤销,则案件应交给与原审法院同级的一个第三法院审理,该院必须听命于最高法院的观点。这样的传统一直持续至今。意大利最高法院与法国类似,也只能撤销原判,然而程序却简化了:第一次接受重审任务的法院便须遵循最高法院的法律观点。——译者注

约束,在地区上诉法院这一层次,具有几乎不可避免的相当大的灵活性。期待任何事情都有英国法官所要求的判决的一致性,显得太过分。法国法的一致性依赖于各种法典——通过这些法典,这种一致性被宣布,此外还依赖于 la doctrine——法学家的意见——而非依赖于法学(la jurisprudence)。

法官地位的不同

法国法官的地位迥异于他的英国同行。首先,我们的高级法院的法官数目要少于法国的司法人员;其次,法国的司法人员,不像我们那样来自律师而是来自文官(civil service);再次,很多法国法官都是相对年轻而且没有什么经验的人。他们带着从事司法职业的意图进入司法部,经过稍加培训后成为小地区法院里的低级法官。结果是,法国的司法阶层被认为没有英国的司法阶层那样重要,而且,尽管很难评价这些问题的重要性,一般而言,而且或许是公正的,它们有助于解释在这个国家里给予判例法的尊重要甚于欧陆给予它的尊重。更为重要的是这个事实——英国法官是英国法律的建筑师。

> 普通法是普通法法官进行司法活动的纪念碑。是普通法法官,而非立法者或学者,创造了普通法。他仍然享受着这种成就所带来的威望。[19]

对于此种不同,诸多更进一步的原因

也必须注意英国和法国法院的判决结构不同(我们将在第 49 页对之进行讨论)以及法国最高法院判决的判例数目十分巨大。先例应该有约束力,但是如果难于发现精确的判决理由以及总是不易从法国的判决中抽取出精确的判决理由,这个规则就不太可能发展出来。上诉法院的判决应该足以构建约束性先例,这个规

〔19〕 von Mehren, *The Civil Law System*, 839.

则几乎不可能在一种有很多上诉的司法管辖中发展出来。贵族院每年只听审大约30起来自英国法院的上诉案件,但是法国最高法院的各种审判庭每年要处理大约1万起案件。 14

尽管从理论上讲,英国和法国适用判例法的方法有很大的不同,而且总体而言,在法国先例规则是缺席的,但是这两种司法体系的共同点要比想象的多。

第一,法国法官和法学家都对法国最高法院过去的判决给予最大程度的尊重。[20]

第二,英国法官解释案件的判决理由的方式倾向于使其对待法律问题的态度类同于他们的法国同行。例如,在*Wells* v. *Hopwood*案[21]中,王座法庭必须决定一艘船是否属于租船契约中所约定的"搁浅"。在之前的大量判决中,有些坚持这一点,而且首席法官坦特顿勋爵(Lord Tendterden CJ)以下列的术语对它们进行了处理:

> 截至目前为止,关于该主题已决的很多判例彼此都非常接近,而且不易区分。但是对我来说,一项法律的原则和规则——尽管在它们中间或许并没有一个明确的规定,可能从更多的判例中得出会更为公正。[22]

坦特顿勋爵继续根据他之前解决的问题来阐明某项原则。这是英国司法推理的一种共同类型,而且在适当的时候会对其进行进一步的研究。它意味着处理同一问题的很多判例必须放在一起阅读,以确定法律要点,对此,任何人在某一特定的时间里都是权威。这样说是错误的——在决定判例D时,一位英国高等法院的初审

---

〔20〕 我们可以毫不矛盾地说,对最高法院的判决有更多合法的尊重,因为如果说它通过法律解释变更或修改了法律,那么我们可以说它从没有放弃通过创造先例来保持司法的统一:Encyclopédie Dalloz, iii. 22, para 26. 自1967年以来,对最高法院所有分庭的全席审描述已经成为了"全体法院"(Assemblée Plénère)。

〔21〕 (1832) 3 B. & Ald. 20.

〔22〕 At 34. 现代的一个例子,见 *Unit Construction Ltd.* V. *Bullock* [1960] AC 351 at 368 *per* Lord Radeliffe.

法官考虑上诉法院作出判决的判例 A 和 B,以及另一个高等法院
15 初审法官作出判决的判例 C,以看看该法律是否已经“通过在同一问题上达成一致的诸多先例的一再重复而被精确地确定下来”。然而,他对待判例 A 的判决理由的态度可能受到判例 B 和 C 的主审法官的意见的深刻影响。英国的判例法与法国的法学不同,但是认为我们的法官永远栖息于一种独特的荒野上,却是不正确的。就目前而言,如果我们不去理睬英国法官和法国法官表达他们的结论的方法的不同,那么看起来两种司法体系的分歧在针对法院要处理的问题只有一种重要的判决时(如 *Beamish* v. *Beamish* 那样的判例)是最为值得注意的。很有可能的事,一个法国的初审法官会觉得自己同乔斯林·西蒙爵士在 *Padolecchia* v. *Padoleccina* 案中一样受到 *Simonin* v. *Mallac* 案的约束而去遵循它,尽管这可能是由于这样的事实,即 *Simonin* v. *Mallac* 案已经被很多判例所遵循,而不是由于那样的事实,即该判决已经得到了上诉法院在相对较少场合下的支持。两种判例法体系更为深刻的区别的另一方面是由于《法国民法典》第 5 条,它禁止法官制定一般性规则。对于英国上诉法院而言,制定规则并非不同寻常之举,例如关于受损量,下级法院在以后要遵循这些规则。这在法国几乎不可能发生。同时,另一方面,我们将看到,一个有约束力的英国先例的判决理由可以通过以后的区别技术而缩小,以使得被当作权威的规则不会如其最初阐述得那样宽泛,法国最高法院的陈述就不会碰上如此的事情。后者在实践中可能强化法律的治理,而这些法律与制定法规的形式紧密相连。然而,吊诡的是,尽管《法国民法典》第 5 条拒绝给予法院判决“正式”法律渊源的地位,作为“实质的”或“历史的”渊源,它们可能通过经常的重复,可以获得甚至比贵族院判决更高的立法效力。

4. 与欧洲法院的比较

自 1973 年 1 月 1 日起,欧共体的可以直接适用的法律已经成

为一种英国法律渊源。这种对英国先例规则的发展的意涵将在第五章末尾进行考虑。在此阶段，出于比较的目的，我们来说说位于卢森堡的欧洲法院采取的对待其自己先前判决的态度。[23] 这些判决所建立的法学成为欧洲共同体法越来越重要的一个部分，而且，作为结果，对所有成员国的法律人来说也越来越重要。 16

欧洲法院的判决风格类似于上一节讨论的法国上级法院，而且，在某种程度上，法国对司法裁决作为法律渊源的理解，已经被延续。因此，尽管当其中的一个成员国法院根据《罗马条约》177条针对共同体法的一个问题作出初步裁决时，欧洲法院宣布该裁决就对所有相关法院在审的案件有约束力，从来没有清晰地指出这样的裁决对其他案件也有约束力。然而，它们具有如此约束力的观点在该法院的某些判决中是不够明晰的。[24]

更进一步，根据欧洲法院的法律原则，一个国家的法院总是可以自由地要求欧洲法院重新审议其先前的裁决。这最早是在 Da Costa 案中确定下来的。[25] 一个荷兰法院提交给欧洲法院一个问题，这个问题与在以前的一个案件中提交过的条约解释问题是一样的。欧洲法院认为它可以审议这个问题，但是在缺乏新因素的情况下，就简单地让该荷兰法院考虑其先前的裁决。

接下来，欧洲法院并不认为自己受其先前判决约束。欧洲法院法务官(Advocate-General)* 拉格朗日(Lagrange)提出，它可以因

〔23〕 见 N. Brown and F. G. Jacobs, *The Court of Justice of the European Communities* (3rd edn.), 311—318.

〔24〕 见 e. g. 66/80 *International Chemical Corporation SpA* v. *Amministrazione delle Finanze dello Stato* [1981] ECR 1191 and 112/83 *Société des Produits des Mais SA* v. *Administration des Douanes et Droits Indirects* [1988] 1 CMLR 459，二者都认为裁定一种共同体措施是无效的 177 条对于所有国家的法院如此对待它就是一种充分的理由。

〔25〕 28—30/62 *Da Costa en Schaake NV* v. *Nederlandse Belasting Administrtie* [1963] ECR 31.

* 欧洲法院法务官，是法院成员，但是不是法官，负责就提交法院裁决的事项向法官提供其详尽论述的意见。国内另有人翻译为“公设律师”。——译者注

为新事实和论证或者仅仅因为它认为另一个判决更为合适而对它们进行审议。[26] 该法院在很多案件中行使了这种自由，大多数都
17 是引人瞩目的，当其清除一种饱受批评的司法障碍时更是如此，这种障碍已经对非契约侵权诉讼构成了壁垒。[27]

欧洲法院的实践

无论如何，欧洲法院的实践已经普遍地遵循了先例。它经常重复以前判例的段落，提及它们的名字，尽管有时候在措辞上有些许变化。经常困难的是去弄清楚这些变化是偶然的还是为了指出重点的改变而进行的有意设计。尽管欧洲法院经常清楚地遵循其先前的诸多裁决，它并没有以分析的方式对它们进行讨论。它也不试图区别它们或解释为什么它不遵循它们，在这种情况下，一个英国法院将认为对它们进行区别或解释为什么不遵循它们才是适当的。然而，在欧洲法院作出其判决之前法务官提交的意见里，几乎总是有对相关先例的充分讨论(情况经常是，当欧洲法院不遵循法务官的意见时，并不给出进一步的解释)。

几乎不必说，欧洲法院不区分判决理由和附随意见，而这对于英国的先例原则来说是至关重要的。然而，欧洲法院法务官华纳(Warner)已经做了这样的区分[28]，而且该法院的一位法官在法庭职权之外(extra judicially)的写作中已经论证说，欧洲法院已经在实践中接受了这种区分。[29] 最不可能的是，该法院明确地作出这种区分。因为在理论上接受遵循先例以及如我们在法国的情况所见的那样，是与民法法系的裁判权不相容的。更进一步，欧洲法院

---

〔26〕 Ibid., 42—43.

〔27〕 See 4/69 *Lütticke GmbH* v. *Commission of the EEC* [1971] ECR 325，实际上在此点上推翻了 25/62 *Plaumann and Commission of the EEC* [1963] ECR 95.

〔28〕 112/76 *Manzoni* v. *Fonds National de Retraite des Ouvriets Mineurs* [1977] ECR 1647, 1662.

〔29〕 T. Koopmans, "Stare Decisis in European Law", in D. O'Keefe and H. G. Schermers (eds), *Essays in European Law and Integration* (Amsterdam, 1982), 11, 22—23.

的裁决风格也无需这样明确的区分。与英国上诉法院的判决相比，它们往往很简短，而且在风格上显得教条——有很多对抽象原则的讨论，对事实的审查却不够详尽。与英国判决的另一个区别是它没有一致意见(concurring)和异议(dissenting)相分离的判决。18
英国(以及美国)司法实践经常使得决定上诉裁决的判决有极端困难。这种困难不存在于欧洲法院裁决的解释之中。另一方面，无需讨论先例和欧洲法院判决的抽象风格经常抵消了解释问题。

这些不同的原因所在

在实践中，欧洲法院对待先例的态度与某些英联邦国家高级法院以及美国法院对待先例的态度差不多。另一方面，与英国的贵族院相比，它可能更容易偏离其判例法。此外，当欧洲法院这样做时，它看起来并不认为自己有任何义务对其思路的转变进行解释。对这些不同，一个明显的原因是欧洲法院主要是一个民法传统的法院。它的十三个成员国中的绝大多数都在民法法系的司法背景下接受教育，进行法律业务，在这种司法背景下，约束性判例法和判决理由—附随意见的区分是不为人所知的。欧陆的，特别是法国的法律思想模式自不列颠和爱尔兰加入欧洲共同体之前的阶段起就一致很盛行。在最后几页讨论法国的司法制度因此与这种上下文是相关的。

还需要强调的是，欧洲法院既是一个宪法法院，也是一个行政(或其他类型的)法院。例如，它裁决欧洲共同体内政治机构之间的争议，而且制定有关欧洲共同体和国家法律体系关系的各种原则。正如美国最高法院可以自由地推翻它自己的先前判决一样，因此当欧洲法院认为在宪法上扩张或(有人或许会这样说)不考虑先例合适时，它就会这样做。对于允许宪法法院(或类似于欧洲法院这样行使宪法职能的法院)比普通的法院或普通法法院更自由地去不考虑先例，有某些充分的一般论证。在欧共体背景下，还可以说条约修改的困难使得必须对其规定以一种灵活的方式进行解释，这可能使得推翻过时的判决是正确的。第二，欧洲法院自身的

19 错误不容易被纠正。欧洲经济共同体(EEC)立法程序对于纠正司法错误来说很是麻烦和不合适。更进一步讲,在很多具有宪法重要性的领域,例如,直接效力原则(the doctrine of direct effect)*的发展,欧洲法院经常与英国法院相当不同:它宁愿根据条约规定的精神而非它们的文本来对这些规定进行解释,而且看起来同样以此方式对待其先例。[30]

5. 与美国比较

尽管美国以详尽讨论先前判例的方式作出判决的实践比欧洲大陆更像英国,美国最高法院和不同州的上诉法院并不认为它们自己受它们过去判决的绝对约束。在很多情况下,某些美国法律家更愿意谈论的是最高法院已经推翻了一个以前的判决。

由于英国贵族院惯例的改变,英国的先例诸规则可能更为接近美国,但是为什么美国的规则应该更不严格,有两个原因可以解释。这两个原因是,美国各个州司法系统的数量和美国法院更为经常地处理极为重要的宪法问题。

众多的司法系统

多种多样的司法系统产生了多种多样的判例汇编,这些判例汇编反过来影响了法律教学,而且导致有关各种主题的"法律重述"(restatements)产生。各种形式的判例教学方法(the case meth-

---

* 欧盟法的直接效力原则,是指欧盟法在全体成员国国内可直接适用。具体而言,欧盟法律自颁布生效之日起,即可在全体成员国直接适用,而不必通过国内的立法或行政措施;欧盟法为所有欧盟公民个人直接创设权利和义务,公民个人可以依法申请国内法院保护;成员国国内法院必须保护欧盟法赋予个人的权利,即使这些权利与国内法相冲突。任何欧洲共同体条约都没有明确地提到这种言责,它是在 *Van Gend en Loos* v. *Nederlandse Ademinstrtie der Belastingen* 一案中确立下来的。——译者注

〔30〕 关于 ECJ 和英国法院不同的解释方法,见 *Lord Diplock in R.* v. *Henn & Darby* [1982] AC 850.

od of instruction)盛行于大多数美国法学院,旨在根据来自众多司法系统的例子发现一个问题的最佳解决办法,而且几乎没有法学院将其教学局限在某一州的法律之内。这种法律重述简明地阐释和展现了根据整个美国的判例法而形成的法律原则,以及有时,有关各个部门法的诸模范法典(model codes)和系统的统一规则以一种适合立法机关即刻接受的方式被生产出来。受过判例方法训练和熟悉法律重述以及同类材料的法官们在法国法庭模式成为时尚 20
后将倾向于全神贯注于近来的趋向。

宪法问题

当一个法院对一部成文宪法进行解释时,宪法的术语是支配性的因素,而关于这些术语含义的判例法则是第二位的。这一点是由弗兰克福特法官(Frankfurter J.)在最高法院作出判决时非常明晰地提出来的。他说:

> 合宪性的最终标准是宪法本身,而不是我们对其所做的解释。[31]

对于为什么北美法院一般地而美国最高法院特别地不应该适用我们的某一宪法问题判决具有绝对的约束力规则,还有一个更进一步的原因,这个原因是由卷入此类案件的事务的重要本质决定的。引用莱特勋爵(Lord Wright)的话就是:

> 一般而言,看起来清楚的是,先例的刚性方法对于解释宪法来说是不适当的,它必须被适用于变化的国家生活状况和公共政策。对字词的适用在某一时间是合理的和公正的,可能在另一时间是错误的和有害的。[32]

---

〔31〕 *Graves* v. *New York*, 306 US 466 at 491 (1939). 美国最高法院经常关心宪法问题这个事实的重要性,古德哈特(Goodhart)在"Case Law in England and American", in *Essays in Jurisprudence and the Common Law*. 另见 Goodhart, Some American Interpretations of Law, in *Modern theories of Law*, 1.

〔32〕 "Precedents", 8 CLJ 118 at 135.

当修改美国宪法的困难铭记于心时，对于美国最高法院在坚持遵循先例原则时越来越少刚性就不会令人吃惊了。[33]

6. 与苏格兰比较

早在1950年一个苏格兰法院所做的以下评论明确说明苏格兰的先例原则没有我们自己的严格。

21 > 如果一个先前判决的判决理由已经被后来的立法或出于其他类似原因取代和失去效力，这个判决理由就不再有约束力。[34]

无疑，把英国司法机构当作一种对“法律的原因消失，法律本身随之消失”(cessante ratione cessat lex ipsa)这句格言毫无注意的组织是相当不正确的，但是贵族院认为，它应该被看做可以创造一种对约束性规则施加例外的场所，而非对其不加尊重的场所。这句格言也指出了英国法院在决定是否推翻某个它有权推翻的判例时需要考虑的一个事实。[35]

苏格兰最高民事法院(court of session)的联合性质(collegiate

---

〔33〕 最为显著的是在它在 *West Virginia State Board of Education* v. *Barnette* (319 US 624(1943))一案之后3年就推翻了它在 *Minersville School District* v. *Gobilitis* 案的裁决(310 US 586 (1940)))(指出它与第一修正案学童必须向国旗敬礼相冲突)。

〔34〕 *Beith's Trustees* v. *Beith* [1950] SC 66 at 70; see also *Douglas-Hamilton* v. *Duke and Duchess of Hamilton ante-nuptial marriage contract trustees* [1961] SLT 305 at 309. 关于先例在苏格兰的操作，see *Precedent in Scots Law*, by T. B. Smith.

〔35〕 *Miliangos* v. *George Frank (Textiles) Ltd.* (1976) AC 443 at 472—476.

nature)*可能能够说明特维德河(the Tweed)**南北先例原则适用的不同。苏格兰最高民事法院独任法官们(lords ordinary)***在最高民事法院初审庭(the outer house of the court of session)听审初审案件,上诉案件在上诉庭(the inner house)****进行。这些独任法官们要遵循上诉庭过去的判决。上诉庭分开进行听审,而且这种分开是否绝对受到各自判决的绝对约束看起来尚不确定。最高民事法院全席可以为听审一个案件制定规定,而且尽管看起来清楚的是上诉庭的分庭和单独的独任法官一样受全席法庭的裁决约束,看起来全席法庭的判决是否约束该机构的后来进程也是不确定的。独任法官的判决相互不约束,而且,至少在理论上,他们的判决不约束在苏格兰司法等级体系中位置较低的郡法院。

较为严重的刑事案件由高等刑事法院(the High Court of Judiciary)审理。法官们单独审理案件,也按照法定人数审理案件。一个单独的法官不必遵循其他单独的法官所做的判决,但是他一定会遵循按照法定人数进行审理所做的判决。按照法定人数进行审理时要受到按照同等数目或更多的法定人数进行审理作出的先前判决约束。全席审用来处理困难案件。尚不清楚的是,全席审的判决是否约束审理以后案件的类似审判庭。

---

* 之所以说苏格兰最高民事法院具有联合的性质,是源于最高法院司法联合会(college of justice)。它成立于1532年,由最高民事法院从事司法工作的人员组成的团体。联合会主席由有教职身份的人士担当。其成员包括14位贵族法官,其中一半是教职人员,另一半是非教职人员。这个司法联合会实际上是旧的最高民事法院以一种永久设立的行使存在的新法院,使得中央民事司法得意制度化。联合会的成员从前曾享有一些包括免除地方税收的特权,但很久以来即已经被废除。——译者注

** 特威德河,苏格兰东南部的一条河,流约156公里(97英里),形成苏格兰与英格兰边界的一个部分。它向东流注入北海,富产大马哈鱼。——译者注

*** 苏格兰最高民事法院独任法官,是指出任民事初审独任法官的最高民事法院成员,该法院的14名初级法官均可任此职,但其他法官,如院长、副院长,也可以并且有时也的确出任该职。——译者注

**** 该法庭之所以被称为the inner house,是因为与初审庭(the outer house)相比距离法院入口处更远。——译者注

22 只有民事案件可以上诉至贵族院。贵族院对苏格兰上诉案件的判决对苏格兰法院构成约束。在实践中,如果不是按照严格的法律理论,它们在两国法律相同的问题上也约束贵族院之下的英国法院。[36]

7. 与英联邦其他组成国家比较

枢密院司法委员会过去一直是联合王国之外所有英联邦国家的最终上诉法院。该司法委员会从来就不认为自己受其自己以前关于任何上诉的判决的绝对约束。这些判决得以表达的形式经常被认为妨碍了对严格的先例规则的接受,因为该委员会的判决由上呈国王的建议以及这些建议赖以形成的原因组成。另一个可以解释遵循先例规则不那么严格的因素是,相对而言,枢密院经常被要求处理有关宪法问题的上诉案件,但是有一些案件与宪法无关,该委员会作出与它在前一个判例中所做的建议不同的判决。[37] 然而,司法委员会非常愿意遵循它以前的判决。[38] 枢密院的判决对英国法院只具有强说服力。

上诉至枢密院的权利在包括加拿大和澳大利亚在内的某些英联邦国家已经被废止。在存在上诉至枢密院的日子里,加拿大最高法院认为它自己受到其本身过去判决的约束,尽管有针对"例外情况"的"但书"条款。[39] 自从废止上诉至枢密院的权利以来,加拿大最高法院已经宣布拒绝遵循其自己过去的判决,因为它

---

〔36〕 *Glasgow Corporation* v. *Central Land Board* [1956] SC (HL) 1.

〔37〕 e. g. *Mercantile Bank of India* v. *Central Bank of India* [1938] AC 287 and *Gideon Nkambule* v. *R* [1950] AC 379.

〔38〕 *Fatuma Binti Mohamed Bin Salim and Another* v. *Mohamed Bin Salim* [1952] AC 1.

〔39〕 *Stewart* v. *Bank of Montreal* (1909) 41 SCR 522 at 535. see Andrew Joanes, Stare Decisis in the Supreme Court of Canada, *Canadian Bar Review*, 36 (1958), 174.

是不受自身过去判决约束的作为最终上诉机关的枢密院的继承者。[40] 尽管,即使在宪法问题上,澳大利亚高等法院(the high court of Australia)* 从来就不认为自己要受到自身先前判决的影响[41],但它不会偏离之前的判决,其中所有目前被讨论的论证都在前面的判决基础上进行审议,而且除了法院的组成成员之外不会有什么改变。[42] 23

早在1879年,据说最为重要的是,在所有盛行英国法的大英帝国的成员国里,对英国法的解释应该尽量接近相同。[43] 因为这个原因,在不能对偏离给出特别的正当性证明时,澳大利亚和加拿大法院不愿意与贵族院的判决不同,但是贵族院判决对任何国家构成约束看起来没有任何问题。澳大利亚高等法院事实上指出,关于英国刑事法的一个首要判决(自从在很大程度上被一部英国制定法推翻后)被认为在澳大利亚没有任何权威[44],而且枢密院司法委员会已经在一个民事案件中指出,澳大利亚高等法院有权在惩罚性赔偿(exemplary damages)方面不遵循贵族院的一个判决。[45] 另一方面,澳大利亚高等法院将认可,如果一项贵族院的判决没有错误地应用优先权威,那么它就必须被认为是为澳大利亚的普通法确立了一项规则。[46]

---

〔40〕 *Re Farm Products, Marketing Act* (1957), 7 DLR (2nd) 257 at 271.

* 澳大利亚高等法院,就是澳大利亚联邦最高法院,是澳大利亚最高上诉和终审法院。联邦高等法院是澳大利亚最高司法机构,由联邦议会授予联邦司法权,它拥有独立的裁判权、立法复审权,并享有终审权。它对其他联邦法院、州法院、地区法院具有上诉管辖权,并有权对涉及宪法的案件作出决定。联邦最高法院由总督任命的1名大法官和6名法官组成。——译者注

〔41〕 *Australian Agricultural Co.* v. *Federated Engine Drivers and Firemens' Association of Australasia* (1913) 17 CLR 261.

〔42〕 *Queensland* v. *The Commonwealth* (1978) 139 CLR 585. See Harris, *OJLS* 10 (1990), 135.

〔43〕 *Trimble* v. *Hill*. 5 App. Cas. 342 at 345.

〔44〕 *Parker* v. *R.* [1963] III CLR 610.

〔45〕 *Australian Consolidated Press Lid.* v. *Uren* [1969] 1 AC 590.

〔46〕 *State Government Insurance Commission* v. *Trigwell* (1979) 142 CLR 617.

近些年来，枢密院已经不愿意承认偏离。在 *De Lasala* v. *De Lasala* 一案中[47]，它认为在最近立法对英国和一个殖民地共同分享的地方，沿着不同路线发展没有任何问题，而且枢密院将遵循贵族院的判决，但是一种不同的路径对于根据普通法规则而作出的判决来说是合适的。然而，在 *Hart* v. *O'Connor* 一案[48]中，枢密院
24 坚持认为新西兰的普通法必须与英国和澳大利亚的普通法一致；而且在 *Tai Hing Cotton Mill Ltd.* v. *Liu Chong hing Bank Ltd.* 一案[49]中，审判团指出，一旦它接受适用“英国法”（无论是制定法还是判例法），它自己就要接受任何贵族院判决的约束，它没有资格去征引 1966 年的惯例陈述，据该陈述，贵族院得到了不遵循其自己判决的权力。无论如何，即使普通法被当作一种法律而且不可分割，枢密院还是可以在一种例外的情况下，发现一项贵族院的判决构成了普通法的一项错误陈述，因此它不应该被遵循。[50]

全英联邦国家里拥有相同普通法的意愿并非像其有时表现得那样不证自明。很多因素都依赖于很多相关的部门法。例如，在商业领域，该领域的不同成员国的成员容易受到同样规则的影响，有不少对一致性的要求；但是，其他领域内对一致性的要求可能会妨碍有益的发展。出于历史原因，澳大利亚和加拿大勋爵可能，不得已而求其次（faute de mieux），必须从英国法开始他们的思考，但是在他们约束自己接受英国的解决方法上，并无明显的优点。对一个法律问题的第一次解答并不必然是正确的答案，两个答案可能具有同等价值。[51]

---

〔47〕 (1980) AC 546.

〔48〕 (1985) AC 1000.

〔49〕 (1986) AC 80.

〔50〕 *Frankland* v. *R.* (1987) AC 576.

〔51〕 See J. W. Harris, “The Privy Council and the Common Law”, *LQR* 106 (1990) 574.

8. 历　史

前面对先例原则在其他国家的操作进行概要介绍的结果是，在英国摆脱一个笨拙判决的影响比在几乎世界任何地方都难。英国的先例原则并不总是像今天这般严格。判例法的重要性自从年鉴时代(the days of the year books)*就一直被强调，而且有迹象表明，判例法体系在 18 世纪变得越发严格，但是第 6 页概括的诸严格规则是 19 世纪和 20 世纪的产物。只有当判例汇编达到其目前这么高的水平，法院的等级体系呈现出目前的状态，以及贵族院的司 25
法职能为今天的杰出法律人所掌管之时，它们才能产生。在 19 世纪之初，判例汇编就已达到了高水平，但是法院的等级体系和贵族院的司法职能直到 1850 年后才呈现出目前这种状态。[52]

迟至 1869 年，初审法院的法官好像不会因作出这样的一项判决而受到苛责，在该判决中，他认为听审勋爵法庭上诉案件的勋爵(the Lord Chancellor)的判决明显错误而且他因此拒绝遵循它。[53] 尽管坎贝尔勋爵在 *Beamish* v. *Beamish* 案中态度明确[54]，贵族院要受其过去判决的绝对约束这样的规则直到 19 世纪结束之际才完

---

* year books，英国的《(判例)年鉴》，一系列用诺曼法语[Norman French]记载英格兰中世纪案件辩诉情况的判例集。它是我们了解爱德华一世之后普通法的首要资料来源。年鉴记载的是法官和律师对于案件争论点的辩论，而非裁判结果。根据国王年号编纂判例似乎是出版者的精心设计，而那些抄本表明判例系按照专题编排而非按年代编写。年鉴最早编纂于何时尚不可考，但一些判例表明可以追溯至 13 世纪 70 年代。随后，几乎无间断地持续至 1535 年才不知何故而终止。编纂者是何人也不清楚。一些现在觉得不可信的说法认识大部分时期的编纂是由王室付薪的 4 名官方记录员所谓或认为是由民诉法院的 4 位书记官编纂的非官方作品。——译者注

〔52〕 See Jim Evans, "Change in the Doctrine of Precedent During the Nineteenth Century", in Goldstein (ed.). *Precedent in Law*. ch. 2.

〔53〕 *Collins* v. *Lewis*, LR 8 Eq. 708.

〔54〕 p. 7 *supra*.

全确立了下来。[55]迟至1852年,圣·伦纳德兹勋爵(Lord St Leonards)在向贵族院致辞时使用了下列的字眼:

> 你们不受任何你可以制定的法律规则的影响,如果在下一个情况里你们发现有理由去区别该规则;那就是,我们这个贵族院,和任一个法院一样,有一种固有的权力去纠正它可能已经犯下的错误。[56]

一般而言,上诉法院受到其过去判决的绝对约束这个规则是本世纪的产物。[57]迟至1903年,上诉法院还按照相反的观点行事[58],而且该观点在最近的1938年还在上诉法院的一次审判过程中被一再重复。[59]只是在本世纪,高等法院诸分庭才开始全然严格地将遵循先例原则应用到它们过去的判决中。

如果不提及英国判例法的两个更深层次的特征,任何历史的描述都是不完全的。这两个特征是法官运用类推推理的实践和柯克(Coke)、黑尔(Hale)和布莱克斯通(Blackstone)* 描述的"宣示

---

[55] *London Tramways* v. *LCC* (1898) AC 735.

[56] *Bright* v. *Hutton*, 3 HLC 343 at 388.

[57] *Young* v. *Bristol Aeroplane Co. Ltd.* [1944] KB 718.

[58] *Wynne-Finch* v. *Chaytor* (1903) 2 KB 475.

[59] *Re Shoesmith* [1938] 2 KB 637 at 644.

* 这三个人都是英国著名的法学家,他们的著述在英国具有权威的地位。**柯克**,人称爱德华·柯克爵士(Sir Edward Coke),是英国法律史上最出色的法官和法学家,毕业于剑桥大学,1578年成为律师。11年后,成为议员,1592年担任副总检察长,1606年成为高等民事法院院长(the chief Justice of the court of common pleas)。尽管国王一再委任他担任王座法院大法官(the chief Justice of the king's bench)和枢密院成员的重任,但丝毫改变不了他用普通法约束王权的政治理想,在英国宪政史上占有重要地位。同时,柯克勤于著述,他的著作《英国法总论》(Institutes of the Laws of England),奠定了他作为英国法集大成者的地位。**黑尔**,人称马修·黑尔爵士(Sir Matthew Hale),1609年出生,16岁入牛津大学学习法律。他曾为保皇党人做过辩护律师,1656年至1658年,他成为一名高等民事法院的法官,同时还是一位议员(1664至1660年),他在进行法律改革以及促使查理二世复位方面扮演了重要角色。后来,他成为财税法院的首席法官,并在1671至1676年间担任王座法院首席法官。他是英国普通法历史上最伟大的学者之一,其著述

理论”(declaratory theory)。根据该理论,法官的判决从来没有制定法律,他们只不过是建构了法律是什么的证据而已。通过法律进 26
行推理的实践在今天与过去很长时间里它所呈现的那样并无区别,但是宣示理论不再占据主导地位。

类推推理

引用自布雷克顿时代以来的文章就可以证明,类推推理在英国审判程序中是十分正常之事。布雷克顿在13世纪写到:

> 那么,如果出现任何新的和不寻常的情况,而且以前已经出现过与之相似的事情,就以同样的方式来裁判该案件,“以此类推”(similibus ad similia)。[60]

600年后,帕克爵士(Parke B)在 *Mirehouse* v. *Rennell* 案[61]中以根本相同的术语说到:

> 我们的普通法体系在于将我们从法律原则和司法先例中获得的法律规则运用到新的情况中;而且为了获得一致性、连贯性和确定性,我们必须将绝非不合理且不方便的规则运用到所有出现的判例中;而且我们不可以自由地拒绝它们,也不能放弃所有针对它们的类推,不能因为我们认为那些规则没有我们自己设计得方便和合理,就拒绝将它们运用到司法中。

有《英格兰普通法的历史》、《国王之诉》等。**布莱克斯通**,1738年进入牛津大学学习法律,1745年获得民法学士学位并被选拔担任万灵学院的研究员,1746年他进入律师界,1752年担任牛津大学教授,当时的英国大学只教授罗马法,普通法教育长期被律师会馆所把持,年轻的布莱克斯通成为首位在牛津大学开设普通法讲座的教授,他的讲座也受到了意想不到的欢迎。后来,他还在王室法院和高等民事法院担任法官,《英国法释义》是布莱克斯通的代表作,也是普通法的权威之作。他在书中分析了英国法的基本原理和英国民主政体的形成基础,并阐释了英国法的起源、历史和合理性,这部著作采用“评注”的方式研究普通法,使得混乱不堪的普通法得以系统化,它促成了普通法的近代化,获得了“法律圣经”的美誉。——译者注

〔60〕 *De Legibus*, fo. 1 (b).

〔61〕 (1833) 1 CL. & F. 527 at 546.

遵循先例规则使得法官们按照类推的方式进行推理，因为同案必须同判要求对前一个判例中的判决进行类推扩展。也必须要注意相反的规则，即不同的案件必须有不同的判决。为了找到当今一位声言在一个以前的判例和他面前的这个判例并没有实质区别的法官，有必要看看目前的英国判例汇编。正是这种通过逐案处理法律问题的方式标志着普通法国家（包括美国）司法程序和欧陆司法程序的一种主要区别。美国可以宽松地适用遵循先例原则，以至于美国法官似乎与他的法国同行一样很少受到过去判例的束缚，但是这只是表面现象。一个法国的批评者可能会说，英国法官和美国法官是同样的迷信判例（*la superstition du cas*）的牺牲品。

27 有关英美法官共同使用的对先例进行推理时的类似与不同，一位美国20世纪法律作家在一本书中下面的文章里进行了鲜明的揭示。他说，法官面前的问题是：

> 假定在被引用的判例和法庭上在审的案子之间存在诸多不同，而且假定前面判例中判决是一个适当的判例，认为目前的这个案子和前面的那个判例之间的实际区分有司法意义值得期许吗？[62]

这些作者们写的是美国的情况。对于英国法官来说，第一个问题将涉及前一个判例的权威。如果它是那个其决定对他有约束力的法院作出的判决，他就会遵循它，除非他认为在它与他面前的这个案件之间存在合理区别，而且认为这个区别是他必须遵照的。如果前面的判例仅具有说服性权威，英国法官会遵守它，除非他能够给出不这样做的强有力的令人信服的理由（在这种背景下，一种“合理的”区分意味着这是一种法律人可能合理地认为与目前的法律有关的区分）。当然，因为缺乏在一个先前判例和当下案件之间的令人信服的区分而遵循这个先例，和因为先前判例与当下案件

〔62〕 F. S. Cohen, *Ethical Systems and Legal Meals*, 38.

之间存在合理的区别（这个区别被认为是不应该被遵循的）而遵循先前判例，二者存在不同。[63] 在后者这种情况下，先前判例被“应用”而不是被“遵循”，两种程序之间的不同，经常地——虽非一成不变地——在英国法律术语学只能够被确认。

司法判决的宣示理论[64]

马修·黑尔爵士，在17世纪的写作中，阐述了宣示理论，他认为法院的判决

> 不能说是制造了法律，因为只有国王和议会才能制造法 28
> 律；然而它们在阐释、宣示和公布王国的法律是什么方面具有重要的意义和权威，特别是当这些判决与以前的解决方法和判决之前协调一致时更是如此，而且尽管这些判决根本不是法律，然而它们比任何个人的观点更能说明什么是法律，无论如何都是这样。[65]

在18世纪，布莱克斯通说“法院的判决是普通法是什么的证据”（the decision of courts of justice are the evidence of what is common law）。[66] 迟至1892年，埃舍尔勋爵（Lord Esher）说：

> 事实上没有判例法这样的事物，因为法官们并不制造法律，尽管他们经常地必须将现存的法律应用到之前没有权威法律规定的情况中去。[67]

黑尔和布莱克斯通的学说似乎是说，英国法由自无法追忆的年

---

〔63〕 See the judgment of Roxburgh J in *Re House Property & Investment Co. Ltd.* (1954] Ch. 576 at 601.

〔64〕 See Gerald Postema, "Roots of our Notion of Precedent", in Goldstein (ed.), *Precedent in Law*, ch. 1; also Peter Wesley-Smith, *Theories of Adjudication and the Status of Stare Decisis*', ibid., ch. 3.

〔65〕 *History of the Common Law* (6th edn.), 90.

〔66〕 *Commentaries* (13th edn.), 88—90.

〔67〕 *Wills* v. *Baddeley* [1892] 2 QB 324 at 326.

代以来就一直统治英国人的习惯和风俗，加上私人正义（private justice）和公共便利（public convenience）的一般规则构成，而且容易为议会立法所改变。这是18世纪法官解决判例法没有涵盖的情况所采取的标志性进路。因此，威尔斯法官（Willes J）说：

> 私人正义、道德适当和公共便利，当被应用到一个新的主题时，就制造出了没有先例的普通法，当被习俗所接受和批准时就更是如此。[68]

在20世纪，关于没有先例时的司法推理的基础已经说得再清楚不过了，但是当有先例时，正统的理论已经不再认为先例不过是道德适当、公共便利或遵循来自一个先前判例或系列判例中的一个规则的习惯的证据。这样的规则是"被正确称呼"的法律，因为它是由法官制定的，而不是因为它来自于共同的习惯，或者法官的正义和公共便利观念。霍兹沃思（Holdsworth）曾经在写作中认为黑尔和布莱克斯通的观点代表了20世纪的司法学说[69]，但是很难对古德哈特博士的怀疑主义不表赞同，他提出了这样的命题——"今天
29 的辩护律师是否有可能去论证因为贵族院的判决与普通法根深蒂固的原则相冲突因而不是法律"。[70]

就埃舍尔勋爵的陈述而言，将现在的法律应用到新情况中永远不可能和创造一项新的法律规则清楚地区分开来。此外，如果没有法官制造的法律，就不可能说明很多法律原则的发展。例如，在契约法中对约因的要求以一系列可以按名引用的判决为基础，这对于法律史学家来说是一种常识。这种要求的效果是，一项没有包含在契约文书中的承诺在法律上是无效的，除非承诺人付出了作为报偿承诺行为的某些代价。这个原则与英国人的古老习惯没有关系，而且它也不是共同的道德或正义的组成部分；事实上，它经常受到批判，因为它通过允许承诺人可以不受任何处罚地违

---

〔68〕 *Millar* v. *Taylor* (1769) 4 Burr. 2303 at 2312/.

〔69〕 "Case-Law", *LQR* 50 (1934), 180.

〔70〕 Ibid., 196.

背他的承诺,有时导致了不道德,促进了不正义。对约因的要求的一个结果是,A 可能写信给 B,提出要把他的房子出售给他,承诺在 12 天内遵守这份要约,而且,7 天之后,当 B 准备接受该要约时,A 告诉他他不能这样做,因为这所房子已经出售给了 C。

没有人否认大法官法院规定的衡平规则的权威依赖于这样的事实,即它们是法官制造的。乔治·杰赛爵士(Sir George Jessel)说:

> 一定不要忘记的是,衡平法院的规则,和普通法规则不一样,被认为是确定于遥远至无从记忆的年代。还需要很好地知道的是,它们有时被确定——有时被改变,有时被改进,而且有时被提炼。在很多判例中,我们知道创造了它们的大法官的名字。〔71〕

大多数现代法律人都批判埃舍尔勋爵的评论,认为英国上诉法院法官莫里希(Mollish LJ)在这样说时更接近真实:

> 全部的衡平规则和十分之九的普通法规则事实上是由法官制造的。〔72〕

从历史的观点来看,在宣示理论里有一丝的真实,因为中世纪的法官有时的确认为他们自己有责任确定、宣布以及制定当时的 30
惯例和习俗。另一方面,从分析的观点来看,该理论与当前的先例规则不相一致。一个法官必须遵循一个先前的判例,而且上诉法院可以推翻在法院等级体系中处于其下位置的法院的先前判决——倘若上诉法院通过对它们有约束的判决或议会法律能够这样做时。如果一个先前判例仅仅是法律是什么的证据,没有法官要绝对必须地去遵循它,而且它也永不能被有效地推翻,因为后来的法官可以总是认为它有某些证据价值。

---

〔71〕 *Re Hatlett's Estate* (1880) 13 Ch. D. 696 at 710.

〔72〕 *Alien* v. *Jackson* (1875) I Ch. D. 399 at 405; see also Sir Kenneth Diplock, *Courts as Legislators*. 2.

然而,对于为什么在现代法律学说开始形成之后宣示理论还应该存在一些时间,有三个充分的理由。第一,在权力分立方面它吸引着相信者,他们极其讨厌通过司法程序进行立法。第二,它隐藏了边沁急于揭露的一个事实,就是法官制定的法律在其效果上是溯及既往的(retrospective)。如果在12月,一个法院根据某人之前的1个月的行为判决他应该负法律责任,这当然看起来是在制定溯及既往的立法,除非该责任是根据一项之前的议会法律而作出的,或者除非该法院仅仅是在遵循一个先前的判例。掩盖如是判决的溯及既往特征的一个方式是坚持这种学说,即认为法院所为真的仅仅是陈述了任何人都能从众所周知的原则或共同习惯中推论出来的一项规则而已,因此争议中的那个行为已经被1月份就已存在的法律所禁止。坚持宣示理论的第三个原因可以被认为是以一种修订过的方式证明了其持续力。当碰到一个新问题时,法官们总是要发言,仿佛这个答案是由普通法提供的。

就第一个原因而言,必须注意这样的一个事实现在已经被写作英国宪制的作者们普遍确认,即我们的法官可以而且确实制定了法律。的确,他们用这个事实当作不能接受一种刚性形式的权力分立原则的数个例证中的一个。

第二个原因必须用稍长些的篇幅来讨论。边沁对法官制定的
31 法律的一个评论特别有名。他说,“是法官制定了普通法”,而且他继续说:

> 你知道他们是怎样制定它吗?就像一个人给他的狗制定法律一样。当你的狗做任何你不愿意之事时,你等到它做了,然后敲打它。这就是你给你的狗制定法律的方式,而且这是法官给你我制定法律的方式。[73]

这种对法官制定法律的批判,其价值可根据1930年的一个著名判例来审视,这个判例被当时的很多法律人认为已经导致了法律的

---

〔73〕 Works, v. 235.

重大变化。在 *Donoghue* v. *Stevenson* 一案[74]中，贵族院 1932 年在听审了一个苏格兰上诉案件后以 3:2 的多数作出了一个判决；一个妇女和她的朋友了在佩斯利（Paisley）的一个咖啡馆进行消费，这个朋友帮她点了一些冰淇淋和一瓶姜汁啤酒（ginger-beer）。这些都是该店的店主提供的，他打开了姜汁啤酒瓶，往放在大玻璃杯里的冰淇淋上倒了一些。这个妇女喝了一部分这种混合物，这个朋友接着继续将啤酒瓶中剩余的啤酒倒进了那个大玻璃杯里。在她这样做时，一只已经腐烂的蜗牛从姜汁啤酒里浮了出来。因为已经喝了一部分被污染的啤酒，这个妇女主张说他感染了一场严重的疾病。据称这个瓶子是不透明玻璃的，因此瓶子里的东西不能预先检查而确认。店主仅仅是姜汁啤酒的零售商，摆在法院面前的问题是，这个妇女是否能够从制造商那里要求因为其疾病引起的损害赔偿，假定她能够证明他们或他们的服务员在允许或没有防备那只蜗牛出现在那个瓶子里存在过失。我们来看英国法的术语学，据说它在考虑中的该点上是一样的，问题是这个制造商是否对最终的消费者负有注意义务。在 1932 年之前，大多数法律人都会对这个问题持否定态度。根据大量的先前判例的权威，他们会说，制造商已经违反了他们与批发商或从批发商那里买姜汁啤酒的零售商的契约，但是这并没有授权给消费者在侵权法上起诉他们。既然她是从店主那里买的啤酒，那么她可以要求店主因违约而给予损害赔偿，但是，当时的现实是，大多数当时的法律人都 32
会说她没有任何法律救济。贵族院的多数人达成了相反的结论。他们不必遵循之前的判例，而且他们对它们里面的大量判决理由都搪塞了过去或者宣布这些理由不适用。今天的大多数法律人都同意这些多数人的判决把法律置于了理性的基础之上，但是这个事实仍然是大多数 1932 年的法律人建议制造商说他们不用负法律责任。这些制造商在苏格兰最高民事法院获胜了，当作为一个法院开庭时，贵族院通过推翻判决理由——如果不说推翻了约束

[74] [1932] AC 562.

它自己的判决——进行了溯及既往的立法。布莱克斯通可能会说贵族院宣布他所推翻的判决或判决理由并不是恶法，"但是它不是法律，即，它不是以往国内确定的习俗，它是被错误地决定下来的。"[75]

以这种方式隐藏真相将毫无所获，因此最好承认，在诸如 *Donoghue* v. *Stevenson* 案那样的情况中，法院确实制定了具有溯及既往效力的新法律。这样的一种承认并不意味着全面接受边沁对法官制定法律的谴责。溯及既往的立法仅仅在使行为承担责任时才是有害的，如果行为人知道了后来的法律规定，这个行为可能就会不同。很多法官制定的新法律都不是这样的。例如，很难相信，*Donoghue* v. *Stevenson* 案中的制造商如果知道贵族院后来宣布的法律，他们就会另外行事。[76] 在被前一个判例认为有效的契约后来被上诉法院宣布为无效的领域，还会出现困苦之处。对上诉法院判决的正当性证明是继续一项不令人满意的规则的社会困苦要大于那些出于相信先前判决而签订契约的人所受到的个人困苦。在任何一种情况下，一旦我们承认我们还没有，而且不可能有一部决不模棱两可的、全面的法典，而且并非所有的法律事项都能为过去的判决所涵盖，那么溯及既往的司法立法的确必须是一种必要的
33 恶。法官们必须要在它们出现时裁判案件：当事实并没有被成文法清晰地涵盖时，当为两种有关成文法文字的观点留有空间时，以及当没有过去的判决明显可用时。过去判决将来被推翻的可能性将在第八章讨论，但是既然如此，我们的法官们除了制定新法律还能做什么，他们如何能够阻止它有溯及既往的效力？

对于宣示理论的持久力，在立法没有涵盖的问题上法官所说好像就是普通法有针对每一个法官面前问题的答案，这种倾向的第三个原因要归诸于这样的事实，即我们的法院必须考虑比制定

---

〔75〕 *Commentaries* (13th), i, 87.

〔76〕 如果这些制造商办理了针对这些诉讼请求的保险，那是一个奇怪的政策，据此原告的诉讼请求就会被排除。

法的内容和约束它们的判例的判决理由多得多的材料。制定法和判决理由必须被遵循,但是有说服力的先例、附随意见和过去指导法官们的一般原则和标准,都必须要考虑。结果就是,尽管把契约需要约因这样的规则当作英国习惯的产物是荒谬的,奥斯丁的说法却是不费力气的:

> 法官们使用幼稚的拟制认为司法或普通法都不是他们制定出来,而是一种无人制定的神奇的事物,一直存在着,我假定,来自永恒,而且仅仅有时宣称是由法官制定的。[77]

并非每个人都同意德沃金教授(Professor Dworkin)某些著述中的论点,即针对每一个被提交到现代法官面前的要求,在理论上都存在一种合法的正确答案,这种答案以支撑既存法律的原则为基础[78],但是大多数法律人可能都会认可戈尔达特教授(Professor Geldart)早在1911年所说的下列一席话:

> 在缺乏针对一个问题的清晰先例时,我们发现法官们依赖法律作家(legal writer)的意见、不动产转让律师(conveyancers)的惯常做法、其他现代国家的法律、罗马法、"自然正义"原则或者公共政策。对这些的正确应用可能是一个有争议且有难度的事情,但是无论如何,法官是在应用一项标准;他表现出在决定他所之所愿时他不是自由的,正如一个立法者也 34
> 非自由的一样;他一定要按照原则来裁判。[79]

司法立法的限制

一直以来,谈及司法立法很容易引人误解[80],而且必须承认这

〔77〕 *Jurisprudence* (5th edn.), ii. 655.

〔78〕 See e. g. "Is There Really No Right Answer in Hard Cases?", *A Matter of Principle*, ch. 5.

〔79〕 *Elements of English Law* (1st edn.), 23. The passage is unchanged in the current 7th edn.

〔80〕 A, W. B. Simpson, in Oxford Essays in Jurisprudence, second series, 86.

样做是要使用高度隐喻性的语言。在立法的权威文本里，没有对应物，而且，甚至当法官们不受制定法或不可区别的先例约束时，他们的创新权力还是要受到他们不可能考虑的事务和他们必须考虑的事务的限制。他们不可能深入检查经验数据和考虑在很多立法前就已存在或应该存在的社会政策。例如，在 *Morgans* v. *Launchbury* 案中[81]，贵族院拒绝承认"家庭轿车"的所有者（本案中的妻子）因丈夫的朋友应在酒馆喝酒的丈夫的要求驾驶该车时的疏忽大意而对受伤的路人负责。这个妻子，与这个司机不同，上了针对路人风险的保险，但是在仅仅根据她的"家庭轿车"所有者身份就主张她有责任的法律中可能会有一种剧烈的变革。威尔伯福斯勋爵说：

> 责任和保险是如此的混杂，以至于在没有足够知识（对此我们没有途径获得）的情况下通过司法改变可能对保险制度造成冲击的责任基础，这将是危险的……也是不负责任的。[82]

现代英国法官作为立法者与立法机关相比，处于不利地位，因为他不能撤销制定法，或，在不存在制定法的领域里对他构成约束的判决已经有效宣布的法律。他甚至要受到更多的限制，就是他只能就刚好起诉到他面前的特定事项制定法律。对这种性质的考虑使得霍姆斯法官（Holmes J）、一位最伟大的美国法官，说：

> 我毫不犹豫地认为，法官应该而且必须立法，但是他们只
> 35 能在空隙中立法；他们被限制在从摩尔到分子运动之间。一位普通法法官不能说，我认为约因学说只不过是一种历史性的胡说八道，因而在我的法庭里将不会执行它。[83]

这种宣示理论至少在一个方面是有益的。它给法院提供了一种绝

---

[81] [1973] AC 127.

[82] At 137. 出于类似的原因，贵族院拒绝在 *Lim Poh Choo* v. *Cainden and Islington Area Health Authority* [1980] AC 174 案中重新评价与个人伤害有关的法律。

[83] *South Pacific Co.* v. *Jensen* (1917) 244 US 205 at 221.

佳的理由不去遵循或应用它强力反对的一个判例。当这种学说有效时，自然可以说，如果普通法由原则、理性、正义和便利构成，就可以因先前的一个判例是非理性的、不正义的或不便利的而拒绝它。在 *Mirehouse* v. *Rennell* 案[84]中，被某些人认为是“曾经有过的最伟大的法律学究”的帕克爵士[85]，似乎认为可以对来自先例的规则不加理睬，如果它们是完全不合理和不方便的。在 19 世纪之初，还可能指出，在很多情况下，法官们拒绝遵循一个先前的判例，因为它是“荒谬的”[86]，因为它“不可能在原则上获得支持”[87]，或者因为它“不能令人信服”。[88] 在 1802 年，埃尔顿勋爵（Lord Eldon）这样谈及一个先前的判决：

> 我认为我有义务在我认可该案之前理解它的原则，或者因为此处陈述的一个原则如此清晰以至于无疑要按照它来行事，所以决定不适用这个判例。[89]

迟至 1880 年，这些话语得到了乔治·杰赛爵士的附和：

> 在一个法官的判决中，作为一种权威约束后来的一位法官的唯一之事就是该判例据以被判决的原则，但是该判例应该根据一个原则来裁判还是不充分的，如果这个原则自身不是一个正确的原则，或者一个不能适用到该判例的原则；而且后来的法官要判断它是否是一个正确的原则，而且，如果不是的话，他自己可以规定正确的原则。在这个判例中，先前的判决就不再是一种有约束力的权威，或者不能指导任何后来的法官，因为规定了正确原则的第二个法官实际上推翻了这个判决。[90]

---

[84] p. 26 *supra*.
[85] Letter quoted in *Lord Hanworth's Life of Pollock. C. B.*, 190.
[86] *Vere* v. *Cawdorand King* (1890) II East. 568.
[87] *Wickes* v. *Gordon* (1819) 2 B. & Aid. 235.
[88] *R.* v. *St Mary's*, *Leicester* (1818) 1B. & Ald. 327.
[89] *Aldrich* v. *Cooper*, 8 Ves. 382 at 388.
[90] *Osborne to Rowtett*, 13 Ch. D. 774 at 785.

36 今天,没有人怀疑只有裁判案件的原则才对后来的法官构成约束,而且没有人怀疑,如果这个后来的法官要遵循这个原则的话,它必须被适用到他面前的这个案件中,但是,假定来自第一个判例的原则被适用至后来的法官面前的案件中,因为它不是一个正确的原则而在多大程度上能够拒绝按其行事,却受到了先例原则大大的限制。一旦确认一个司法裁判规定的一项规则因这种制定方式而是法律,该司法判决的渊源,无论是另一项判决,一个先前判决中的判决理由,或者一项正义和便利原则,都将与约束性权威的观点无关。如果根据我们的先例原则,所有有约束力的都是先例而且必须被遵循,尽管它并不被审议该问题的法官认为是一项正确的原则。我们将看到,今天存在遵循先例原则的例外,但是,与 19 世纪的例外不同,它们不是以宣示理论为基础的。即使该理论是一种幼稚的拟制,它还是使得这些例外和在 18 世纪和 19 世纪的大多数时期都获得认可的遵循先例成为了一体,目前对遵循先例原则的例外如同它们被不当定义那般混杂。

9. 司法缺憾

尽管英国的先例原则并不缺乏赞扬,它仍然是司法缺憾的主题。就贵族院认为自身受到其过去判决绝对约束的那些日子而言,里德勋爵(Lord Reid)在 *Nash* v. *Tamplin &Sons Brewery Brighton Ltd.* 案[91]中说:

> 发现一个先前判例的判决理由有多难并不重要,判决理由一定能找到。使得发现的判决理由与制定法规定或一般原则相协调有多难也不重要,判决理由一定能适用至任何不能被合理地区别的后来案件。[92]

---

[91] [1952] AC 231.

[92] [1952] AC at 250.

在 *Radcliffe* v. *Ribble Motor Services Ltd.* 案[93]中，贵族院宣布自己因
为该院以前的判决而不能偏离共同雇佣原则。根据该原则，一个 37
因其同事的过失而受伤的雇员在普通法上不能要求他的雇主给予损害赔偿，尽管一个陌生人可以成功地起诉该雇主，如果他因该雇主的一位雇员的过失而受伤。该原则烦扰了法院大半个世纪，而且每一个与 Radcliffe 案有关的人都会同意，它是不公正的，而且是不适合现代状况的。阿特金勋爵（Lord Atkin）甚至更进一步指出根据共同雇佣原则作出的这个判决：

> 自始至终都根据一个错误的要点进行——雇主负责原则（the doctrine of respondeat superior）* 只适用于陌生人。[94]

贵族院根据有关其先前判决具有绝对约束力的惯例不能推翻该原则；甚至在今天，贵族院是否会推翻任何已经被判例法确定下来的原则，还是值得怀疑的。共同雇佣原则被认为不能适用至 Radcliffe 案的事实，但是仍然折磨着法院，直到其在 1948 年被制定法废止。

上诉法院法官的运气可能更差些，因为他们仍然既受他们自己的判决也受贵族院的判决约束。在最近的一个案件中，上诉法院认为它受到其自己先前的一个判例的约束，该判例认为一个陪审团的多数决是无效的，因为，尽管陪审团主席在公开的法庭上已经陈述过陪审员中同意的人数是十个，他并没有指出数学上明显的必然推论是不同意的陪审员数目是两个。[95] 该规则“近乎荒谬”，但是既然这个案件是不可区别的，它必须被遵循。在另一个最近的判例中，上诉法院受到贵族院一个不可区别的判决的约束，该判决对一项税收制定法进行了解释，它认为这部法律是不公正

---

〔93〕 [1939] AC 215.

* 此项原则是指雇主对雇员在职务范围内和执行职务过程中的行为应承担责任。本人对代理人行为的侵权责任，也是以雇佣关系而不是以代理关系为基础，也适用“雇主负责”原则。——译者注

〔94〕 At 228.

〔95〕 *R.* v. *Pigg* (1982) 74 Cr. App. Rep. 352. 该判决被贵族院推翻了，但是贵族院指出上诉法院有权认为它们自己受(1982) 75 Cr. App. Rep. 79 的约束。

38 的也是苛刻的，而且并非是对这部法律不可避免的解读。[96] 它以“最大的厌恶”作出了它的判决。[97] 对于所有即将在本书后面部分进行讨论的例外和条件，英国遵循先例原则停留在其强制力的边缘。

---

〔96〕 *Bird* v. *Inland Revenue Commissioners* (1987) STC 168. 上诉法院的判决在被上诉至贵族院时做了修改：(1989) AC 300.

〔97〕 (1987) STC 168, 181, Sir Nicholas Browne-Wilkinson VC.

第二章

判决理由和附随意见

1. 判决理由和判决的结构

根据对第一章里所述的英国先例诸规则的初步描述,每一个法院都必须遵循在法院等级体系中高于它的任何法院所作出的判决,而且上诉法院(除了贵族院)受它们自己的先前判决约束。这种描述过于简洁,因为它并没有指出一个判决中有约束力的部分仅仅是"判决理由"(作出判决的理由)。本章的主要目标是,思考当法官和其他法律人使用一个案件中的"判决理由"这个术语时,它意味着什么,以及通过什么方法可以决定它。这将展现,通过"遵循"或"应用"一个判例以及受一个先前判决的约束要把什么牵涉进来,尽管这些问题直到下一章开始时才会讨论。

判决理由最好通过观察一个典型判决的结构来进入。目前的英国法官几乎总是一成不变地在民事案件中给出他作出判决的理由。假定这次审判是由法官个人在没有陪审团的情况下进行的,他通常会概括证据,宣布他对事实的裁决,而且评论每一方当事人呈现给他的论证。如果一个法律问题已经被提出来了,他经常讨论大量的先前判决。现在,相对来说很少出现一个民事案件由一个法官和陪审团共同审理的情况。当有一个陪审团时,法官给他们概括证据,而且根据他们对事实的裁决作出他的判决。在根据起诉而得以审理的刑事案件中,从律师角度来观察到的最为重要的特征就是给陪审团概括证据。上诉法院的判决形式类似于一位法官在没有陪审团的情况下审理民事案件所做的判决形式。它包括对事实的评论和论辩以及对相关法律问题的讨论。在上诉法院中经常会有几种意见,因为上诉总是由一位以上的法官进行听审。

40 并非法官在作出判决时所说的一切都会构成一个先例。首先,这种状况专供法官宣布他关于法律的判断,而且在任何一年里审判的大多数案件都不牵涉有争议的法律问题。争议只与事实有关。例如,问题可能是一个特定的汽车司机是没有遵循适当的注意义务而不小心驾驶还是超速行驶。没有人怀疑一个汽车司机有一种小心驾驶的法律义务,而且,经常的情况是,唯一的问题是当他对路人或另一个汽车司机带来了伤害时,他是否违反了这个义务。唯一的问题是,仅与事实问题有关的案件通常不会出现在任何判例汇编中,但是对法律和事实作出区分并不总是容易的,而且导致初审法官或上诉法院作出实际结论的理由有时要详细地报告。例如,一位雇主有法律义务给他的雇员提供一种相当安全的工作系统。这个义务是否已经被违反,这从根本上来说是一个事实问题,但是判例汇编收入了大量的判例,在这些判例中法官表达了他们关于雇主应该在特定场合提供的预防措施的观点。如果工人穿着保护服,伤害就不会发生,雇主必须坚持应该让雇员穿这样的衣服而不是仅仅给那些想穿的人提供这些衣服,但是贵族院坚持认为,对这种本质的遵守并非必须应用至未来案件的法律命题,因而据此作出的判决不构成一个先例。[1] 没有必要竭力去确认此类案件的判决理由。

为什么并非法官在他的裁判过程中说的一切都构成一个先例,第二个原因是,在他表达的诸多法律命题中,只有那些在他看来对其判决确有必要的部分才被说成是构成了判决理由,并因此不再是一种附随意见。如果后来的一个案件中的法官根据英国的遵循先例原则受到这个先例的约束,那么他必须适用这个先前的判决理由,无论他对它有多么不同意,除非,用里德勋爵的话说就

〔1〕 *Qualcast (Wolverhampton) Ltd.* v. *Haynes* [1959] AC 743.

是,他认为这两个案件有“相当大的区别”。[2] 当然,前面判例中 41
的附随意见经常被遵循或适用,但是附随意见永远只是说服性的权威。任何法官都毫无疑问地必须遵循它们。甚至一个先前判例的判决理由只不过是一种说服性权威,它必须在后面的案件中被遵循,除非该法官有充分的不同意它的理由。[3] 它构成了一个先例,而且说服性先例同附随意见之间的区别几乎和约束性先例同说服性先例之间的区别一样。例如,如果一个高等法院的初审法官作出这样的结论,就是另一个高等法院初审法官的先前意见中包含的一个法律要点是判决理由,他宁愿它仅是一个附随意见而不愿认为与它不同,尽管一位初审法官不必遵循另一个初审法官的判决。

对判决理由和附随意见进行区别是一种古老的做法。早在1673年,首席法官沃恩(Vaughan CJ)就说过:

> 法院给出的意见——如果对记录中给出的判决不是必要的话,但是也可能是如果没有这样的意见,就会导致一份相反的判决,不是司法意见;而仅是一份法律没有要求的陈述意见(*gratis dictum*)。[4]

现在,附随意见通常被认为是司法意见,但是在1673年之后相反的惯例盛行了很长时间。因此奥斯丁在1828—1832年讲课时说:

> 这些一般的要点,出现在裁判过程中,没有这种案例的特性,一般被当作另外的法律要点,而且通常没有任何权威。[5]

对于这种判决理由和附随意见相区别的重要性,无疑有很多很好的理由。在这种背景下,一份附随意见就意味着一份顺带的陈述,

[2] p. 36 *supra*.
[3] See Richard Bronaugh, “Persuasive Precedent”, in Ooldstein (ed.). *Precedent in Law*, ch. 8.
[4] *Bole* v. *Horton*, Vaughan 360 at 382.
[5] *Jurisprudence* (5th edn.), ii. 622.

情况可能是，这样的一份陈述不像一份理由中提出的法律论点那样受到认真的审议。甚至并非每一种此类性质的论点都构成了判决理由的一部分。引用德夫林法官（Devlin J）当时所说：

> 众所周知，如果一位法官给出了两个判决理由，二者都具
> 42 有约束力。不允许拣出一个作为较好的理由而对另一个忽略不计；也不能出于这个目的排出哪个第一，哪个第二。但是，作出司法附随意见的惯例也众所周知。一个法官可能经常给出其判决的另外理由，不希望它们成为判决理由的一部分；他也可能不能充分地确信它们是否具有作为先例的全部权威的说服力，而且仍可能希望对它们作出陈述，以使得后来有义务调查同一问题的人将从某些指导开始。这是一个法官自己能够决定的问题，而且任何其后的法官必须通过这些语言而非按照他自己的偏好确定哪一个惯例已经被采纳。[6]

法官不可能做的一件事情就是阻止他关于某一法律问题的判决构成一个先例。[7]

德夫林法官的上述评论代表了正统的司法理论，而且，初看上去，它们给予裁判案件的法官的权力可能似乎有些令人吃惊。如果一个法官有这么大的自由去决定他的哪一部分思考是判决理由，哪一部分是附随意见，就不会有一种严重的危险吗，就是他是否会对未来的法律发展施加不适当的影响？他只不过必须陈述二十个法律要点，而且说他以这二十个法律要点的每一个为基础已经创造了二十个新的法律规则。真的，从前的大多数法官不承认他们有制定新法的权力，但是我们主要关注的是目前这种司法判决的宣示理论不再占据主流地位的情况。同样，任何现代英国法官希望做得最后一事是通过规定大量的多余规则来约束他的继任者，这也是真的。但是，刚才我们关注的是法律理论。对这个问题

---

〔6〕 Behrens v. Bertram Mills Circus Ltd. 119571 2 QB I at 25.

〔7〕 *In re Showerings, Vine Products and Whiteways Ltd.'s application* [1968], 1, WLR al 1384 per Megarry J.

的回答是,有很多考量据说可能是矫正这种平衡以有利于后来的
法官。无疑,一个先前判例的判决理由必须要来自裁判该案的法
官的语言,但是认为就有关文字的含义而言解释者具有与发言者
几乎相同的地位,这是一种陈腐的观点。更为重要的是某些司法
实践规则的存在,这些惯例与未来的法官取代对过去判例的建构
有关。通过强调必须尊重先前判例的事实和先前或之后判决的语 43
言,这些规则大大地减小了通过这些某一特定的法官认为是适合
解释他的判决的理由对法律发展的影响。的确,这些限制的重要
性如此显著,以至于通过某些通常在有关判决理由的讨论中提到
的案例来说明它们是方便的。

判决必须根据案件中传达的事实作出

没有必要阐释很多法官的评论,他们坚持认为最为小心地注意他们征引的先前判例的事实有其重要性。持这种观点的人很多。必须进入先例原则的根源,根据该原则,同样案件必须同样判决。只有这样做才可能确保受先前判例约束的法院以与其他法院相同的方式来裁判新案件。当然,这只是一个可能性的问题,但是随着两个案例中事实的不同程度的增加,这种法院以裁决被引用的案例一样的方式来裁决新案件的可能性变得越来越小。[8] 关于现在讨论的这种司法实践规则,更进一步的原因是霍斯伯里勋爵(Lord Halsbury)在他对 *Quinn* v. *Leathem* 一案[9]所作判决的一个著名的片段开始处阐述的。霍斯伯里勋爵说:

> 每一个判决必须这样作出,即认为它可以适用于被证明或认为将被证明的特定事实,因为可以被发现的这些表达的一般性并非是为了揭示所有的法律,而是要根据该案的特定

---

〔8〕“尽管下级法院并不责备阁下”在案件中所做的一致判决,然而他们并不认为他们在它们实际决定的问题之外受它们的约束。下级法院会真诚地说,“我们不可能知道贵族院会使本决定超越它已经决定的事务。”*per* Best CJ in *Fletcher* v. *Lord Sondes* (1826) 3 Bing. 501 at 560.

〔9〕[1901] AC 495 at 506.

事实获得管辖和有资格管辖，要在该案的事实中找到这些表达。

这种惯例运作的方式可以通过进一步参照 *Donoghue* v. *Stevenson* 案[10]来说明。在该案中，贵族院关心的是姜汁啤酒的生产商对
44 最终消费者的民事责任，他们之间并没有签订契约。如果这个消费者因为啤酒瓶里的一"只"腐烂的"蜗牛"而生病，在他能够证明生产商或其雇员存在过失的情况下，他能够要求生产商给予损害赔偿吗？这让人回忆起贵族院曾以 3:2 的多数对这个问题作出了肯定的回答。当时作出了阐释详尽的判决，但是后来的法官们和律师们对下列片段的看法高度一致，阿特金勋爵（Lord Atekin）以该片段作为该案的判决理由结束了他的发言：

> 如果阁下接受了这样的观点，即这种起诉揭示了一个相关的诉讼理由，你就会承认这样的苏格兰法和英国法相同的论点，就是一个产品的生产商，他以想要产品到达最终消费者的形式出售商品，以这种形式，他们并没有给消费者进行任何中间检查的可能性，而且他们知道，在准备或提供这些产品时不尽合理的注意义务将导致对消费者的生命或财产造成损害，他们有责任对消费者承担合理注意的义务。[11]

在其发言的前面阶段，阿特金勋爵对过失法律做了某些著名的概括，表达了已经为人们所知的"邻居原则"（the neighbour principle）。他说：

> 目前，我自己可以满意地指出，在英国法中，必须有而且确实有一些一般的关系概念，这些概念产生了一种注意义务，在著作中发现的特定案例只是注意义务的例子。过失责任（the liability for negligence），无论你这样称呼它或者在其他制度中认为它是一种疏忽（culpa），毫无疑问都是以一种对不道德行为的公共情感为基础，进行这种不道德行为的人必须为

〔10〕［1932］AC 562, p. 31 *supra*.

〔11〕At 599.

此付出代价。但是,任何道德准则责难的行为或懈怠在现实世界里不可能都被认为是给了每一个因这些行为或疏忽而受伤的人要求赔偿的权利。因此,限制起诉人范围和他们的救济内容的法律规则出现了。你要爱你的邻居,这样的规则变成了法律规则,你一定不能伤害你的邻居,问题是,谁是我的邻居?接受一个有限制的回答。你必须采取合理的注意以避免你可以在相当程度上预见到可能伤害你的邻居的行为或懈怠。那么在法律上谁是我的邻居?答案看起来是受到我的行为紧密的和直接的影响的人,在很大程度上我应该考虑,当我作出这些有争议的行为或懈怠时他们会受到这样的影响。[12]

对邻居规则的这种陈述在过失法律后来的发展中一直占据关键的地位。一种观点认为,存在一种初步的注意义务,在该义务中损害在一种合理的预期之内,这可以经由对公共政策的考虑而被排除掉。[13] 另一种观点认为,这在最近的判决中是流行的,存在截然不同的义务情况(duty-situations)类型,它们不可能被归入一种单一的原则之内。[14] 看起来似乎没有一种观点认为邻居原则构成了 *Donoghue* v. *Stevenson* 案的判决理由的一部分。根据该案的裁决没有一个法官被要求,仅仅因为被告人能够合理地遇见他的一项行为或懈怠可能给其他人带来损失,就判决他负损害赔偿之责。 45

任何判决必须根据其他案件的判决作出

根据先前或其后案件中的判决对一个案例的判决理由进行解释的一个很好的说明是由在 *Lloyd* v. *Grace*, *Smith & Co.* 案[15]中对

---

〔12〕 At 580.

〔13〕 *Anns* v. *Merlon London Borough Council* (1977) AC 728, 751—752 Lord Wilberforce.

〔14〕 See the speech of Lord Bridge in *Caparo Industries pie* v. *Dickman* (1990) 2 AC 605.

〔15〕 (1866) LR 2 Ex. 259.

Barwick v. The English Joint Stock Bank 案[16]的处理提供的。当这些案件中的第一个在 19 世纪中叶到达财政署内室法庭(court of exchequer chamber)*(上诉法院的前身)时,针对雇主是否因他的雇员在被雇过程中的欺诈行为而对受害者负民事责任,有不少怀疑。该银行的一位经理欺诈性地引诱原告接受一份毫无价值的担保,根据这份担保他以赊账的方式给第三方供应商品。第三方因此能够付清他透支银行的款项。初审作出了有利于被告人的判决,财政署内室法庭命令进行一次新的审判。当威尔斯法官陈述该法院这样做的理由时,他说:

> 但是,关于负责人是否要为他的代理人在为其雇主做事以及*为了雇主的利益*(*for the master's benefit*)做事期间的行为负责这个问题,在欺诈案件和其他的错误案件之间不能作出合理的区分。一般的原则上,雇主为每一个雇员或代理人的
> 46 错误负责,只要这些错误是在被雇佣期间或*为了雇主的利益*

---

〔16〕 (1912) AC 716.

* 早期英格兰中央法庭有这样一种做法:法官和财政署官员聚集在财政署的内室讨论法律或业务方面的难点。这使得人们产生了这样的一种观念:这种集会成为一种法庭,并且议会也时常授予这一法庭以权力。在 1873 年之前,有 4 个法庭都使用这一称呼。(1) 1357 年的一项制定法建立了一种包括御前大臣、财政大臣和其他助理法官在内的法庭,以纠正财税法庭的错误判决。后来的制定法又屡次修改了其人员组成,1696 年的"Bankers Case"确定,掌玺大臣(Lord Keeper)不顾其他法官的反对而推翻原审判决。(2) 因为审理不服王座法庭判决而上诉之案件的议会不能经常召集,1585 年又建立了一个专门法庭负责此事,它由 6 名或 6 名以上的王室民事法庭和财税法庭的法官组成。但不服其判决仍可向贵族院上诉。(3) 1830 年前两个财政署内室法庭合而为一,其中任何两个中央法庭的法官组成合议庭可以审理针对另一法庭作出判决的上诉案,当然最终仍可向贵族院上诉,该法庭 1875 年为上诉法院所取代。(4) 也指所有 3 个中央法庭法官的聚会,有时御前大臣也参加,以审理特别重大且悬而待决的案件,从严格的意义上讲,他从来就没有成立过,而且也仅在 15 世纪显得重要,但法官们的共同意见对一个案件仍具有重大意义。18 世纪其地位下降,刑事方面的管辖权已让位于刑事案件再审法庭。——译者注

犯下的,尽管雇主的直接命令或私下知悉不能被证明。[17]

无疑,根据该案的事实,该银行因这个经理的欺诈行为而受益,但是这些斜体的文字是判决理由的一部分吗?对于宽泛的法律论点,就是一位雇主为其雇员在被雇佣期间所犯下的欺诈行为负责,或者对于较窄的法律论点,就是这个雇主仅仅对使其受益的这样的欺诈行为负责,这个判例算是权威吗?按照后面的这个观点,Barwick 案可以被用作反对雇主应该为其没有受益的雇员欺诈行为负责这种论辩的一种基础。如果财政署内室法庭认为雇主受益是他们承担责任的一个根本性先决条件,这种要求就是判决理由的一部分。

这恰是被告律师如何在 *Lloyd* v. *Grace*, *Smith & Co* 一案里使用 *Barwick* v. *The English Joint Stock* 案为被告辩护的。一个律师行的管理人员欺诈性地引诱原告转让了两座别墅,将一座抵押给他。他卖了这两座别墅,兑现了这个抵押,然后潜逃了,他的雇主没有从他的欺诈行为里得到任何利益。但是,这个雇主还是在初审法院被判有责。他成功地上诉至上诉法院,但是原告也成功地上诉到了贵族院。相应地,现在雇主对其雇员在被雇佣期间犯下的欺诈行为负责,这已经成了既定的法律。贵族院认为威尔斯法官在 Barwick 案中对雇主受益的引用仅仅是一次偶然地对他面前的事实的提及,而非如上诉法院和其他早些的法官所决定的那样,是一种判决理由的核心部分。在贵族院,劳本勋爵(Lord Loreburn)看起来在总体宣读时根据威尔斯法官在 Barwick 案的解释作出了他的决定,但是霍斯伯里勋爵特别地强调了豪特(Holt)在 18 世纪之初所作的一次陈述,而麦克纳特恩勋爵(Lord Macnaghten)对威尔斯法官语言的解释以审理 *Barwick* v. *The English Joint Stock Bank* 案的那个法庭的其他成员在以后案件中作出判决时的陈述为基础。

无论法官怎么说,或直截了当或通过暗示,有关据以作出其判

---

[17] LR 2 Ex. 265, with italics added.

47 决的法律论点，必须根据后来的法官或任何可能与该问题有关的其他人考虑之时既存的判例法来进行解释。对这个观点的进一步支持可以在坦特顿勋爵（Lord Tenterden）已经被引用过的 *Wells* v. *Hopwood* 案[18]中的话语获得。这个司法惯例规则，如同强调法庭面前事实重要性的惯例规则一样，不可能被精确地阐释，但是任何对某一案例的判决理由进行讨论而不考虑这两种惯例，都是非常不现实的。

没有理由的判决

讨论判决理由稍微有些复杂，是因为在某些案件中，并不给出判决的理由。判例汇编仅仅收入了事实陈述，或有或无对辩护律师论辩的描述，以诸如“判决原告胜诉”这样的话语结束。现在一般而言，在我们的高级法院里，会给出判决理由，而且，当没有给出判决理由时，这个案件就很少被收入判例汇编，但是某些早期的判例汇编收入了对没有陈述理由的判决的详尽说明。认为这样的判决必然缺乏使其能够被引作先例的判决理由是错误的，因为它们必须依赖的法律论点可以或多或少地从事实和结论中推论出来。从一个判例的事实和法院在考虑了这些事实后所下的命令中得出法律论点是讨论判决理由的一个重要特征。为此，法院的命令必须被看作一个三段论的结论，据以作出命令的事实构成了这个三段论的小前提，而被认为是判决理由的法律论点就是大前提。

然而，一般而言，一份没有理由的判决的权威是非常弱的，因为很难说得出哪些事实重要，哪些被认为是不重要的。例如，假如在 *Donoghue* v. *Stenvenson* 案中的判决没有给出理由，结果会怎样？更不用说该案还具有这样的法律论点权威，即姜汁啤酒的生产商
48 有责任对那个在佩斯里合法地消费该啤酒的苏格兰妇女负有不要让蜗牛进入它所在的那个不透明玻璃瓶的注意义务[19]，但是我们

---

〔18〕 (1832) 3 B. & Ad. 20 at 34, p. 14 *supra*.

〔19〕 Cf. 20 *MLR* 6 and references there cited.

在上述这个特别案件的某些特殊性在决定其判决理由时可以被忽略不计的程度上,会缺乏这些由贵族院里的发言的术语所提供的指导。即使我们没有这样的协助,我们可以正当地裁定这些事实,即消费者是苏格兰人和消费发生在佩斯里而非其他苏格兰城市,是不重要的。但是,由于44页引用的片段里阿特金勋爵对“产品”的提及,我们可以说 *Donoghue* v. *Stevenson* 案的原则并非仅适用于饮料生产商的责任。在该案被判决四年之后,有人论证说这个原则只适用于食品和饮料,但是这种论证是不成功的,而且 *Donoghue* v. *Stevenson* 案被应用至针对那些不小心允许过量的硫磺进入他们的商品中从而导致购买者饱受皮炎之苦的内衣裤生产商。[20]

判决形式的多样性

为了回到那种在判决中给出理由的案例,每一个英国法律学生都艰难地区分在那些重要判决中,哪些是判决理由,哪些仅仅是附随意见,而且关于这种区分的异议成为大量法律争议的源泉。这些困难和异议大多数,如果不是全部,要归诸于发表英国判决所采用的详细阐述和各种不同的形式。在没有法律争议的案例中,这些判决可以仅由事实裁决构成,它们可以采取证据总结加上给陪审团的法律指示的形式,关于法律的结论可以用来呈现关于某些不必要事实的决定,大量的法律规则或权威可以被详细讨论,而且在上诉法院,不同的意见可能包含着达成同样结论的各种互相冲突的原因。对于那些想要发现一个判例据以被判决的原则的人来说,更糟糕的是,相对而言很少有法官直截了当地指出他用来作为判决理由的法律论点,但是法律理论要求在所有的判例中,都应该有一项判决理由,这些判例的判决包含的不只是事实陈述或根 49
据事实的推理。本章的主要问题可以被阐述得相当简单。对于法官看起来认为对其判决是有必要的判决理由的法律论点和所有其判决中出现的其他法律论点是附随意见,做得比说得稍多些是否

〔20〕 *Grant* v. *Australian Knitting Mills* [1936] AC 85.

可能？有人认为不可能做得比这还能稍多些，尽管某些勇士尝试着使其更进一步。当然，这些尝试的重要性由这个事实得到了提高，就是在后来的案件中，不止一个法官想要知道前一个判决中的什么法律论点应该被看做判决理由。同样的问题困扰着给其客户提出建议的律师和被要求详述既存法律的法学家。

找寻判决理由在很大程度上是英格兰、苏格兰和那些起源于我们的法律体系的那些国家的司法过程的一个特性。在法国的最高行政法院，判决理由陈述得非常简洁，就所有法国民事法院而言，任何具有一般叙述特征的话语都是被禁止的。[21] 这样的结果是欧陆关于司法判决的讨论不像英美法学作者全神贯注判决理由和附随意见的区别方法。按照古德哈特博士（Dr Goodhart）的看法，可以说正是约束性先例原则形成了英国和欧陆法律方法的根本不同[22]；但是对于较重要的判决作出的形式之间的区别是否同样根本，尚存争议。

> 目前的判决风格，特别是法国最高法院，是有点拉丁弥撒式的。这是一种值得无限尊敬的传统的延续。但是，这也是某种形式的重复，它不包括也不允许最高法院所希望的指导精神。[23] *

2. 美国现实主义者

在接下来进一步尽力去阐明判决理由和附随意见之间的区别之前，必须注意某些人提出的这样一种观点，就是对任何这种性质

---

〔21〕 Code Civil, art. 5.

〔22〕 50 *LQR* 42.

〔23〕 Touffait and Tune, *Revue trimestrielle de droit civil* (1974), 507.

* 法语原文为：Le style actuel des décision, notamment de *la Cour de Cassation*, est un peu la messe en latin. C'est le prolongement d'une tradition infiniment respectable. Mais c'est aussi la repetition de formulas que beaucoup ne comprennent pas et qui permettent à l'esprit de s'orienter où il veut.

的尝试都不过是一种徒劳无功的举动(a wild goose chase)。

这基本上是一群美国法学家的意见,已故的杰罗姆·弗兰克 50
是他们当中著名的一位,他们经常被称为现实主义者。通过与正统英国司法理论对法官在其判决理由问题上裁决案件的自由强调相比较,他们强调后来的法官享受的漠视他的前辈们在他引用的判例中所说的自由。现实主义者认为,过多的关注法官的声音而不关注其无声的行为是错误的。“不要太担心法院说了什么,要考虑它们做了什么”,是这个学派的一种主要呼声。它的成员看起来认真对待一个对常任上诉贵族阿斯奎斯(Lord Asquith)所开的玩笑,他被认为是“一位我们最伟大的司法大师”(one of our greatest judicial luminaries)。当被问到关于判决理由和附随意见的区别时,他回答说:

> 这个规则相当简单,如果你同意那个其他的家伙,你会说它是判决理由的一部分;如果你不同意,你会说它是附随意见,潜台词是他是一个天生的白痴。[24]

英国法理学教科书的诸多作者曾经认为判决理由和附随意见的区别仅是“后来的法院按照自己的偏好接受或拒绝先前判例中表达的原则所使用的一种工具”[25]。

在美国过去的十年间,现实主义者的衣钵已经传给了一个新学派,批判法律研究运动(the critical legal studies movement)。其成员从所谓的虚假“形式主义”(对此,他们发现无论什么时候法官都宣称受到权威的限制)那里推论出更多激进政治的意涵。在这样主张里他们看到了自由社会里固有的掩饰矛盾和压迫性的社会等级体系的邪恶企图。[26] 在美国法律文献中,“形式主义”已经成为了一个当时引发“嘘声”的词语。

---

〔24〕 *Journal of the Society of Public Teachers of Law*, NS 1 (1950), 359.

〔25〕 Dias and Hughes, *Jurisprudence*, 81.

〔26〕 R. M. Unger, “The Critical Legal Studies Movement”, *HLR* 96 (1983), 561. See Harris, “Unger's Critique of Fomialism”, *MLR* 52 (1989), 42.

法官们是人，而且，如阿斯奎斯勋爵所观察到的，对他所开的玩笑“有充分的理由，作为一个纯粹心理学事实，有比我们所知或愿意承认的更多的潜在真实性”。此外，几乎没有人怀疑，结论经
51 常是在反对它们的权威被考虑之前作出的。用赖特勋爵的话说就是：

> 有时一个法官似乎本能地抓住了问题的核心并找到了解决办法，尽管对这个问题是什么和这个解决办法的正当性如何被证明的详细解释和证明可能需要某些详尽的推理和引用权威。[27]

尽管在当时赖特勋爵还是一个常任上诉贵族，他的写作是司法之外的视角进行的，但是判例汇编有大量的类似观察。

当面对一个案件，其中被告和第三人分别是一个酒吧的房东和承租人，他们正在试图将某些伤害归咎于对方或将其归咎于并非本次诉讼当事人的上一个房东，这些伤害是由于有缺陷的藏酒地窖的门的摇摆而相互碰撞引发的，英国上诉法院法官麦金农(Mckinnon LJ)说：

> 就我而言，我直率地承认，根据常识，适量的堆积应该避免对某人造成伤害，而且，在本案的情况里，考虑到已经达成的一致意见，凭着常识和正当原则他能够战胜这些被告人，如果法律允许的话，我唯一关心的是，对于这些案件，法律是否确实允许他这样来获得赔偿。我认为它会的。[28]

麦金农法官接下来讨论了这些案件并且展现了他如何支持裁判中有权堆积的观点。诸如这样的程序没有保证这个结论，即当权威被考虑时，任何诉诸判决理由和附随意见之区别的途径都是正面的性质，在这种性质背后，判决是在与先前判例几乎没有关系的基础上作出的。通过类推进行推理的重要性还没有受到如此事实的

---

〔27〕 8 *CLJ* 138.

〔28〕 *Heap* v. *Ind Coope and Allsopp Ltd.* [1940] 2 KB 476 at 483.

重大影响，即结论是通过证明得来的。从司法过程的正统理论的有效性角度看，重要的是，当一个法官在审理案件时，对他构成约束的判决理由支持相反的观点时，他就应该准备改变任何暂定的判决，而且没有证据证明这不是目前英国的司法惯例。

事实上，极端的现实主义者的观点只有通过假定我们的法官 52
能够做到最大的伪善才能被支持。为什么上一章最后部分所说的司法缺憾不应该被认真地对待？当事的法官为什么不像坎贝尔勋爵（Lord Campbell）在 *Beamish* v. *Beamish* 案[29]中那样，为了区别他们不同意的判决而自行利用些微的事实差别？当一个判例似乎有两个判决理由时，为什么后来的法官一般都承认二者都具有强制力而不是遵循他们偏好的那一个？我们确实可以认为，无论美国的情况如何，判决理由和附随意见的区分对英国法官而言并非完全的异想天开，接下来我们要考虑有关这种区分的重要建议，这些建议是温伯（Wambaugh）在19世纪而古德哈特博士在20世纪提出的。

3. 温伯的检验标准

判决理由是一种一般规则，如果没有它，一个案件一定会被判决得不同，由此假定开始，温伯提出了著名的确定一个给定的法律论点是否是判决理由的倒置检验标准（test of inversion）。在他给学者演讲时，他用下列的话语描述了这种检验：

> 首先谨慎地架构假定的法律论点。接下来，在这个论点中，让他插入一个与其意思相反的字。然后，让他看看，如果该法院认为这个新的法律论点是好的，而且如果它被记住，判决是否还能一样。如果答案是肯定的，那么，无论原来的论点多么出色，这个判例都不是这个法律论点的先例，但是如果答案是否定的，这个判例就是这个原来法律论点的先例，并且可能也是另外的法律论点的先例。简言之，当一个判例仅是根

[29] (1861) 9 *HLC* 274, p. 8 *supra*.

> 据一个论点作出时，此判例的法律论点或原则——判决理由，一定是一个一般规则，没有它，此判例一定会判得不同。[30]

按照温伯的看法，根据上面的检验标准并非判决理由的法律论点仅仅构成了附随意见。

倡导谨慎地建构假定的法律论点和将这种检验限制到只根据
53 一种论点作出判决的判例上，就剥夺了它作为确定一个判例的判决理由的手段的大多数价值，尽管它还可以被用作确定哪些不是判决理由的工具。

建构假定的法律论点

选择法官在审判过程中阐释的任何法律论点是不够的，即使这个论点能够充分地证明他的判决。通过进一步引用 *Donohue* v. *Stevenson* 案，我们可以清楚地看清这一点。我们已经提到了阿特金勋爵发言中的两个法律论点[31]：

> （1）产品的制造商，当他明知其产品会到达最终的消费者手里而出售这些产品，制造商也没有给最终消费者任何进行中间检验的合理的可能性，而且知道在准备或提供这些产品时缺乏合理注意会对消费者的生命或财产带来伤害，他就要对消费者承担合理注意的义务。
>
> （2）一方必须采取合理的注意以避免他可以在相当程度上预见到可能伤害某些人的行为或懈怠，他们是会受到他的行为紧密的和直接的影响的人，在很大程度上他应该考虑，当我作出这些有争议的行为或懈怠时他们会受到这样的影响。

在第一个法律论点的最后的“义务”（owes）之后插入一个“不”字，在第二个论点开始处以“不必”代替“必须”，根据温伯的检验标准，

[30] *Study of Cases* (2nd edn.). 17—18. 本书早在1894年之前就已出现在美国，但至今对英国读者仍具有重大价值。

[31] p. 44 *supra*.

会导致这样的结论，就是两个论点都是判决理由。第一个具有被这样描述的资格，因为它与这个案件的事实紧密相关；但是，如果对谨慎建构假定法律论点的警告意味着必须给案件事实以适当的注意，学者就有权提问是什么事实，所有的事实，所有的重要事实——无论它们意味着什么，或者被法官认为重要的事实？我们将看到，这些恰恰是在讨论判例的判决理由的定义和确定时提出的问题。

只根据一种观点被判决的判例

在贵族院审理的 *Jacobs* v. *London County Council* 案的论辩中，引用了温伯的检验标准。在谈及有两个判决理由的案例时，西蒙兹勋爵（Lord Simonds）说：

> 我认为，不能因为法官另有判决理由，就把法官作出裁决时的一个理由当作附随意见看做是正当的。如果询问抛开被称为附随意见的论点他的判决是否还会一样是一个合适的检验，那么表面上决定了两件事情的一个判例就什么都没有决定。[32] 54

把这些评论当作对温伯检验标准的一种驳斥是不公正的，因为它被限制为只根据一种论点被判决的判例，但是这种限制具有相当的重要性。这并不是因为有两个判决理由的判例数目特别多，而是因为温伯的话语"当一个判例是只根据一种论点被判决时，……这个判决理由一定是一个一般规则，没有它，这个判例就会被判决得不同"，必须被用来针对法院认为只是根据一种观点作出判决的判例。如果不是这样，就只有非常少的判例能够被认为只根据一种论点而得以判决的，因为非常多的判决本可以通过其他路径而非法官选择的那种而被确定。为了确定这个事实，参照大量的判例是最为必要的，在这些判例中，重要的事实被认为无关实质，或

〔32〕［1195］11 AC at 369.

者干脆被不加理睬，或者被法院假定存在。在下面的段落里，我们会就每一种类型都举一个例子。

Rylands v. *Fletcher* 案[33]是一个最主要的重要事实被当作无关实质并导致其判决理由被大大拓宽的判例。原被告拥有相毗邻的土地。被告雇了一位工程师来建造一个蓄水池，由于这个工程师的过失，蓄水池的水溢出后从被告的土地上流到了原告的土地上。在这个被提交给财政署内室法庭的特定案件里，提到了两点。首先是，被告有责任保证这些水不溢出，第二点，被告人要为这个工程师，他的独立承包人的过失负责。法庭支持原告的第一点，没有考虑第二点。因此形成了一条重要的无过错民事责任规则：

> 出于自己的目的利用土地并且在那里收集任何如果逃脱就会致损的事物的人，必须保证它没有风险，如果他没有做到，初步看来，应该对作为这种逃脱的自然结果的所有损害负责。

55 这种陈述只能被当作一项一般规则，即工程师的过失由被告来负责，没有它，该案一定会判决得不同。

在 *South Staffordshire Water Co.* v. *Sharman* 案[34]中，原告是一块其上有一个池子的土地的所有人和占有者。被告是一位受雇来清理该池子的工人。在清理时，他发现了埋在池底泥巴里的两个贵重戒指。没有人知道谁是戒指的主人，原告为了这两枚戒指起诉了被告。一个高等法院的分庭作出了支持原告的判决，因为：

> 一般而言，占有一块土地就是占有附属于它或这块土地之下的所有事物，而且，如果没有其他方的权利要求，还拥有对它们的占有权。

被告作为原告的雇工这一事实被忽略不计了；如果对其加以考虑

---

〔33〕 (1868) LR 3 HL 330. The statement of the rule in the text is that of Blackburn J in the Exchequer Chamber (1865). I Ex. 265 at 279.

〔34〕 [1896] 2 QB 44.

的话，有利于原告的判决可能要根据另一条一般规则作出，这条规则就是物品的发现者有权占有它们，这种占有对抗除了真实物主之外的所有人，雇工在被雇过程中的发现物属于其雇主占有。[35]

在 *Farrugia* v. *Great Western Railway* 案[36]中，被告在派遣一辆超载的卡车时存在过失，原告因为这个卡车在一座桥下行驶时装载的部分货物的散落而受伤。原告是一个小孩，他一直在追着这个卡车捡拾从车上掉下来的糖。被告举出的唯一的法律论点就是，他们对原告没有注意义务，因为当他为了拿别人的糖这个非法目的而不是为了合法的运输而使用该公路时，他并不是一个该公路的合法使用者。按照被告的说法，原告是该公路的非法侵入者。上诉法院没有采纳这一点，作出了有利于原告的判决，格林尼勋爵(Lord Greene，上诉法院庭长)说，被告有责，

> 即使它是事实——我没有说它是——当原告在公路上奔 56
> 跑时，对于他之所为，这条高速公路所在的土地所有人才可以提起一项针对他的非法侵入之诉。

这个判决似乎是以这个法律论点为基础，即那些派遣卡车的人针对其装载对包括非法侵入者在内的所有的公路使用者都负有注意义务，但是只有我们记住被告是非法侵入者这个事实是法院假定的，我们才能把这个一般论点当作判决理由。这个案件可以通过发现他不是一个非法侵入者而作出有利于原告的判决。

温伯检验的消极价值

简言之，温伯检验认为判决理由是法院认为对其判决有必要的法律论点。我们将看到，对于律师认为的判决理由，还有很多要说，但是这种检验在寻找决定什么样的法律论点才被法院认为是对其判决必要的方式和方法上并不能提供太多的帮助。温伯检验

---

〔35〕 Cf. *Newman* v. *Bourne and Hotlingsworth* (1915), 31 TLR 209. 尚不清楚的是，在 *Shaman's* 案中，这个发现者是一个雇员还是一个独立的承包人。

〔36〕 [1947] 2 All ER 568.

的优点是,它提供了可能是一种确实可靠的确定什么不是判决理由的方法。它与这种被广为接受的观点相一致,即如果一个裁定支持了法庭的最终命令,它才能被看做是判决理由。

区别判决理由和附随意见是重要的,在这种背景下,最近的一次说明,是由上诉法院在 *Re State of Norway's Application* (*no.* 2)的判决里提供的。[37] 正如我们将在下一章看到的,上诉法院一般认为其本身受自己以前判决的约束。但是,只有早些判例中的作为判决理由组成部分的那些法律论点才具有强制力。一个挪威的法院给英国高等法院发了协助调查取证请求书(letters of request)*,请求英国高等法院将两个证人传唤至一位在伦敦的询问人(an examiner)**面前,就挪威的一个税收诉讼有关事项进行口头作证。一位王座法院的法官助理下了一个法庭命令,允许根据1975年的证据法(在其他管辖权范围内进行的诉讼)赋予的行使管辖权的申请,而且他的决定在高等法院的初审中获得了同意。这两个证人上诉至上诉法院。在 *Re State of Norway's Application* (*no. 1*)案[38]
57 中,上诉法院主要关注两个问题。第一,这种诉讼是1975年证据法关于授予英国法院管辖权批准此申请的"民事诉讼"吗?第二,如果有管辖权,这些要求的术语如此宽泛以至于构成了一种"非法调查"(fishing expedition)——如果构成就将认为不能批准这次申请——了吗?第一个问题被详加考虑,然后作出裁定这次诉讼的确符合1975年的证据法;但是上诉法院发现对这两个证人构成了"非法调查"并因此准予上诉,它指出应该给证人更多的关于这个

---

[37] (1990) AC 723, 732.

* 协助调查取证请求书(letters of request),指的是请求外国或别的法域的法院进行司法协助,请其对在该外国或法域的证据或证人进行调查,然后将调查结果发回的请求书。——译者注

** 询问人,指法庭任命的对由于在国外、生病或体弱而不能出庭的证人进行询问的人。询问人只记录询问情况,不对证人的可靠性发表意见。现在司法实践中,除证人不在辖区范围之外,一般并不任命专门的询问人。——译者注

[38] (1987) QB 433.

特定问题的细节。该挪威法院接受这个建议,并作出了进一步的包含了更具体问题的请求。在 *Re State of Norway's Application* (*no.* 2)案里,一个重新组织的上诉法庭主张,上一个上诉法庭对1975年证据法的解释是错误的,而且这两个证人的上诉是被允许的,因为这次诉讼不是该法范围内的"民事诉讼",因此没有管辖权。他们发现第一个判例给出的解释并不构成判决理由,因为它没有对最终的结果造成影响(对于这两个判决的上诉,贵族院主张第一个上诉法庭对该法律的解释是正确的,而且允许请求者上诉,但是对第一个判例中什么是先例这个问题没有做评论)。[39]

4. *Quinn* v. *Leathem* 案里的霍斯伯里勋爵

在讨论古德哈特博士的决定判例的判决理由的方法之前,最好先来讨论霍斯伯里勋爵在 *Quinn* v. *Leathem* 案中表达的看法。[40] 他强调一定要阅读每一个可以适用至已经被证明的事实或假定要被证明的事实的判决[41],接下来,霍斯伯里勋爵继续说到:

> 一个判例只是对它实际决定的案件来说才是权威。我完全不承认,一个法律论点可以被引用得如同合乎逻辑地从它里面奔涌而出一样。

退一步说,第一句话,略微有些模糊,因为,*taken aupied de la lettre*,它混淆了先例和既判事项(res judicata)。所有实际上决定一个案件的是各方当事人之间(inter partes)的问题——或判决原告胜诉或判决被告胜诉,被告人或被定罪或被无罪释放。但是从他的发言背景来看,清楚的是霍斯伯里勋爵正在根据一个判例据以在后来的不同当事人的诉讼中被引为权威的法律论点进行思考。他似 58
乎指的是,一个判例只有因为这样的法律论点才能被引为权威,即

---

[39] (1990) AC 723.

[40] [1901] AC 459 at 506.

[41] p. 43 *supra*.

如果在相关的事实和在后来案件中被证明的、被假设的或被承认的事实之间没有合法的相关区别的话，还应该作出同样的法庭命令。根据这种观点，一个判例据以成为权威的法律论点不可能从所有的事实中得到，因为任何两个案件都没有完全相同的事实。至少，涉及的当事人和相关事件发生的时间必定会有些不同。霍斯伯里勋爵发言的基础似乎是，每一个案件都有某些每一个律师都认为不相关的事实。根据这种在考虑中的观点，为了找到判例据以成为权威的法律论点，唯一必要的就是去除明明白白不相关的事实作为在讨论中的案件和其他事实情况之间进行有效的法律区分的基础。这样的事实经常被称为"无关实质的"，而且相应地，"实质的"和"无关实质的"这两个字眼在本节里就是这样被使用的。[42] 可能没有很多霍斯伯里勋爵假定的这种形式的事实，但是这个概念绝非不可理解，而且它触及了某些美国现实主义者认为的判例的判决理由[43]和第五章讨论的遵循先例的狭义解释的根源。

为了注意判决理由的定义，或者判例据以成为权威的法律论点，正如来自所有实质事实的原则并没有发现有利于这个国家，唯一必要的就是提及德夫林法官(Devlin J)的评论，这曾被引用为目前英国司法惯例的典型。[44] 按照德夫林法官的看法，判决理由是由判例的一个理由或数个理由组成的，作出该判决的法官希望这
59 个理由或这些理由具有先例的全部权威。本章里曾经引用过的两个判例将说明霍斯伯里勋爵关于过去判决的权威的观点也是狭窄

〔42〕 实质事实的概念是难界定的。例如，在 *Donoghue* v. *Stevenson* [1932] AC 562 案中，原告是一个女性，这个事实是非实质的，因为每个律师都会认为性别与本案情况无关。瓶中有蜗牛，这个事实是实质的，因为蜗牛是一种让人厌恶的东西，但是事实上也是非实质的——假定同样损害已经发生，瓶里有一个鼻涕虫而不是一只蜗牛，将没什么不同。

〔43〕 G. Oliphant, "A Return to Stare Decisis". *American Bar Association Journal*, 14 (1927). 61.

〔44〕 p. 41 *supra*.

的。在 *Rylands* v. *Fletcher* 案[45]里,被告人的工程师的过失有充分理由被当作一种实质事实。但是法院并不认可这一点,判决被告人根据一个稍宽泛的原则承担责任。相似地,*South Staffordshire Water Co.* v. *Sharman* 案[46]里的被告人是一个受原告雇佣来清理池子的工人,这个事实很容易成为判决的基础,但是法院根据一个完全不同的原则作出了判决。在上面每一种情况里,在文字上坚持霍斯伯里勋爵的观点都会导致引用判例作为这样的法律论点的权威,即大家都认为它并不构成判决理由。

只是实际所决定的案件之权威的判例

然而,在有些情况下,有必要求助于这样的观点,即一个判例只是"它实际所决定的案件"的权威,例如,对于将要从法院的命令加上实质的事实中得出的法律论点。我们已经提到过这些情况中的一种,就是,判决时没有给出理由的极少数判例[47],而且对此也没有什么可说的。此类性质的这些情况中的另外两种的例子是由法院作出的判决不够清楚的判例,以及在后来的判决中更为著名的判例所提供的。第一种可以由 *The Mostyn* 案[48]里对 *River Wear Commissioners* v. *Adamson* 案[49]的处理来说明,第二种可以由 *Hillyer* v. *St Barthlomew's Hospital* 案[50]的命运来说明。

River Wear Commissioners v. *Adamson* 以对 1847 年《港口、船坞和码头法》第 74 条的解释为基础,该条规定船主要为船只对码头的损害负责。这种措辞说明船主要对他自己或他应该负责的人负无过错责任。但是,亚当森(Adamson)的情况是,被告人的失事船只在被工作人员抛弃后撞了一个码头,因为没有证据证明他对那

---

〔45〕 (1868) LR 3 HL 330, p. 54 *supra*.

〔46〕 [1896] 2 QB 44, p. 55 *supra*.

〔47〕 p. 47 *supra*.

〔48〕 (1877) 2 App. Cas. 743.

〔49〕 [1928] AC 57.

〔50〕 [1909] 2 KB 820.

些工作人员存在过失，被告人被判不用负责。在 *The Mostyn* 案里，
60 被告人的船只在工作人员还在船上时撞了一个码头，被告人被判有责，尽管没有证据证明他对于任何他负责的人存在过失。亚当森案的判决不够清晰得令人好奇，这在上诉法院法官阿特金于 The Mostyn 被提交到上诉法院时所做的下面的观察中可以展现出来。他提到了哈瑟里勋爵（Lord Hatherley）的观点，他说：

> 我不知道，他认为这次上诉应该被允许还是被驳回，或者他是否同意凯恩斯勋爵（Lord Cairns）的观点。[51]

对这种性质的思考使得达尼丁勋爵（Lord Dunedin）在 *The Mostyn* 里说：

> 当任何裁判受到另一个或位于其上或同级法院的判决约束时……它当然受到其自身判决的约束，而且，如果从提交的观点来看，在大多数情况下，这都是清楚的——是判决理由导致了判决的作出，那么判决理由也有约束力。但是，如果这不是清楚的，那么我并不认为，为了受判决理由的约束而极为艰难地找出它是裁判者的责任。[52]

法院受判决的约束和受判决理由的约束之间的区别使我们想起了霍斯伯里勋爵在 *Quinn* v. *Leathem* 案里对先例和既判事项的明显混淆。同霍斯伯里勋爵说一个判例仅是其实际所决定的案件的权威一样，达尼丁勋爵可能指的是，一个受与判决理由明显不同的判决约束的法院，当所有实质事实类似时，一定要作出与前一个判例中所做的类似命令。

在 *Hillyer* v. *St Bartherlomew's Hospital* 案里，原告进入这个医院接受自己选择的洛克伍德医生的检查，该医生与这个医院之间并无雇佣契约。原告在手术室里被麻醉的情况下接受检查，护士和看门人在那里值班。原告被灼伤，他声称该医院对此损害存在过

---

〔51〕 [1927] P. at 37—38.
〔52〕 [1928] AC at 73.

失。上诉法院一致地驳回了该诉讼。上诉法院法官肯尼迪(Kennedy LJ)宽泛地根据被告人对原告唯一应负的义务就是在选择护士和看门人时要有合理的注意,而且没有证据证明这种义务已经被违反,作出了自己的判断。上诉法院法官法威尔(Farwell LJ)同 61
意驳回起诉(1) 因为该损害发生在那个手术室里,而且当在那个手术室时,这些护士和看门人就不再是这个医院的雇员而变成了洛克伍德医生的雇员,(2) 因为,即使这些护士和看门人还是这个医院的雇员,过失方是他们还是洛克伍德医生,还没有被证明,而且洛克伍德医生当然不是这个医院的雇员。上诉法院庭长科岑斯—哈代(Cozens-Hardy MR)同意肯尼迪和法威尔的判断。在 *Gold* v. *Essex County Council* 案中,肯尼迪法官的推理被认为不对上诉法院构成约束,格里尼勋爵(Lord Greene)说:

> 在一个该法院的两名成员都据以作出其判断的判例中,根据范围狭小的根据作出的那个限制为这个判决的必要性,而根据宽泛的法律论点作出的另一个超出了那些必要性,而且该法院的第三个法官表达了他对二者法律推理的同意,我认为把范围狭小的根据作为真正的判决理由是正确的。[53]

在 *Cassidy* v. *Minister of Health* 案[54]中,上诉法院法官丹宁(Denning LJ)表达了这样的观点,即不能依靠上诉法院法威尔法官(Farwell LJ)在 *Mersey Docks & Harbour Broad* v. *Coggins & Griffith* 案[55]之后的 Hillyer 案中所做的判决的第一个原因。他因此得出结论:

> 结果是 Hillyer 案现在可以在范围狭小的基础上被支持,根据这个基础,法威尔法官在 *Smith* v. *Martin* 案[56]里解释说,该医院当局不应该为这个外科诊疗医生的过失负责,因为他

---

〔53〕 [1942] I KB 293 at 298.

〔54〕 [1951] 2 KB 343.

〔55〕 [1942] I KB 293 at 298.

〔56〕 [1911] 2 KB 775.

> 不是他们雇佣的,而且并没有证明他们对那些护士和搬运工存在过失。[57]

换句话说,Hillyer 案仅强迫一个法院根据它们在所有实质方面都类似这个事实作出有利于被告的判决时要受其约束。因为一种引人注意的解释,可以被引作某些宽泛法律论点的权威的一个判例现在只是对其实际所决定的案件才是权威。一个受其约束的法院不能作出有利于原告的判决,如果他来医院是为了由一个他自己选定的医生进行手术,而这个医生并非这个医院的雇员,而且所受的伤害既可以被看做是因医生的过失也可以看做是因这些护士和看门人的过失所致,他们中的每一个现在一定被当作了该医院的雇员。这就是 Hillyer 案留给我们的所有。

62 在其他的情况下,在霍斯伯里于 *Quinn* v. *Leathem* 案中似乎已经使用的表述的意义上,一个案例可能仅对于"它实际所决定的案件"而言才能被引为权威。当一个上诉法院的不同成员对于达成同样的结论的原因认识并不相同之时,这样的情况可能就会发生。这种情况会在本章后面部分进行讨论,而且,在第五章里,我们将看到,根据某一思想学派的观点,以对成文法的解释为基础的一个判例的判决理由一定总是来源于每一个实质事实,不管法官在其审判过程中说的是什么。

霍斯伯里勋爵拒绝承认一个判例可以被引为一种看上去从其中合乎逻辑地流淌而出的法律论点,对这种拒绝,将在第六章里进行讨论,但是这种陈述的语境对于当下的讨论来说是至关重要的。在 *Quinn* v. *Leathem* 案里,霍斯伯里勋爵关注的是贵族院在 *Allen* v. *Flood* 案[58]里作出的早些判决的广度。这个案子在历经不同法庭的过程中有些盛衰交错,因为它开始时是要求对因民事共谋

〔57〕 [1951] 2 KB at 362.

〔58〕 [1947] AC 1.

(civil conspiracy)*而受到的损害进行赔偿,但是这种共谋的存在不能被证明。根据贵族院在*Allen* v. *Flood*案里采取的证据情形,一个贸易同盟的官员被陪审团发现出于蓄谋,警告原告的雇主,如果原告不被解散,同盟的成员就会被召集起来进行罢工,因为这种警告,原告们就被解散了。大多数贵族院成员最终作出了有利于被告,这个贸易同盟官员的判决。在*Quinn* v. *Leathem*案里,事实类似,但是被告是两个协同行动的贸易同盟的官员,而且他们通过可以说是威胁而非警告的行为,已经导致原告的一位顾客终止了与他的一份契约。陪审团发现被告的行动出于蓄谋。在*Allen* v. *Flood*案的发言过程中,有人作出了这些陈述,它们很容易能够形成三段论的大前提,结论是在*Quinn* v. *Leathem*案里应该作出有利于被告的判决,该案的实质事实成了小前提。霍斯伯里勋爵十分同意贵族院在*Quinn* v. *Leathem*案里达成的结果,即应该作出有利于原告的判决。他相应地着重强调了*Allen* v. *Flood*案与*Quinn* v. 63
*Leathem*案之间每一个主要的事实区别。这些区别是,共谋的存在和对个人行动的威胁以及在*Quinn* v. *Leathem*案里仅有警告。然而,仍可质疑的是,在决定*Allen* v. *Flood*案的判决理由时,坚持全盘考虑所有的实质事实,是否被证明了有利于英国法的发展,因为它导致了关于*Allen* v. *Flood*案和*Quinn* v. *Leathem*案的真正区别的长期争议。这种区别是威胁还是共谋,还是二者都是?这种争议可能是不可避免的,因为从*Allen* v. *Flood*案的全部判决中可以抽取不止一个原则,但是对这种争议有贡献的一个原因似乎或者是霍斯伯里勋爵拒绝寻找作为*Allen* v. *Flood*案的基础的一个原则,或者是他拒绝明确地表达一个原则作为*Quinn* v. *Leathem*案的判决基础。

---

* 又称民事合谋,指两人或两人以上采取一致行动,以谋求达到非法目的或以非法手段达到合法目的的行为。——译者注

5. 古德哈特博士确定判决理由的方法

按照古德哈特博士的观点，一个判例的判决理由要通过查明法官认为属于实质的事实来确定。要根据这些事实，从法官的判决里得出原则。任何受该判例约束的法院必须得出类似的结论，除非它面前的案件另有其认为属于实质的事实，或者除非某些在前面判例中被认为属于实质的事实在该案件中是缺乏的。这种确定判决理由的方法有巨大的优点，它比温伯的检验理论更为尊重法官看到的事实，但是与从 *Quinn* v. *Leathem* 案中霍斯伯里勋爵的看法中得来的建议相比，对于提出法官认为对其判决属于必要的法律论点而言，它更狭窄，因此更为适当。通过参照他关于“确定一个判例的判决理由”（“Determining the Ratio Decidendi of a case”）[59] 的文章里的六个最重要的命题以及在这个被完成后作出评论来概括古德哈特博士的观点是方便的。相对于“判决理由”，
64 古德哈特博士说得更为经常的是“判例的原则”，但是，这两种表达一般而言是为了表达同一种意思，对此几乎没有什么质疑。

（1）判例的原则在意见书给出的理由里是找不到的。古德哈特博士认为“判决理由”这个短语有些用词不当，“因为法官为他的判决给出的理由永远不是先例的有约束性部分”。这些原因可能确然错了，而这个判决仍有权威。古德哈特博士的一个例子是 *Priestley* v. *Fowler*。[60] 在这个案件中，通常认为共同雇佣原理是第一次被提出。只要该原理还是我们的法律的一部分，雇员因共同雇佣的一位雇员的过失导致受伤而要求雇主给予损害赔偿，就不可能成功。*Priestley* v. *Fowler* 案的判决根据是，任何其他规则都是

---

〔59〕 *Essays in Jurisprudence and the Common Law*, 1. The quotations in the text are from this essay.

〔60〕 (1837) 3 M and W 1. 这种任何其他结论都是荒谬的理由可以从此判中很容易地推出来。尚不清楚的是，本判也以这种理由为基础，即雇员暗含地承担其同事的过失责任。

荒唐的,雇员隐含着同意承担有粗心大意的雇员同事的风险。没有一个原因能够经得住审查,但是这并不妨碍 *Priestley* v. *Fowler* 案成为一个重要的权威。

(2) 原则在意见书提出的法律规则里是找不到的。根据《霍斯伯里英国法大全》[61] (Halsbury's *Laws of England*) * ,一般原则是判决的有约束力的单独部分,由理由或原则的阐明构成,据此对提交到法院面前的问题进行真正的决定。按照摩根教授(Professor Morgan)的看法[62],阐明法院所应用的法律规则的司法意见书的那些部分,如果必须用来确定呈交的问题,就被认为是判决,而且在后来同等的司法管辖权下的后面案件中被认为是第一位的权威。古德哈特教授认为这些陈述正在形成误导。

> 因为,不是法院阐明的法律规则,或者《霍斯伯里英国法律大全》所指的规则,一定构成判例的原则。在司法意见书里,可能没有说明任何法律规则,或者可能有可以被陈述得或过于宽泛或过于狭窄的规则。在上诉法院,不同法官阐明的法律规则可能彼此毫无关系。然而,这些判例中的每一个都包含了一种能够通过适当的分析而得以发现的原则。

我们已经提到了古德哈特博士所举的一个判例作为例子,这个判 65

---

〔61〕 (1st edn), xviii. 210.

* 《霍斯伯里英国法律大全》是最著名和使用范围最广泛的英国现行法律百科全书。英国出版公司 Butterworths 在 1907 年到 1917 年间出版了该书的第 1 版,当时的英国首席勋爵霍斯伯里(Lord Halsbury)勋爵担任主编。第 2 版出版于 1932 年至 1942 年,Hailsham 勋爵担任主编。第 3 版也就是现行版于 1952 年至 1963 年,由 Simon 勋爵担任主编。每年 4 月出版发行累计补遗版(cumulative supplement),将前一年 10 月 1 日起至次年 4 月间的最新法律变动情形收印在内以作补充。活页的《现行法律服务版》(current service)将提供新近的法律资讯。《霍斯伯里英国法律大全》作为各种法律研究的开端,具有非常重要的价值。——译者注

〔62〕 *The Study of Law* (1st edn.), 109.

例就是 *Barwick* v. *English Joint Stock Bank*〔63〕,在该案中,法律规则范围过于狭窄,银行被判决要为其经理的欺诈行为负责,而且,威尔斯法官说:

> 一般规则是,雇主要为雇员或代理人在服务期间或为了雇主的利益犯下的任何错误负责,尽管雇主的直接命令或私下知悉没有被证明。

(3) 通过审视所有该判例被查明的事实和法官的裁决,原则不必然能被找到。古德哈特博士指的是奥利芬特教授(Professor Oliphant)的现实主义学说,当他写作该文时,这种学说在当时很是流行。根据该学说,并非法官的意见而是他们判决案件的方式应该成为真正的法律科学研究的主要论题。这让人想起了我们已经讨论过的霍斯伯里勋爵的观点,而且,如古德哈特博士所观察的那样,该学说的结果应该是,为了发现判例据以权威的法律论题,法官的意见书永远不必被考虑。古德哈特博士也指出,奥利芬特教授学说背后的错误基础是这种假定,即判例的事实是一种不变因素(a constant factor)——法官的结论是以一套给定的事实的固定前提为基础的。关键的问题是——我们讨论的是什么事实?

(4) 判例原则的发现,可以通过考虑:(a)法官认为属于实质的事实,以及(b)他据此作出的判决。根据古德哈特博士的看法,对上段最后提出的那个问题的回答是,当讨论判例的判决理由时,我们应该记住法官注意到的事实,因为正是在这些事实基础上,他才作出了他的判决,而不是以其他任何事实为基础。

> 接下来,我们分析判例的任务不是指出事实和结论,而是指出法官看到的实质事实和他据此作出的结论。正是通过法官对实质事实的选择,他才创造了法律。

---

〔63〕 (1866) LR 2 Hx. 259. 古德哈特博士引用 *R.* v. *Fenton* (1830) I Lew. 179 案作例。在该案中该规则被解释得过于宽泛。见 *R.* v. *Franklin* (1883) 15 Cox CC 163. 然而,该案可能与 *R.* v. *Fenton* 存在冲突。

按照古德哈特博士的方法，查明判决事实需要两步。第一，有必要确定法官所看到的全部案件事实；第二，有必要发现哪些事实被法官认为是实质的。 66

古德哈特博士说明了他的有效评论，即通过法官选择实质事实而参照 *Rylands* v. *Fletcher* 案[64] 来创造法律。让我们回忆一下案情，在该案中，被告人雇佣了一位工程师在其土地上修建一个蓄水池。因为这个工程师的过失，一些水从蓄水池里流了出来，流到了原告的土地上。古德哈特博士以这样的方式分析这个判例：案件的事实，事实(1) 被告有一个修建于其土地上的蓄水池。事实(2) 修建该蓄水池的承揽人有过失。事实(3) 水流出来而且对原告造成了损害。法院看到的实质事实：事实(1) 原告有一个修建于土地之上的蓄水池。事实(2) 水流出来并且对原告造成了损害。结论：被告对原告有责任。通过忽略案件事实(2)，绝对责任原则被确立。

(5) 法官可以或直截了当或含蓄地把某些事实当作实质的或非实质的。相对而言极少有这样的情况，那就是法官直接指出他认为哪些事实是实质的或非实质的。古德哈特博士相应地提出几种确定被法官认为属于实质或非实质的事实的检验方法。因此，人、时间、地点、种类和数量大概都是非实质的，除非被特别指出来是实质的。判例汇编和辩护意见的区别也必须被考虑，而且

> 法官在司法意见书提供的诸理由，或他所陈述的为其所遵守的法律规则，具有特别的重要性，因为它们给我们提供了确定法官所认为的实质或非实质事实的指南。他的理由可能是不正确的，而且他对法律的陈述可能过于宽泛，但是它们仍然给我们指出了他据以得出其结论的事实。

(6) 根据假定的事实作出的结论是附随意见。古德哈特博士明显地认为判决理由不可能以假定的事实为基础。

---

〔64〕 (1868) LR 3 HL 330.

> 根据法院没有决定其存在的事实为基础的结论，不可能确立原则。

他认为，一个判例可以有两个判决理由，它们根据各自的司法确定
67 的事实为基础，如 *National Sailor's and Firemen's Union* v. *Read* 案[65]，在该案中，联盟的行为被判决违法，不仅因为它是 1926 年大罢工的继续——这次大罢工已经被判决为非法，而且它还违反了联盟规则。

> 第一套事实包括了大罢工这个事实。第二套排除了大罢工，但是包括了联盟内部规则被违反这个事实。

自从写作了这篇我们刚刚归纳过的文章，古德哈特博士一直说，他仅仅是试图给出他认为大多数英国法院在试图决定一个疑难案件的判决理由时所遵循的方法的指南[66]，而且无疑，他已经给出了一个最为有用的工具，因为没有适当地注意法官所认为的实质事实，任何查明判决理由的企图都是完全不现实的。可能会引起更多争议的是，古德哈特博士是否自己就缺乏现实性，因为他几乎完全排除对那些事实的强调，而且他对案件辩论的方式、法官所采取的推理过程和该案件和其他判决的关系都不加注意。如果有的话，在多大程度上这种指控能够被证明，这最好根据前面提到的第一、第二、第五和第六条中所提到的几点来理解。

无需对第一条考虑太多。认为判例原则在司法意见书里找不到，无疑是正确的。一般认为，判决理由就是法律论点，认为任何除了法院所采纳的结论都是不理性的，这并不属于此范畴。法官达致他据以作出判决的法律论点的理由在其技术意义上也不是判决理由。借用斯通教授（Professor Stone）使用过的一个术语就是[67]，区别判决理由的描述意思和规定意思至为关键。

---

〔65〕 [1926] Ch. 536.

〔66〕 22 *MLR* 123—124.

〔67〕 See an article entitled "The Ratio of the Ratio Decidendi", 22 *MLR* 597.

转到第二条,古德哈特博士对诸如摩根教授观点的批评接受起来有些难度。摩根教授说:

> 法院所应用的阐明法律规则的司法意见书的那些部分, 68
> 必须以此来决定呈交的问题,就被认为是判决。

按照古德哈特博士的观点,法院阐明的法律规则不必然构成判例原则。当然,当司法意见书里没有阐明任何规则时,这是对的,但是摩根教授关注的是这样的判例,在这样的判例里,法律规则在司法意见书里被阐明,而且被法院所适用,必须适用该规则来决定呈交的问题。看起来这种性质的法律规则的确"必然地构成了"判例原则。此外,如果法院认为它们是"决定呈交的问题所必须的",看起来它们必须是通过考虑法官认为属于实质的事实和根据这些事实作出的判决才能发现的原则。例如,古德哈特博士引用 *Barwick* v. *English Joint Stock Bank* 案[68]作为这样的情况,就是司法意见书里阐明的法律规则过于狭窄而不能建构判例规则,但是如果我们想要根据前面那篇文章里的几种检验方法查明判决理由,我们就刚好能找到这个规则。*Barwick* v. *English Joint Stock Bank* 案的事实是:(1) 被告的经理欺诈性地引诱原告接受一个毫无价值的担保,(2) 这个经理是被告的雇员,(3) 这个经理的行为是在被雇期间作出的,以及(4) 被告因该经理的欺诈行为而受益。结论是该银行要为原告受骗遭受的损失负责。古德哈特博士说:

> 如果司法意见书没有区分实质事实和非实质事实,那么除了一看便知的非实质事实,司法意见书里阐明的所有事实一定都被当成了实质事实。

威尔斯法官并没有清楚地指出,他认为被告从这个欺诈行为中收益这个事实属于实质事实还是非实质事实,而且它当然不是那种

---

〔68〕 (1866) LR 2 Ex. 259. 在古德哈特博士处理 *R.* v. *Fenlon* (1830) I Lew. 179 and *R.* v. *Franklin* (1883) 15 Cox CC 163 案时,同样遵守了本段阐明的原则。

从其表面就能看得出的非实质事实。因此，按照古德哈特博士的观点，它必须被看做实质事实，判决理由就是"雇主要为雇员或代理人在受雇期间或为了雇主的利益犯下的任何错误负责"。

69 关于 *Barwick* v. *English Joint Stock Bank* 案，看起来有两种貌似有理的解释。首先，可以说关于雇主利益的陈述构成了判决理由的一部分，而且在 *Lloyd* v. *Grace*, *Smith & Co.* 案[69]里，贵族院只是决定，通过把雇主的利益当作一种实质事实，威尔斯法官意图说明雇主不为其雇员在被雇期间进行雇主并没有从中受益的欺诈行为负责，这是错误的。根据这种观点，贵族院只是扩张了 *Barwick* 案的判决理由。其次，可以说对其他判例的考虑使得贵族院在 *Lloyd* v. *Grace*, *Smith*, *& Co* 一案中认定威尔斯法官并不想说明，英国联合股份银行(English Joint Stock Bank)因其雇员的欺诈行为而受益这个事实并不是他的判决的实质事实。其他案件包括在 *Barwick* 案之后的案件，在这些案件中，参与了判决 *Barwick* 案的法官并没有提及，在他们阐述替代责任原则(the principle of vicarious liability)时并没有要求雇主受益。第二种解释，大体上受到了贵族院在 *Lloyd* v. *Grace*, *Smith & Co.* 案的成员意见演说(speechs)的支持，而且他建议，古德哈特博士应该把对其他判决的考虑当作为了确定哪些事实被主审法院认定成实质事实而有时必须求助的诸方法中的一种。如果其他判决早于本案，它们就与某些既存法律相关，有充分理由认定这些法律对法官关于事实的观点发生了影响。如果其他判决是在本案之后发生的，如果它们是由审判本案的法庭成员作出的，它们就会特别重要。

现在来看上面提到的第 5 条，很难发现古德哈特博士关于确定哪些事实被法官含蓄地当作实质事实或非实质事实的建议存在错误。此外，不能过度强调，这样的假定是错误的，即这篇文章建议，我们正在检验法官在其司法意见书里或在对于其遵守的法律规则的陈述里给出的诸理由，可以为了寻找判决理由而忽略不计。

---

[69] [1912] AC 716, p. 45 *supra*.

事实上,我们被告知的是,它们具有特别的重要性,因为他们可以 70
给我们提供关于确定哪些事实被法院认定为实质事实,哪些事实被认定为非实质事实的一种指南。但是,这并不是法官在其司法意见书或在其法律规则陈述中给出的诸理由具有重要性的唯一根据,而且对于为什么它们具有重要性的其他原因或许应该由古德哈特博士提供。在某些情况下,仅仅参照被法院认为的实质事实和根据这些事实所做的判决,几乎不可能找到(formulate)判决理由。经常至关重要的是,要知道为什么某些事实被当作实质事实,而且为了这个目的,有必要知道法律的哪些部分为法院在作出选择时所考虑。

例如,在 *Bourhill* v. *Young* 一案[70]中,贵族院的三个成员认为下列事实是实质事实:(1) 杨(Young),一位摩托车驾驶员,在超速经过了一辆电车后,与一辆机动车发生碰撞,因自己的过失在机动车前面大约50米处死掉了;(2) 在事故发生时,该机动车停放在一个停车场,波希尔夫人(Bourhill)正在下车;(3) 波希尔夫人听到了撞击声,在事故发生之后看到了道路上的血;(4) 波希尔夫人神经受到了惊吓;(5) 波希尔夫人在杨应该知道这个因其不小心驾驶而导致潜在危险的区域的外面。判决是波希尔夫人主张以杨的遗产来赔付其所遭遇的损害被驳回。如果不进一步注意贵族院的成员意见发言,判决理由就有些像下面所陈述的。"一个摩托车驾驶员不对因为他的不小心驾驶导致的某人所受的精神惊吓负责,这种惊吓是在能够合理地想到的因其行为引发的潜在危险发生的区域外面产生的。"这个结论可能以下面两种法律观点的一种为基础:(1) 该驾驶员在驾驶过程中对能够合理预见的危险领域之外的人没有注意义务,或者(2) 尽管该驾驶员对这样的人有注意义务,因神经受惊吓而带来的损害距离要负赔偿责任的违反义务结果太远。根据第二种观点,而不是第一种观点,这个神经受惊吓的人可能能够对身体伤害要求赔偿——如果根据某些奇怪的意外,

---

[70]　[1943] AC 92.

71 这个伤害是因司机违反义务引起的。对三份法律贵族的成员意见发言的精读使我们很简单地就能知道，他们以第一种观点为基础作出了他们的结论。经一致同意，我们因此就知道了这些法律贵族对于 *Bourhill* v. *Young* 一案的判决理由：

> 一个摩托车驾驶员不因为他的过失而对能够合理预见到的潜在危险发生的区域外面的人负责。

就上面所说的第 6 条而言，根据一种没有被法院决定的存在事实而作出的结论有时确实确立了一项先例，尽管这条看起来并不适用于这个判例。一种例子是根据异议（a demurrer）裁决的案件提供的，这种异议是一种古老的辩护手段，据此被告可以争辩说，即使所有原告宣称的事实都是真的，原告仍然没有诉讼的理由。[71] *Donoghue* v. *Stevenson* 案就是一个这种类型的判例，因为关于蛇在瓶里的真实性从来没有被进行过司法确定，贵族院只是判决说，倘若该饮料的消费者对事实的宣称能够被证明，他就有充分的诉讼理由。的确，曾经大家都公认，苏格兰法院判决说这个瓶里从没有过一条蛇，但是这个案件事实上是在贵族院对这个法律问题判决之后没有被进一步起诉的情况下作出判决的。另一个例子是这样一种判决，在对有关陪审团应该被指示的方式进行了法律辩论之后，由法律声明组成的每一个总结给陪审团的证据提供了以假定事实为基础的判决理由的一个更进一步的例子。[72]

前面对古德哈特博士论文进行评论的结果似乎是，尽管为了找到判决理由，考虑被法院认为的实质事实和据此作出的判决，总是至关重要，有时足以达到目的，但是有时有必要做得更多些。

---

〔71〕 Glanville Williams, *Learning the Law* (11th edn.). 79.

〔72〕 See also *Farrugia* v. *Great Western Railway*, p.55.

6. 判决理由的描述[73] 72

先前讨论的进一步结果似乎是，不可能设计出确定判例的判决理由的公式；但是，尽管已经表达过相反的观点[74]，这并不意味着，对法律人在使用这个表达时对其所指涉，不可能给出一个相对能够接受的准确描述。下面就是一种这样的描述：

> 一个判例的判决理由就是，按照他所采用的推理，任何法官或直截了当地认为或暗示在作出判决时认为必不可少的步骤[75]，或者他对陪审团指示的必要部分。

严格说来，正如麦考密克教授（Professor MacCormick）已经指出来的[76]，上面的陈述应该说的是“对法律问题的裁定”而不是“法律规则”。一项没有疑问的成文法规则，可以构成法官推理中的一个必不可少的步骤，但是它当然不是所说的“判决理由”。然而，如果一部成文法的含义存在争议而且法官裁定，作为对其结论的正当性证明的一部分，它有一种这样的含义而没有另一种，这个裁定就是他的判决理由。实际上，在目前的背景下，“规则”（rule）和“裁定”（ruling）可以互换使用。

蒙特罗兹教授（Professor Montrose）建议说，判决理由这个说法被使用时有两种含义：(1)“一个判例据以作为约束性权威的法律规则”，(2)“在法官的判决意见书里发现的，形成了其判决基础的

---

〔73〕 See N. H. Andrews 11985] 5 LS 205.

〔74〕 Stone, *Legal System and Lawyer's Reasonings*, 36.

〔75〕 法官采取一种推理并非不能同时采取另一种进一步的推理。一定要经常考虑这样的事实，即一个判例有不止一种判决理由。

〔76〕 Neil MacCormick, "Why Cases have Raliones and What These Are", in Goldstcin (cd.). *Precedent in Law*, at 179.

法律规则”。[77] 如果我们对判决理由的描述是正确的，一般而言，在该术语的两种含义之间就没有任何区别，直到在后来的案件中对一个判决作出解释为止。截止此刻，判决据以成为约束性权威的法律规则就是在法官的实际司法意见书里发现的，形成其判决
73 基础的法律规则。非常常见的是，在判决理由这个术语的两种建议含义之间还是没有任何区别，即使是在判决已经在后来的案件里被解释之后还是如此。没有一个法律人会否认，在今天，*Rylands* v. *Fletcher* 案据以被引作权威的法律规则被认为是财政署内室法庭判决的基础，贵族院的凯恩斯勋爵（Lord Cairns）认为它也是有资格的。然而，在很多情况下，形成一个判决基础的法律规则不再是该案据以成为约束性权威的法律规则，因为后来案件中的法官已经遵循了这样的惯例，即根据该案的事实和其他相关的判决，已经对该案的解释做了参照。对一个案件的“解释”经常是仅仅意味着查明其判决理由，但是它也可能意味着更多。第一，它可能包括查明该案的判决理由，第二，根据该案的事实对判决理由的考虑，第三，对后来案件中的法官对该案的遵循情况的考虑，第四，查明后来案件的诸判决理由，第五，以大量判例为基础形成一个法律规则。因此，可能看起来正在被解释的判例是根据该规则被判决的，尽管该判例的判决理由已经不再是据以成为权威的法律论点。如果假定威尔斯法官对有关法官受益的评论形成了 *Barwick* v. *English Joint Stock Bank* 案的判决理由的一部分，该判例对于威尔斯法官所阐明的法律论点而言就不再是权威性的了，但是，即使在 *Lloyd* v. *Grace*, *Smith & Co.* 案之后，*Barwick* 案仍然是这个论点的权威，即银行家对其职员在被雇期间所犯下的欺诈行为负责。

解释过程最容易发生在原初的判决理由太宽泛之时，引用格兰威尔·威廉斯（Glanville Williams）的话就是[78]，“法院并不认为

---

〔77〕 *Annual Law Review of the University of Western Australia* (1953), 319. See also the discussion between Professor Montrose and A. W. B. Simpson, 20 *MLR* 123. 413, 487, and Goodharl, 22 *MLR* 117 and Stone, 22 *MLR* 597.

〔78〕 Glanville Williams, *Learning the Law* (11th edn.), 75.

它们的前辈具有不受限制的规定宽泛规则的权力”。无疑,当解释以前判例的法院并不严格地遵循它时,这更是正确的;但是最高审判机关的宽泛陈述有时在低级法院里被做了限定性的解释。至少是可争论的,阿特金勋爵认为他在 *Donoghue* v. *Stevenson* 案[79]里阐明的邻居原则是判决理由,但是很快就在上诉法院里被认为是太 74
过宽泛了。[80]

判决理由描述的是判决机关首次规定的规则,这种观点与下面这种认识是一致的,就是后来的法庭,甚至是那些受先例规则约束要遵守该判决的法庭,有一种限制该规则范围的剩余权力。这种权力被拉兹教授(Professor Raz)称为“强意义上的”区别权力,与弱意义上的区别不同,在后者中,一个判决理由仅仅被认为不适用于在审案件的事实[81];而且,麦考密克教授称其为一种“修订”(revise)原初判决的权力。[82] 上述判决理由可能要应对的解释模式,没有一种能够证明朱利叶斯·斯通教授(Professor Julius Stone)的观点,即说判决理由是一种“虚幻的参照类型”等于什么也没说。[83] 在案件的日常运作中,说出判决理由是什么并没有那么困难。

判决易于应对解释过程,这个事实导致格兰威尔·威廉斯教授说,一个判例的“判决理由”这个术语[84]稍微有些含糊不清。据他所说:

> 它可能表示(1)判决案件的法官想要规定和适用于事实的规则,或者(2)后来的法官承认有权规定的规则。

但是非常不确定的是,该术语的第二种意义是否受到了司法惯例

---

〔79〕 [1932] AC 562 at 580, p. 44 *supra*. See 20 MLR 1.

〔80〕 *Farr* v. *Butlers* (1932] 2 KB 606.

〔81〕 J. Raz. *Tile Authority of Law*. ch. 10.

〔82〕 MacCormick. “Why Cases have Rationesmd What These Are”, in Goldstein (ed.). *Precedent in Law*, ch. 6.

〔83〕 J. Slone. *Precedent and Law*, 74—75, 123—138.

〔84〕 Glanville Williams, *Learning the Law* (11th edn.), 75.

的认可。格兰威尔·威廉斯教授在谈及判决理由这个术语的两种含义时确实希望对可能的比较引起注意,对这种比较,或许卢埃林教授表达得更为恰当:

> 判决理由——法院自己的案件规则,和案件的真正规则——它将被另一个后来的法院遵循,之间存在区别。[85]

无论描述判决理由的正确方式是什么,这种区别在大多数案件中都是不需要作出的。

75 **司法陈述**

还需要考虑某些司法陈述,这些司法陈述支持我们将案件的判决理由描述为,法官或直截了当或暗示地认为在达致其结论必不可少的步骤或他对陪审团指示的必要部分的任何法律规则。从坎贝尔勋爵在 *Beamish* v. *Beamish* 案[86]的意见陈述的术语里,可以明显地看得出来,他用判决理由指的是"阁下规定作为判决基础的法律规则"。在 *Attorney-General* v. *Dean and Canons of Windsor* 案[87]里,同一个法官说到"在作出判决时提出和遵循的规则"。从西蒙兹勋爵在 *Jacobs* v. *London County Council* 案[88]的意见陈述的术语里,同样可以清晰地看得出来,他认为判决理由就是"法官在判决中给出的理由",而且在 *Korner* v. *Witkowitzer* 案[89]里,当时的上诉法院法官丹宁,认为将导致前一个判例的结论的"推理链条上的一种链环"仅仅看做一种附随意见是不正确的。一种关于判决理由含义的最完全的司法陈述是在南非的 *Pretoria City Council* v. *Levision* 案[90]里作出的。在讨论了古德哈特博士的论文之后,军法

〔85〕 *The Bramble Bush* (1930 edn.), 52.
〔86〕 (1861) 9 HLC 274 at 338, p. 8.
〔87〕 (1860) 8 HLC 369 at 392.
〔88〕 [1950] AC 361 at 369, p. 53.
〔89〕 [1950] 2 KB 128 at 158.
〔90〕 1949 (3) SA 405 at 417.

顾问施莱纳*(Schreiner JA)说:

> 如我在这种环境下理解的那样——在此环境中,一个单独的判决是有疑问的,判决中给出的被适当解释的理由,构成了判决理由,来自或遵循了一项法律规则,倘若:(1) 就判决本身而言,它们看起来不仅是为了遵循主要原则的附属理由,(2) 它们不仅是一种根据事实的推理过程,而且(3) (这可能包括)它们对于判决而言是必要的,不是在根据其他路线就无法得出这个判决的意义上,而是在根据这些判决中实际被遵循的路线结果因此将会不同的意义上。

这个最后的引用当然是对大量本章里讨论的有关判例的判决理由的一种简明概要。

7. 附随意见

除了说附随意见是一种并非判决理由的法律论点之外,对附随意见还可能说的更多些吗?前面对判决理由的讨论建议这个问 76
题的答案是"不"。但是必须对帕特森教授(Professor Patterson)和古德哈特博士提供的附随意见定义说些什么。当这个被完成时,附随意见享有的不同程度的权威和附随意见的不同种类将被考虑。

帕特森的附随意见定义

按照帕特森教授的观点,附随意见就是一种"司法意见书里的法律陈述,它不可能合乎逻辑地成为判决所选择的事实的大前提"[91]。这看上去与温伯关于确定一个陈述是否判决理由的检验理论——如果这种陈述的意思被弄颠倒了,判决是否会不同——

* 军法顾问(judge advocate),指出席军事法庭、监督庭审并就有关法律和程序问题向法庭提供咨询的官员。——译者注

[91] *Jurisprudence*, 313. 这是目前美国一部最主要的教科书。

是相反的。提及“判决所选择的事实”导致了困难。什么事实将被选择，谁来选择它们？无论答案可能是什么，似乎指出那些判例总是可能的，在这些判例中，附随意见能够被合乎逻辑地当作三段论的大前提，而法院选择的事实是这个三段论的小前提，判决是结论。[92] 如果是这样的，与已讨论过的各种确定判例的判决理由的检验标准相比，这个确定某给定陈述是否附随意见的建议方法更适合一般的适用。

古德哈特

前已表明，古德哈特博士将附随意见定义为“根据没有被法院认定存在的事实作出的结论”[93] 同样如此。古德哈特博士想到了诸如 Lynn v. Bamber[94] 这样的判例，在该案中，麦卡迪法官（McMardie J）首先主张隐秘欺诈（concealed fraud），作为一个法律问题，阻止了对原告适用有效时限法（the statute of limitations），因此作出
77 了被告胜诉的判决，因为他没有犯隐秘欺诈的罪行。这种最初的法律陈述无疑是一种附随意见，因为法官不可能有意认为该陈述对他作出的命令来说是必要的，但是在根据法院否认存在的事实作出的陈述和根据法院没有判定存在的事实而作出的陈述之间是有区别的。后一种陈述可以代表大量不同类型判例的判决理由，包括有关异议的案件，在这样的异议中，法官被请求在假定原告陈述的事实是真的情况下对当事人的权利作出判断，还包括这样的案件，在该案件中，法官在法律方面对陪审团作出指示，假定他们

---

〔92〕 例如 *Lickbarrow* v. *Mason* (1780) 2 TR 63 案，在该案中，阿仕厄斯特法官做了著名的评论，即凡是在两个无辜者中的一个必须受到第三人的伤害时，使第三人造成该损失的人必须承受该损失，这可以合乎逻辑地形成判决的大前提，如果能够把这样的陈述当作大前提，而且判决被告人将拥有作为任何三段论的结论的判断。阿仕厄斯特法官的评论正是一项法官意见，而且自其做出后一直是这样被看待的。判决理由是运输受阻不能对抗对装货单价值的承认。

〔93〕 *Essays in Jurisprudence and Common Law*, 22.

〔94〕 [1930] 2 KB 72.

后来发现这些特定的事实存在或不存在。

附随意见的各种程度的权威

没有必要扩大详述附随意见具有各种程度的说服力。在标尺的一端，我们已经考虑过贵族院所有听审案件的成员的意见。在标尺的另一端，我们已经广泛地观察了即刻的刺激，比如引起厄宾格勋爵（Lord Abinger）说"它不仅是一种附随意见也是一种分歧非常大的附随意见"[95]的评论。有最高程度说服力的附随意见可能经常地，对于所有实践目的而言，与必须被视为判决理由的陈述难以分开，而且在某些情况下，它足以重要到被单独提及。

独立的问题

在第一种情况下，A 和 B 之间的诉讼包括两个法律问题，关于这两个问题的任何一个作出有利于 A 的决定都将迫使法院作出让他胜诉的判决。如果一个上诉法院决定某一法律问题有利于 A，而另一个有利于 B，根据第二点作出的决定就是附随意见，因为一个案件的判决理由必须是法院命令所根据的法律论点。然而，还是难以认为这个决定不会对低级法院产生强制力。例如，在 *Perry* v. *Kendrick's Transport* 案[96]里，上诉法院面前的问题是：(1) 对个人受 78
伤造成的损害能否根据 *Rylands* v. *Fletcher* 案的规则进行索赔，(2) 损害是由陌生人的行为引起的，被告人能够以此抗辩。无论那一点有利于他的决定都足以使被告胜诉。法院决定第一点有利于原告，认为个人受伤造成的损害可以根据 *Rylands* v. *Fletcher* 案的规则进行索赔，而且法院决定第二点有利于被告，他因此赢得了这次上诉。对个人受伤这个问题的评论意见根据我们的描述是附随意见，因为法院不可能认为它们对于作出被告胜诉的上诉判决来说是必要的。根据温伯检验标准，它们也是附随意见，因为即使法院

[95] *Sunbolf* v. *Alford* (1838) 3 M and W 218 at 252.

[96] [1956] 1 WLR 85.

认定对个人受伤的损害不能根据 *Rylands* v. *Fletcher* 案的规则来索赔,上诉的判决还是一样的。根据古德哈特博士的确定判决理由的方法,它们也是附随意见,因为法院在决定可以使用陌生人行为这个辩护理由时,一定会把原告所受的伤是人身损害的而非财产损失当作非实质的事实。然而,尽管有前面这些考虑,还是难以认为,一个初审法院会认为自己可以自由地认定个人伤害损失不能根据 *Rylands* v. *Fletcher* 案的规则来索赔,尽管贵族院有这种效果的附随意见。[97]

非独立的问题

一种与 *Perry* v. *Kendrick's Transport* 案里出现的情况很是相似但依然不同的情况,出现在贵族院处理 *Minister Health* v. *The King* 案里,*yaffé* 案。[98] 在该案中,申请诉讼文件移送命令(certiorati)取消卫生大臣根据 1925 年住宅法作出的一项命令,碰到了两个抗辩理由:(1) 法院无权审议该命令的合法性,因为它是根据这样的一项规定制定的,该项规定为它提供了与被纳入制定法一样的效果以及(2) 该命令无论如何都是由该法律授权的。贵族院一致裁定在第一点上反对卫生大臣,但是,在第二点上以 4:1 的多数决定支
79 持卫生大臣,结果是这次申请失败了。对第二点的决定是完全的判决理由,但是对第一点的决定呢?考虑到在第二点上的大多数人所持的观点,贵族院可以说"我们不会提议审议卫生大臣提出的第一点抗辩理由,因为大多数主张第二点成功了"。然而,这个过程事实上并没有被采用,而且可以与很强的力量进行论证的是,对第一点的决定是判决理由,因为卫生大臣的异议涉及该法院的管辖权问题,必须在第二个点被考虑之前加以处理。当然,贵族院在首先处理管辖权问题时似乎追求一种理性的过程,而且对第一个

---

〔97〕 *Read* v. *Lyons* [1947] AC 156.

〔98〕 [1931] AC 494.

问题的回答可以被认为是对第二个问题进行决定的必要前奏。[99]

在 *ex parte yaffé* 里的情况与在 *Perry* v. *Kendrick's Transport* 里的情况不同，内部管辖权和授权这两个问题在一定程度上是相互依赖的。更进一步的问题相互依赖的情况是 *Hedley Byrne and Partners Ltd.* v. *Heller and Parters Ltd.* 案[100]。原告因为一次陈述而遭受了金钱损失，因为他们的成员意见，贵族院的成员假定这次陈述是作为商业银行家的被告由于过失而作出的。这个陈述是为了回应一次关于第三人的偿付能力的调查而作出的，原告与这个第三人正在谈判，而且原告与被告之间没有任何契约。然而，被告否认对其陈述的结果承担责任。被告要对因出于过失的错误陈述而遭受的金钱损失负责么？如果要的话，他们要受到免于承担否认责任的保护吗？贵族院对这两个问题的回答都是肯定的。他们对第一个问题的答案与上诉法院在早些的 *Candler* v. *Crane Christmas and Co.* 案[101]里对类似事实给出的答案完全矛盾。贵族院可能会说"我们发现它对于确定是否由一个一般原则是不必要的，这个原则即特定的关系而不是契约关系导致了因过失的错误陈述而应承担责任，因为，即使有，这种放弃在本案中也是有效的"，但是这不是他们的方法。他们对第二个问题的答案被认为依赖于对第一个问题给出的答案。我们已经清楚地认识到这一点，根据该点，判决 80
理由和附随意见的区分在实践中是没有意义的。

当在 *W. B. Anderson and Sons Ltd.* v. *Rhodes* 案里谈及 *Hedley Byrne and Partners Ltd.* v. *Heller and Partners Ltd.* 案[102]时，凯恩斯法官说：

> 一个法律学者可能会论证说，勋爵阁下们表达的关于过失错误表述责任的意见是附随意见，而 *Candler* v. *Crane*

---

〔99〕 Paton and Sawer, *LQR* 63 473. Cf pp. 56. 57 *supra*.

〔100〕 [1964] AC 465.

〔101〕 [1951] 2 KB 164.

〔102〕 [1967] 2 All ER 850 at 857.

Christmas 就是一个约束性判决。在我的判决里，这是一个不现实的观点，因而不能采用。当贵族院的五个成员在对某些侵权类型的权威详加考察之后都有上述说法，我认为初审法院法官应该根据这样的基础来进行，即它确实存在，无需对上面所说的最终裁判是否必要暂停调查。

刑事上诉

在大量的刑事上诉听审中，判决理由和附随意见之间的区别也没有意义。根据 1968 年刑事上诉法（Criminal Appeal Act, 1968）第二章的规定[103]，尽管他们认为上诉中提出的问题应该在裁判时有利于上诉人，如果他们认为没有实际发生审判不公的话，法院还是可以驳回上诉。然而，被论辩得最为充分的问题通常是上诉时实际提出的法律问题。法院关于此问题的看法仅仅因为它们对于实际作出的命令而言并非必要就要被归诸附随意见的地位吗？如果是这样的，我们的大量刑事法律的基础将比公众想象得更不安全可靠。

可能还有其他情况，在这些情况中，判决理由和附随意见的区
81 别实际上没有什么意义，但是读者必须警惕不要从判决理由和附随意见之间的区别有时在实践中并不重要这个事实就得出另外极端且错误的推论，这并非我们的先例原则的一个重要特征。

不同种类的附随意见

可以用很多方式区分不同种类的附随意见。首先，在与它们于其中发生的案件不相关的附随意见和那些涉及该案某些附属问题的附随意见（尽管它们没有形成先例的一部分）之间有一种明显的对比。附随意见这个术语对于前者来说是合适的，它经常由在案件论辩过程中作出的陈述组成，而与附属问题有关的附随意见被说成“司法附随意见”（judicial dicta）。

---

[103] Formerly the proviso to s. 4 (i) of the Criminal Appeal Act 1907.

> 对一个还没有被辩论的问题进行仅仅偶然的评论或陈述或假定是一回事，对一个经过全面辩论的问题作出考虑的判决是另一回事，特别是如果事实相反，它就会形成判决理由的一部分。这样的司法附随意见，其权威介于判决理由和附随意见之间，对我而言，与后者相比，它更接近于前者。[104]

格兰威尔·威廉斯教授认为判决理由，在后来的法院看来，它不必宽泛到像是一种附随意见，尽管他认为这样说附随意见可能根本就不对。[105] 这种类型的附随意见，或者更受欢迎的术语，这种类型的判决理由，已经被描述为事后附随意见（obiter ex post facto）。[106] 这种术语学并不为法官们所用，而且它看起来更是与在后面案件中谈及之前判例的"说明"或"解释"的司法惯例相一致。

8. 有不止一个判决理由的判例

我们已经看到，一个判例可能有不止一个判决理由。无论只宣布一个判决或宣布包含了相同的两个或更多判决理由的数个判决，都是这样。我们也已经看到，根据第一章里概括的有关法院等级体系的规则，每个判决理由都是约束性权威。此类观点已经由 82
西蒙兹勋爵在贵族院发言时[107]，上诉法院法官格里（Greer LJ）在上诉法院发言时[108]，德夫林法官作为一位初审法官发言时[109]，都表达过。同样的观点，麦克纳特恩勋爵于早些阶段在枢密院里表达过，当时他说：

> 不可能将法院宣布的作为其判决的明显且充分根据的一

[104] *Brunner* v. *Greenslade* 119711 Ch. 993 at 1002—1003 *per* Megarry J.

[105] Glanville Williams, *Learning the Law* (11th edn.), 78.

[106] R. M. Gooderson, 30 *Canadian Bar Review* 894.

[107] *Jacobs* v. *LCC* 119501 AC 361 al 369, p. 53 *supra*.

[108] *London Jewellers* v. *Attenborough* [1934] 2 KB 206 at 222. See also *Kaye* v. *Rovill College of Music* [1961] 2 QB 89.

[109] *Behreiis* v. *Bertram Mills Circus Lid.* 119571 2 OB I at 25, p. 42.

项法律论点仅仅看做附随意见,仅因为有另一种单独据此就能对该案作出判决的根据。[110]

在这样的判例中所发生的就是,法官说,实际上,“尽管我能根据两种根据中的任一种作出我的结论,我还是以它们二者为根据”。

这就是那样的情况,对所有有关判决理由的问题,对一个给出的法律论点是附随意见还是第二种判决理由,这个问题的答案取决于法官的语言,但是对这个问题不可能给予完全确定的回答,直到另一个法庭解决了它为止。在某些判例中,大多数律师看作第二种判决理由的已经在后来的诉讼中被解释成了一种纯粹的附随意见,否认这一点是没有根据的。一个非常强有力的例子是在 *Fisher* v. *Taylor's Furnishing Stores Ltd.* 案[111] 和后来的判例中对 *Atkinson* v. *Bettinson* 案[112] 的处理。根据 1954 年《地主和租借人法》(Landlord and Tenant Act, 1954)第 30 条,地主可以拒绝他的租借人在租期届满时的新租约申请,该法可以适用于这种情况,有大量的不同根据,包括他想要重建房屋和他需要自己占有该房屋的事实。只有在该地主成为该房屋的某些利益所有人至少 5 年的情况下,这份申请才能被拒绝。但是,一个问题自然地产生了,它涉及这样的一种情况,即一个地主,尽管他成为某一房屋的某种利益的
83 所有者还没有达到五年时间,仍然既想要重建该房屋,也想要为了自己而占有它们。*Atkinson* v. *Bettinson* 案涉及的正是这样的一个问题,而且上诉法院判决该租借人有权进行新的租借,(1) 因为提议的重建是该地主的第二个目的,其首要目标是想要为了自己的需要占领该房屋,尽管他在它们中没有占有一份利益达到 5 年时间,而且(2) 该地主并不想在该制定法的意思范围重建该房屋的实质部分。

---

[110] *Commissioner of Taxation for New Sowth Wales* v. *Palmer* [1907] AC 179 at 184. 该规则至少可以追溯至 1884 年。see *Cwwiher* v. *Thorley* (1884) 50 LT 43 at 46.

[111] [1955] 1 WLR 1126.

[112] [1956] 2 QB 78. See the notes by R. E. M. in 74 *LQR* 33 and 350.

Fisher v. *Taylor's Furnishing Stores Ltd.* 是另一个这样的判例，在该案中，地主拒绝了一份新的租约申请，理由是他们想要重建该房屋的实质部分，尽管他们也想要自己占有，而且在该房屋上没有拥有一份超过五年的必要期限的利益。当上诉法院处理 *Atkinson* v. *Bettinson* 案时，丹宁法官说该判决的正确基础是，那些地主不想重建该房屋的实质部分，而莫里斯法官则说对于 *Atkinson* 案而言，可以据此作出判决。即使 *Fisher* 案里的地主的首要目的是要占有，而不是重建该房屋，他们的意图还是在 1954 年该法的含义范围内重建该房屋的实质部分。因此，上诉法院决定他们不必根据看起来是 *Atkinson* v. *Bettison* 案的第一个判决理由判决租借人胜诉，而且他们决定 *Fisher* v. *Taylors' Furnishing Store* 案地主胜诉。

对于在后来的案件中对前面这个判例的处理，迄今为止还没有什么非常特别的情况。该判决的大多数读者可能认为的 *Atkinson* v. *Bettinson* 案的第一个判决理由在 *Fisher* v. *Taylors' Furnishing Stores* 案里被当作了一种附随意见。执业律师习惯于把这种情况当作一种职业风险。但是丹宁勋爵在 *Betty's Cafés Ltd.* v. *Phillips Furnishing Stores Ltd.* 案[113] 里对这个问题进行了更多的深入研究，当时他说，在 *Fisher* 案里，上诉法院

> 事实上推翻了 *Atkinson* v. *Bettinson* 案判决的一个理由，使得这个判决要依赖其他理由——一种我认为正确的过程，完全证明第一个理由是错误的。 84

遵循先例原则的很多例外将在第五章讨论。至今，在它们中间，还没有两个或更多判决理由的判例。如果，在这样的一种判例中，一个下级法院，或者假定判决是一个上诉法院作出的，一个具有同等管辖权的法院，要决定它不受每一种判决理由的约束，很多根据两个或更多理由为基础的判决的效力给其客户提建议的律师就会悲

---

[113] [1958] AC 20 at 53.

伤之极。一个后来的法院可能认为自己受单独的第一个或第二个判决理由或者同受二者的约束。按照摩格里(Megarry)博士[114]根据3、4或5种理由作出判决的情况,看上去各有7种、15种和31种可能的组合。

丹宁勋爵已经表达了对有两个判决理由的判例的看法,与其在*Betty's Cafés Ltd.* v. *Phillips Furnishing Stores Ltd.*案[115]里所表达的观点类似,但是他仍然是少数派。受有两个判决理由的判例约束的法院可以选择其中它愿意的一个而拒绝另一个,应该永远成为确定的惯例吗,那就必须允许有一个介于判决理由和附随意见之间的概念。在该选择作出之前,这些判决理由仍然是有条件地具有约束力。受该判例约束的法官可以在它们之间作出选择,但是他不能二者都拒绝,如果它们是纯粹的附随意见的话,他就能这么做。

9. 上诉法院的判决理由

上诉法院开庭时不止有一个法官,通常有3个或5个。在这些情况下,可能有必要提出这个问题——什么是与从每个判决中收集的判决理由不同的该法院的判决理由?什么是该判例在后来的诉讼中据以被引为约束性权威的法律论点?在某些情况下,只作出了一种判断,而且,当这个发生时,没有特别的问题产生。当作出了几种判断而且每个法官都持相同的判决理由时,也没有什么
85 特别的问题产生。但是当作出了不止一种判断而且不同的法官都不相同之时——尽管他们得出了同样的结论,可能会有非常多的困难。判决理由是一个特别适合于单一判断的概念。因此,大概不太可能避免利用独断规则来面对这些在其中作出了几个判断的

---

[114] 74 LQR 351.

[115] See his judgments in *Browning* v. *The War Office* [1963] 1 QB 750, re Holmdem's Settlement (19661 Ch. 511. *Dixon* v. *BBC* [1979] QB 546. and *Ministry of Defence* v. *Jeremiah* [1980] 1 QB 87.

案件。就目前英国惯例而言,主要的麻烦是不可能使这些规则全然精确。在任何达致这些规则的努力中,必须区分三种情况。首先,在第一种情况下,大多数法官根据一种理由允许或驳回一项上诉,而少数派根据某些其他理由同意这个结果;接下来的情况是,一个法庭,与通常的现代英国惯例不同,由偶数数目的法官组成,在关于应该作出的正确命令方面,他们被平均地分成了两拨;最后,在最后一种情况下,尽管大多数人支持一种特别的命令,但在支持一种特别的判决理由时没有形成多数。第一种和第三种情况可能因一位或更多在上诉应该被允许还是被驳回这一问题上持异议的法官的出现而更为复杂。尽管因为异议判断给上诉所提出的法律问题所投下的光明而使得它们经常具有最伟大的价值,尚不能确定的是,在决定判例的判决理由时,是否应该对它们有所考虑,因为它们不可避免地由某些陈述组成,这些陈述对于就法院面前明确的问题作出裁决而言并无必要。[116]

少数派就法院命令的根据与多数派存在分歧的判例

关于某些判例,有一种可以容忍的清晰惯例,在这些判例中,少数派提出了一种或更多形成事实上由法院制定的命令的理由,尽管有多数派支持以另一条路径达成同样的结果。多数派同意的 86
判决理由对后来的审判具有严格的约束力,尽管多数派的观点可能有权将最重要的考虑当作附随意见。此类例子甚多,比如,在 *Amalgamated Society of Railway Servants* v. *Osborne* 案[117]中,贵族院关注的是一个贸易联盟的政治征收行为的合法性,这种政治征收

〔116〕 这和本节中很多其他论点一样,是 A. M. Honoré 在一个注释中作出的,71 LQR 196。异议判决有时被认为是为了澄清多数的陈述。因此,在 *Haseldinr* v. *Daw* [1941] 2 KB 343 at 375 中,当时的上诉法院法官 Goddard,协助着得出结论,即 *Donoghue* v. *Stevenson* 案通过参考一项异议判决适用于修理人。在 *Walsh* v. *Curry* [1955] NI 112 中,参照了 *George Wimpey & Co.* v. *BOAC* [1955] AC 169 里的异议意见,以确定 1935 年法律改革(已婚妇女和侵权行为人)法案是否被议院的多数所接受。

〔117〕 [1910] AC 87.

强迫给一个政治基金会捐款。多数派认为该上诉应该被驳回,因为这种征收超越了联盟宪章的规定。肖勋爵(Lord Shaw)支持驳回该上诉,因为此规则与公共政策冲突。但是他明白地指出,这不能被当作该院的判决理由。

参审法官被平均分成两拨的法院

当一个上诉法院的参审法官被平均地分成两拨时,就当事人而言,因之被提起上诉的判决就停止了。*R. v. Ashwell* 案[118]可能是最为著名的此类案例。阿仕威尔(Ashwell)被判盗窃。涉及的法律问题极端复杂,而且它被不下于十四位法官在刑事案件再审法庭(court for crown cases reserved)* 审议过。他们在阿仕威尔的罪行和相应的确定问题上被平均地分成了两拨。我们关心的问题是一个被平均分成了两拨的法庭的判决在以后各方诉讼中的效力。它仅对上诉从中发起的下级法院才算权威吗,或者上诉失败使得那个判决成为高等级审判的权威了吗,尽管该审判庭被平均地分成两拨。答案可能因被平均分成两拨的上诉法院不同而有所不同。

就贵族院而言,被上诉的判决在参审法官被平均分成了两拨的情况下,就成为该院的判决。这通过在已经被引用过的 *Beamish v. Beamish* 案中对 *R. v. Mills* 案的处理可以得到说明[119],而且它

---

〔118〕 (1885) 160BD 190.

* 这个法庭于 1848 年成立,目的是为了审议某些叛逆罪、重罪或轻罪案件中提出的法律问题,这些案件由刑事巡回听审法庭(court of oyer and terminer)、巡回季审法庭(assizes of quarter sessions)或中央刑事法庭(central criminal court)等庭的法官保留下来。该庭由 5 名以上高等法院法官组成,其裁决是终局性的。它对已经裁定罪名的案件仅就法律问题发表意见,如果认为原案审理中存在适用法律错误,则可撤销原审法庭的的有罪指控。该法庭于 1907 年废除,其职能转归刑事上诉法院(court of criminal appeal)。——译者注

〔119〕 p. 7.

还得到了贵族院后来的一些意见的支持。[120] 它当然是支持反对上诉的这种判决对下级法院和后来案件中的贵族院构成约束的贵族院成员提出的判决理由。某些困惑可能因这样的案件而发生，在 87
该案中两名勋爵支持驳回上诉，而另有两位支持允许上诉，在两位支持驳回者中，一位支持判决理由 A，另一位根据判决理由 B 作出了他的判断。因为似乎没有任何关于此类情况的司法陈述，讨论它是无意义的。一个人可以不由自主地感到，任何面临这一情况的法院都会通过作出这样的结论来证明其正当性，即它仅仅必须作出一项与贵族院在类似的根本事实被发现存在的情况下确认的命令。如果曾经有这样的判例，在该案中，一个法院保证按照达尼丁勋爵在 *The Mostyn* 案[121] 里表达的观点行事，这就是那种情况了。

就上诉被驳回的判决的权威而言，上诉法院的一个均等的判决的效力有些疑问。在 *The Vera Cruz* 案[122] 里，据说一个后来的上诉法庭不受先前的该法庭的一个判决约束，当这个早些法庭的参审法官被平均地分成了两拨时。按照上诉法院庭长布雷特（Brett）的话说就是：

> 没有任何制定法或普通法规则要求一个法院一定要遵守另一个同级法院的判决，它这样做仅仅是出于所谓的法官们之间的礼让承认（the comity among judges）。同样地，没有任何普通法或制定法规则要求一个法院接受其自己判决的约束，它这样做同样是出于司法礼让承认。但是当一个法庭的参审法官被平均地分成两拨时，这种礼让承认就不存在了，这个法庭就没有任何权威，而且那些遵守者必须选择这两种相对立意见中的一种……这对于贵族院来说可能有所不同，因为它

---

〔120〕 *Commissioners of inland Revenue* v. *Walker* [1915] AC 519 at 522; *Ushers' Wiltehire Brewery Ltd.* v. *Bruce* [1915] AC 433 at 444.

〔121〕 [1928] AC 57 at 71. p. 59.

〔122〕 (1880) 9 PD 96 at 97.

> 是最终的上诉法院,而且如果它是别样的,法律就会不确定。

财政署内室法庭的判决与取代了它的上诉法院的判决具有同等的权威,在 *Hart* v. *The Riversdale Mill Co. Ltd.* 案[123] 里,上诉法院法官斯库鲁顿(Scrutton)认为一个财政署内室法庭在参审法官被平均地分成两拨情况下作出的判例对上诉法院具有约束。他似乎没有提到 *The Vera Cruz* 案,也没有声称照这样的规则行事,根据该规则,后来的贵族院要受先前参审法官被平均分成两拨的贵族院的判决约束。

在 *Packer* v. *Packer* 案[124] 里,上诉法院法官丹宁和莫里斯在对 1950 年婚姻法(Matrimonial Causes Act, 1950)第 20 条的解释上持
88 不同观点,该条是关于儿童监护的适用的,而且在 *Galloway* v. *Galloway* 案[125] 里提出了同样的问题,上诉法院并不认为 *Packer* v. *Packer* 案对其有约束,因为它应该根据斯库鲁顿法官在 *Hart* v. *The Riversdale Mill Co. Ltd* 案里所陈述的原则来做。

从刚刚被引的判例中可以作出的唯一清楚的推论就是,关于一个参审法官被平均分成两拨的上诉法院的判决的权威程度,并无固定的惯例。似乎没有明显的原因能够说明,当某法院在它的正确性问题上被平均分成两拨时,为什么它的判决应该被提升到上诉法院判决那样的地位。因此,看起来,让上诉所反对的判决保持其原初地位更受欢迎。上诉法院里表达的不同意见当然有作为附随意见的重大价值,尽管它们在很大程度上不可避免地相互冲突。上诉法院庭长布雷特似乎是说,必须要在参审法官被平均分成两拨的上诉法院里表达的冲突观点之间作出选择。假定那些遵循者不受上诉所反对的判决的约束,那么就有第三种可能性,即对他们而言没有一种观点是正确的,尽管两种观点中的一种或其他将当然地被绝大多数案件所接受。

---

[123]　[1928] 1 KB 176 at 188.

[124]　[1954] p. 14.

[125]　[1954] p. 312. 当本案到达贵族院时,并没有对先例问题加以考虑。

为什么贵族院里的规则可以与布雷特认为对于上诉法院来说是正确的规则不同，他给出的原因不大可能说服每一个人。它包含了两种主张。第一，规定确定每一种提交到贵族院面前的问题的最终法律是贵族院的责任，第二，贵族院必须被认为在一个参审法官被平均分成两拨的案件里已经履行了它的责任。某些律师可能接受第一种主张，而觉得没有必要接受第二种。这个问题的真相是，在这样的案件中，贵族院已经不能通过其成员有很高的个人义务根据他们所认为的法律去判决案件，来履行其确定法律的责任。在该义务可以被执行时，这个责任通常可以被履行，但是当偶数数目的贵族们坐在一起听审一起上诉案件，就不必然是这样的了。

对于为什么贵族院应该受一个参审法官被平均分成两拨的贵族院在前一个案件中所作判决的约束，是有历史原因的。贵族院 89
的上诉案件审理程序总是采取动议讨论的形式——这个动议就是该上诉应该被允许。如果此动议被提出，而且投票结果是平均的，该动议就失败了，除非碰巧有某些关于进行决定性投票（casting vote）的规定，而且就贵族院而言，在我们的议会程序里没有这样的规定。[126] 甚至今天的贵族院上诉程序还是采取议会形式。在不同判断已经以发言的形式表达出来之后，勋爵或其他法庭的主持人提出一项动议，而且由他来宣布该动议是获胜了还是失败了。在这方面形式应该被允许胜过实质，是否可取，当然，这是一个见仁见智的问题。

在某种限定等级判例中，上诉法院的判决是终局性的。在这些判例中，根据布雷特的推理，从先例原则来看，一个参审法官被平均分成两拨的上诉法院的判决应该被当作该法院的此类判决。

对布雷特的陈述，没有任何礼让承认强迫上诉法院接受一个被平均分开的先前判例，也是有争议的。礼让承认通常仅意味着礼貌。遵循先例的普遍原则以法院的惯例为基础，而且因为一项

[126] Erskine May, *Parliamentary Practice* (16th edn.), 427.

惯例而遵循一项规则不必然等于出于礼让承认而遵循它。当 *The Vera Cruz* 来到上诉法院时，可能已经有了一种统一的惯例，据此，该法院确实遵循了该法院因其参审法官被平均分成两拨情况下形成的判例。在那个判例里，这种惯例毫无疑问已经被遵循，尽管礼让承认并不要求应该这么做。

对于一个参审法官被平均分成了两拨的上诉法院刑事分庭的判决，没有什么可说的，因为这个法庭，如同其前身，必须以奇数个成员来开庭。刑事上诉法院的前身是刑事再审法院，而且，我们在下一章将看到，有权威声称该法院受其自己判决的约束，也有权威声称刑事上诉法院受刑事再审法院的判决约束。如 *R.* v. *Ashwell* 案所显示的，该法院的参审法官有时被平均地分成两拨，但是，关于从先例原则来看一个参审法官被平均分成两拨的刑事再审法院
90 的判决是否能被归入该法院的判决这一等级，似乎没有任何清晰的司法陈述。主流观点似乎是 Ashwell 案定罪的正确性缺乏刑事再审法院的权威。如果是这样的，这个判例看上去就缺乏所有权威重要性，因为有罪判决是意图获得刑事再审法院关于其正确性的意见而作出的。

高等法院分庭关于以前因其参审法官被平均分成两拨的先前判例的权威的惯例也似乎还没有被确定下来。[127]

前面讨论的结果是，上诉法庭应该总是由奇数数目的法官组成。然而，由于上诉法院民事分庭的事务压力，由该法庭的两位法官开庭已经越来越普遍。

没有支持某一特别判决理由的多数

有时会发生，一起上诉案件由 3 个司法贵族在上诉法院里或 5 个法律贵族在贵族院里听审，而且可能还会有的一个司法贵族或两个法律贵族因为 A 允许或驳回该上诉，而另一个司法贵族或另两个法律贵族因为 B 而作出同样行为。如果第三个司法贵族或第

---

〔127〕 *Grocock* v. *Grocock* [1920] 1 KB at 11 and 13.

五个上诉贵族表示他同意所有该法庭其他成员的观点而没有给出他自己经过考虑的判断,该法庭的立场是什么?在这样的情况下,可以论证的是,该判例有两个判决理由,大多数支持其中某一个;但是,有权威认为两个理由中的较窄者应该被视为该法庭的判决理由,因为它自己有约束力。我们已经看到,这种思路为格里纳勋爵在 *Gold* v. *Essex county County* 案[128]里审议 *Hillyer* v. *St Bartherlomew's Hospital* 案[129]时所采用。很难说这种做法是否将总是在类似的情况下被遵循。同样不清楚的是,这样的一个判例,当两个判决理由中的一个比另一个狭窄时,将总被视为有两个判决理由,尽管没有明显的方式可以逃脱这样的一种结论。

在一个由 3 个或 5 个法官组成的法庭里,另一种可能的情况是 91
一个——或在五个法官的法庭里,两个——法官应该根据 A 支持允许上诉,而另一个或另两个应该根据 B 支持允许上诉,而且余下的法官将驳回上诉。这正是 *Hambrook* v. *Stokes Bros* 案[130]里所发生的情况,在该案中,一位妈妈受到了严重的神经刺激,因为她看到了被告的雇员不小心未加看管致使一辆大货车沿着一条她的孩子刚刚启程去学校的道路猛冲。上诉法院法官班克斯(Bankes LJ)作出了该妈妈胜诉的判决,所根据的案件事实包括以下事实:这种刺激是由于担心伤及她的孩子而引起的。阿特金法官也支持这位母亲胜诉,但是他的判决理由相当宽泛。他认为任何应该负担注意义务而且该注意义务已经被违反的人都可以因为担心其他人的身体伤害而受到神经刺激而要求给予损害补偿。萨甘特(Sargant)法官作出了一份异议判断。古德哈特博士认为班克斯法官提供的理由不应该被看做该案的判决理由,因为存在一项反对宽泛法律原则的推定。[131]

---

〔128〕 [1909] 2 KB 820.

〔129〕 [1942] 1 KB 293 at 298, p. 61.

〔130〕 [1925] 1 KB 141.

〔131〕 Essays in *Jurisprudence and the Common Law*, 21.

上诉法院在 *Harper* v. *National Coal Board*(*intended action*)案[132]对贵族院在 *Central Asbestos Ltd*. v. *Dodd* 案[133]里的判决的处理显示了这种要求——如果有的话,就是为了查明上诉法院判决的权威效力,异议判断应该被不加考虑,会导致某些古怪的结果。在第一个这样的判例中,一个 3:2 的多数认为多德(Dodd)声称的因为他感染石棉沉着症而遭受的过失损害已经在相关的诉讼时效内被提出。里德勋爵和莫里斯(Morris of Borth-y-Gest)勋爵得出同样的结论,理由是只能从多德知道他有理由诉讼开始计算时间。萨蒙勋爵和西蒙勋爵(Lords of Salmon and Simon of Glaisdale)不同意,理由是从大约两年前就开始计算时间,当时他知道他得了石棉沉着症,足以严重到导致他离开工作岗位,而且他知道了构成所宣称的过失的事实。皮尔森勋爵(Lord Pearson)在法律上同意萨蒙勋
92 爵和西蒙勋爵,但是认为多德只是知道所宣称的诉讼时效内的过失。哈珀(Harper)只是发现,他有一种诉讼时效内的诉讼理由,但是在该时效开始前,他知道了所有相关事实。初审法官拒绝让他提起一次诉讼,因为多德案里的 3 个勋爵已经认定,作为一个法律问题,从勋爵知道使其有根据进行诉讼的事实开始计算时效。这个判决被上诉法院推翻了,因为接受这样的一种推理思路是错误的,这种思路导致一种与贵族院多数最终达成的结论相反的结论。

> 里德和莫里斯持一种法律观点,皮尔森持另一种。我们不能说里德和莫里斯是正确的:因为我们知道他们对法律的推理和其他三人的推理冲突。我们也不能说皮尔森勋爵是正确的:因为我们知道他采取的对于法律的推理导致其他两位(西蒙勋爵和萨蒙勋爵)作出错误的结论。因此我们不能说多数中的三人里的任一个是正确的。[134]

上诉法院因此将 Dodd 案当作一种没有可以识别的判决理由的判

---

[132] [1973] AC 518.

[133] [1974] QB 614.

[134] *Per* Lord Denning [1974] QB at 621—622.

例,而且认为它自己可以不遵循它自己先前的判决。西蒙勋爵已经给上诉法院采取的思路概括了一个特征,即"灵巧地遵守"贵族院里多数不同意的一项制定法解释[135];或许我们不应该制定任何要求在此背景下应该不加考虑异议判断的陈词滥调;它们至少包含了重要的附随意见。

据报道,西蒙兹勋爵曾经说过,上诉并非总是不成功,尽管多数反对上诉人在上诉时提出的每一点。假设一个包含了五个问题的案件来到了贵族院面前,而且假设有五个法律贵族在审判,每一个人在一个问题上支持上诉人,尽管在其他四个问题上反对他。这个上诉人将获胜,尽管在他提出的每一个问题上,他都以1比4输了。[136] 据说,根据苏格兰的程序,上诉人在此种情况下将失败, 93
因为法庭对每一个问题的意见都将单独计算。西蒙兹勋爵想起的最近的一个例子是贵族院对 *Chaplin* v. *Boys* 案[137]里的英国上诉的决定。它是由五个法律贵族听审的,他们一致认为个人在马耳他的一次交通事故中所遭受的个人伤害——当时原告和被告,英国军人,正暂时待在那里——应该根据英国法进行估定;但是两位支持一种理由,其他两位支持另一种,而第五位支持其他的一种而且明白地表示不同意他的四位同僚的理由。

司法技术的失败

在一篇关于上诉法庭的判决理由和附随意见的重要文章里,两位澳大利亚教授谈及在其中司法技术失败的判例。因为法院的功能不仅是作出判决,还要制定与该判决一致的原则。[138] 这篇文章主要关注的是澳大利亚的判例,但是它们是与刚刚讨论过的英国判决——在上诉法院里,不同判断根据不同推理被作出的判例——相类似的一种类型。没有必要引用这个论点的权威,这个

---

[135] *Miliangos* v. *George Frank* (Textile) Ltd. [1976] AC at 479.

[136] 66 *LQR* 298.

[137] [1971] AC 356.

[138] G. W. PatonandG. Sawer, *LQR* 63(1947), 461.

论点是任何法院的职责，特别是上诉法院的职责，不仅是作出判决，还要根据一种可以查明的原则作出判决，无论法律问题是什么时候被提出的。如果法院据以作出裁判的原则不能被查明，看上去当然就是一种司法技术的失败，而且在评价英国判例法体系的优点过程中必须要面对的一个事实就是，这样的失败确实不时地总会发生。或许，无需做得太多就能看到，如果在某些案件中没有给出深思熟虑的判决理由，这对英国法来说甚至有好处。尽管这些情况极为稀少，司法实践中的某些变化的确可以证明对英国法的整体发展有好处。

上诉法院中的单一判决

一个这样的变化可能是在上诉法院里只有一种判断的案件数
94 目的增加。这是枢密院和上诉法院的刑事分庭里的通常实践。

> 我们认为，那些必须掌管刑事法和受到刑事上诉法院判决的约束的人应该在一个案件中以一种判断解释相关法律，而不是必须考虑几种判断，而且可能必须从中提炼出一种大家所共有的判决理由，这是有相当大的好处的。[139]

无疑还有一些人认为对于民事司法而言，这些观点同样也是正确的。

然而，另一方面，还有一些话要说。多人法庭的单一判断经常代表了冲突观点之间的妥协，而妥协并不总是导致清楚。[140] 异议意见经常是非常宝贵的，而且对异议意见的不适当压制让人深感痛惜。此外，根据英国法律制度，一般而言法院的一种功能就是讨论和解释作为未来法律发展的指示器的一般原则，这对于上诉法院而言更是特别重要。这种功能有时最好通过作出不止一种判断

---

[139] Report of the Interdepartmental Committee on the Court of Criminal Appeal (1965), Cmd. 2755, para. 250.

[140] *Chancery Lane Safe Deposit and Offices Co. Ltd.* v. *IRC* [1966] AC 85, 110 Lord Reid.

来实现。批评家们有时倾向于在此问题上给法院最坏的两个世界。

> 给诉讼当事人实现正义是法院的首要义务，通过解释相关法律来实现这一义务是其传统的角色。很清楚，这样的一种制度必须得有点灵活性，结果是在某些案件中，法官因解释上的分歧而被批评，这些解释绝不能被看做与当事人的争议有关；在另外的案件中，其他批评家感到遗憾的是，错失了一个可以对某些长期困扰司法界的法律问题作出一种神谕似的阐释机会。[141]

里德勋爵根深蒂固地反对上诉法院里的单一判断，下面从他在 *Cassell and Co. Ltd.* v. *Broome* 案[142]的发言中抽取出来的话典型地代表了他的观点：

> 随着时间的流逝，我已经越来越坚定地作出下列结论，在本院处理一个重要的法律问题时只有一种发言永远都不是明 95
> 智的。我的主要理由是，经验已经表明，那些必须将本判决应用至其他案件中的人，还有更多的想批评它的人，似乎发现以下情况难以避免，即把一次发言中的句子和短语当作一部议会法令中的规定。他们似乎没有认识到，确立定义或制定严格的规则并非高贵而博学的阁下或任何法官的职责。他们的职责是阐明原则，他们所说要有意成为说明性的和解释性的，不要弄成定义性的。当有两种或更多种发言时，它们必须被放在一起读，然后才会更为容易地看到涉及的原则是什么，什么仅仅是它的例证。

类似的观点威尔伯福斯勋爵和萨蒙勋爵在 *Pickett* v. *British Rail Engineering Ltd.* 案[143]里也表达过。然而，正如萨蒙勋爵所认

---

[141] *Jacobs* v. *LCC* [1950] AC 361 at 369. *per* Lord Simonds.

[142] [1972] AC at 1085.

[143] (1980) AC 136, 147, 157.

为的那样，在除了一个特定条款里的制定法文字的语义输入之外没有什么危险的情况下，一种单一发言可能更受喜欢。在 *Carter* v. *Bradbeer* 案里，迪普洛克勋爵指出，在这个狭窄的领域里，如果异议的理由不够详尽，确定性最容易得到。该案中的多数认为，一个酒吧的柜台就必然是 1964 年酒类专卖法（Licensing Act, 1964）的一个条款里的"酒吧"。他并非如此确定，但是他同意他的同僚，因为这个字，在那个背景下，现在有了多数认为它所具有的那个意思。[144]

关于判例是否被推翻，更为清晰的指示

司法实践的一个更可能的有利变化是对某些被引用和被讨论的先前判例中的判决是否仍然代表法律这个问题的澄清。在 *Bourhill* v. *Young* 案[145]里，所有五位听审本上诉的法律贵族的发言——这些发言中的每一个都支持驳回该上诉，都提到了 *Hambrook* v. *Stokes Bros* 案[146]，但是他们以非常不同的术语这样做了。桑科顿勋爵（Lord Thankerton）指出某些附随意见被考虑的太宽泛了，因而保留他对于这个判决正确性的意见。拉塞尔勋爵（Lord Russell）认同上诉法院法官萨甘特的异议判断，而麦克米兰勋爵则保留他的意见。莱特勋爵同意 *Hambrook* v. *Stokes Bros* 案的判决"作为目前所建议的"。波特勋爵（Lord Porter）认为没有义务去避免对神经的刺激，除非对原告的身体伤害能够合理地预测得到，但
96 是根据 *Hambrook* v. *Stokes Bros* 案的事实，有充分理由证明责任应该归诸这个妈妈。[147] 最后一段提到的这篇文章的作者的评论是：

> 对一个先例的效力表示模糊的质疑就是增加权威的混

---

[144] (1975) 3 All ER 158. 160—162.

[145] [1943] AC 92, p. 70.

[146] [1925] I KB 141, p. 91.

[147] 过失导致神经受刺激的责任，后来被贵族院在 *McLoughlin* v. *O'Brian* [1983] I AC 410 案中扩大了，见下文第 218 页。

乱。最好有勇气说它是错误的或者没有表达什么观点。[148]

这些都是强有力的字词，而 *Hambrook* v. *Stokes Bros* 这个例子可能有些例外，但是无疑某些不必要的不确定性可能因上诉法院判决的散漫本质而引起，而且那些出席这些法庭的法官应该采取每一个可能的步骤来避免它。

〔148〕 63 *LQR* 477—478.

97 # 第三章

遵循先例

1. 绪　　论

根据第一章里对英国先例原则的初论，一个法院必须遵循任何其上的法院所判决的任何判例，而且上诉法院（除了上议院）要受它们自己先前判决约束。说“一定要遵循一个判例”或“受一个判决的约束”意味着什么？在此背景下，根据正统理论，“判例”和“判决”意味着判决理由。在其他背景下，它们可能分别意味着诉讼的一个特别片段和法院决定诉讼的判断（judgment）或命令。“判断”也是一个具有多种意思的字眼。它可以指一种法院命令，比如我们说A被判付100英镑，它可以指法官关于作出一个命令的理由所说的任何话语（他的意见整体包括事实陈述和附随意见），或者他可以被用作判决理由的同义词。诸如“判例”、“判断”或“判决”都可以被用来指一个判例的“判决理由”，这个事实有时导致判决理由（*ration dicidendi*）和已决之案（*res judicata*）的混淆，例如，从牵涉了不同当事人的后来诉讼的角度来观察的一种判决的效力和其对争议当事人的效力之间的混淆。在后来提出同一个问题一般来说是被禁止的。

在已决之案和约束性先例之间有某些相似之处。首先，如果一项裁决要产生一项再诉禁止事项，它一定，像一项判决理由，对于早些判例中的判决而言是必要的。在上一章讨论过的 *Re State of*

Norway's Application 案[1]里，上诉法院主张，其先前判定的该诉讼是“民事诉讼”——即使如现在该庭面前那样是在相同当事人之间进行的，不具约束力，原因相同，即早些法院对 1975 年法的解释并不是其判决理由的一部分。无论对该问题的决定还是对该法的裁 98
决，对于判决来说都不是至关重要的。其次，在对前一诉讼中的当事人之间的某问题的决定包含了一项对于一般解释问题（被分类为一种法律问题）的判决的场合，判例法的后来发展表明该判决是错误的，这种发展可以构成允许该问题被重新起诉的例外理由。[2] 根本的区别是有关司法等级体系和那些受影响者的范围。只有上级法院的判决理由才能创造约束性先例，但是它们适用于所有它们的范围之内。一项“再诉禁止的理由”或“再诉禁止事项”只有那些直接受到前面诉讼影响的人才能提起辩护，但是它确定了他们的权利，即使该判决是仅具有限管辖权的官员，如最高专员（the chief commissioners）[3]或一位规划督察（planning inspector）[4]作出的。

一个法院有时被认为受一个判例的“判断”（judgment）约束，尽管它不必遵循其判决理由。贵族院可能在某种意义上受一个初审法院法官的判断约束，在这种意义上，如果相同当事人后来的诉讼涉及同一事项，贵族院必须适用已决之案中的判决所依赖的原则，尽管贵族院决不受一个初审法院法官所做裁决的判例的判决理由约束。当我们说一个法院必须遵循一个判例或受一个判例的约束时，指的是法官有义务将一项特别的判决理由适用至他面前的事实中，前提是在这些事实与被适用的前面判例中事实之间没有合理的法律区别。

但是这种义务的本质是什么？它是一种遵循相当明确的惯例的义务。其效验（efficacy）有赖于哈特教授所说的遵循先例规则的

---

〔1〕 p. 56.

〔2〕 *Arnold* v. *National Westminster Bank plc* (1990) I All ER 529 CA.

〔3〕 *Crown Estate Commissioners* v. *Dorset County Council* (1990) Ch. 297 Millett J.

〔4〕 *Thrasyvoltlou* v. *Secretary of State for the Environment* (1990) 2 AC 273 HL.

“内在方面”(internal aspect)。[5] 过去和现代的司法官员都承认它,并使用它来证明他们的行为。[6]

99 如果一个法官坚持不懈且大事声张地拒绝遵循根据其他法官不计其数的陈述而致使他应该遵守的判例,很可能他就被逐步地解除了职务,但是认为以此剧烈的制裁来确保法官必须按照先例规则行事,却是错误的。这些规则是惯例规则,而且,如果认为值得通过制裁来保证遵守它们的义务,就足可以说不服从能够激发其他法官的相反评论。无需说,在判例汇编中并无太多的这样评论的例子,因为遵循惯例的义务因这样的事实获得了效力,即该惯例以一种高度的一致性被遵循。当面对建议贵族院的一项确定判决不再产生一项当事人之间的再诉禁止时,埃尔顿勋爵(Lord Eldon)说:

> 关于有关 *Feoffees of Heriot's Hospital* 案的建议,即本院在该案中的判决是一项要被遵守(to be obeyed),而非一项被遵循(to be followed)的判决,我必须冒昧地说这会是一个过程,要是继续的话,它会引来某些注意。因为尽管一个法院可以说,如果一个案件在事实和环境方面不同,它就可以自由地根据这些不同的环境进行,我并不想回忆起,它曾经导致本国的一个法官去职,这件事就是他在特定案件上遵守本院的判决,但是在其他案件上并不遵循它。那不是我们习惯的原理。[7]

对上诉法院因认为贵族院的一项判决是出于粗心大意作出的而拒绝遵循,海尔仕姆勋爵(Lord Hailsham)下列的评论代表了贵族院的反应:

> 事实是,而且我希望是,不必再次说,在本国的法院等级体系中,每一个下级的法院,包括上诉法院,有必要忠诚地接

[5] *The Concept of Law*. 86.

[6] For another view, see Stephen R. Perry, "Judicial Obligation Precedent and the Common Law", *OJLS* 7 (1987), 215.

[7] *Gordon* v. *Marjoribanks* (1818) 6 Dow. 87, at 112.

> 受上级法院的判决。在判决明白地发生了冲突的场合，*Young* v. *The Bristol Aerplane Co.* 案是每一个下级法院在影响其自己判决的问题上的指南。它并没有授予它与上级法院一样的自由来质疑上级法院里的已定判决。[8]

这些话语并没有阻止上诉法院的大多数在一个后来的判例中主张，该院不必遵循贵族院的一个判决，根据“法律的原因消失，法律 100
本身随之消失”（cessante ratione cessat ipsa lex）这句格言，该判决已经过时。当这个案件来到贵族院面前时，威尔伯福斯勋爵（Lord Wilberforce）在支持该院多数人主张推翻其先前判决的观点之前，他说：

> 必须重申，根据 1966 年的声明，本院判决能够被重新审议的唯一司法手段只有本院能够行使。[9]

但是，我们将看到，上诉法院最近确认了过时原则（doctrine of obsolescence）确确实实适用于贵族院的判决。[10] 我们也不能确定，如果上诉法院面对贵族院相互冲突的判决——依照 1966 年惯例陈述的权力，后面的判决并没有推翻前面的判决，其立场将会是什么？贵族院在 *Cassell and Co. Ltd.* v. *Broome* 案[11]里的成员意见陈述看起来支持这种观点，即上诉法院应该认为自己受后面的判决的约束。某些对另一种进路的支持可能来自对受枢密院判决约束的中间上诉法院（intermediate appellate courts）的惯例的一种类比。在 *Baker* v. *The Queen* 案[12]里，迪普洛克勋爵（Lord Diplock）在宣读该法庭多数人判决时，指出，在 Cassell 案确立了失察原则（the per incuriam）不能由一个下级法院针对一个上级法院的判决援引时，上诉法院牙买加分庭（court of appeal for Jamaica）被授

〔8〕 *Cassell and Co. Ltd.* v. *Broome* [1972] AC at 1054.

〔9〕 *Miliangos* v. *George Frank* (*Textiles*) *Ltd.* [1976] AC at 459.

〔10〕 *Pittalis* v. *Gram* (1989) QB 605, p. 162.

〔11〕 (1972) AC 1027.

〔12〕 (1975) AC 774.

权在该庭的两种冲突的判决理由中选择一个作为它应该遵循的判决理由,并可以选择前面的判决作为正确的判决。[13]

遵循先例原则的不同含义

对遵循先例原则的一般正统解释和一般而言本书给予的解释,是遵循判决理由原则(stare rationibus decidendis)("遵循过去判例的判决理由"),但是有时也使用一种较窄且更平实的解释。为
101 了理解这种较窄的解释,有必要再次提及霍斯伯里大法官的论断,即一个判例仅对它实际决定的案件而言是权威。[14] 我们看到,在所有有约束力的都是判决的场合会出现这些情况。按照里德大法官的说法,这样的一种情况出现在前一个判例的判决理由模糊不清、与权威或确定的原则不一致或表述得过于宽泛之时。他在 *Midand Silicones Ltd.* v. *Scruttons Ltd.* 案[15]里的成员意见发言使得这样的一种观点显得清晰,即他认为 *Elder Dempster & Co. Ltd.* v. *Paterson Zochonis* 案[16]正是一个这样的判例。他在贵族院主张自身受其过去判决约束的那段时间里说:

> 该判决约束着我们,但是我同意它自己的判决将不会有利于目前的上诉人,因为这个案件的事实与 *Elder Dempster* 案的事实非常不同。如果上诉人想要获胜,有必要从本院的成员意见发言中找出一种涵盖本案的判决理由,然后遵循这个判决理由……本院的判决在这样的情况下是权威性的,即那些情况与从中产生该判决的情况不能被合理地区分开来。[17]

在此背景下,"判决"意味着法庭根据所有案件事实所下的命令,一

---

〔13〕 英国上诉法院在处理贵族院的冲突判决时有类似的自由,对这种观点暗含的支持可以从帕克法官在 *Dobson* v. *General Accident Fire and Life Assurance Corporation pie* (1990) QB 274 案中判决里推导出来。

〔14〕 p. 57.

〔15〕 [1962] AC 446.

〔16〕 [1924] AC 522.

〔17〕 [1962] AC at 466.

个法院受判决约束的义务就是去遵循它，除非该法院能够指出在先前判例的事实和本案事实之间存在一种合理的（如在法律上相关的）区别。后来的法院不是受到前面法院所陈述的任何法律论点或前面法院对某些实质或非实质事实的处理的约束。每一种最后提到的考虑当然对于一个受先前判例的判决理由约束的法院而言是至关重要的。

有时候会有这种观点，即遵循先例总是仅仅意味着在刚刚讨论过的那种狭窄意义上的“遵守判决”。里德大法官显然不持这一观点，而且至少对英格兰而言[18]，作为一种区别于例外场合含义的对遵循先例原则的通常含义的描述，这种观点还远不是一种正统观点。

本章的目的就是要考虑遵循先例原则在不同法院被遵循的程度。

在下面对不同法院的惯例进行描述时，我们不会单独论及枢密院。这是因为枢密院不是一个英国法院，而且在任何情况下，几 102
乎没有什么对第一章里所述有任何可增加之处。枢密院并非绝对地受其过去判决的约束，而且它的判决在本国只是一种说服性权威。指出枢密院的一项判决没有被一个英国初审法官所遵循是可能的[19]，但是同样可能指出的是，枢密院的一项判决已经被认为是优先于上诉法院的一项判决，尽管该法院的判决从来没有被推翻过。[20] 这是一种情况，在该情况里，一项先例规则没有被全部一致地适用，但是它太例外以至于不能进行详细的考察。

---

〔18〕 它可能是美国的正统含义；见 Rolf Sartorius 的一篇重要文章，载 *Archives for Philosophy of Law and Social Philosophy*, 53 (1967), 343。

〔19〕 *Port Line Ltd. v. Ben Line Steamers Ltd.* [1958] 2 QB 146.

〔20〕 See the preference for *Le Mesurier* v. *Le Mesurier* [1895] AC517 over *Niboyet* v. *Niboyet* [1878] 4 PD 1, before *lndyka* v. *Indyka* [1967] 2 All ER 689. See also the treatment of re Potemis [1921] 3 KB 560 as overruled by the Waggon Mound No. 1 [1961] AC 388 in *Smith* v. *Leech Brain & Co.* [1962] 2 QB 405, and *Doughty* v. *Turner Manufacturing Co. Ltd.* [1964] 2 QB 510.

2. 贵　族　院

尽管该规则事实上在 *Beamish* v. *Beamish* 案[21]里就已被确立下来,68 年来最为经常地被引作贵族院受其自身判决约束已经最终确定的判例是 *London Tramways* v. *London County Council* 案。[22]争论的问题是付给上诉的公司就其被伦敦郡议会接管所导致的赔偿总数。4 年前,贵族院在听审一个苏格兰针对类似立法的上诉案件时,已经规定了计算这种总数的方法[23],而且这个方法已经根据一起此后不久即被贵族院听审的英格兰上诉案件而得以适用。[24]在后面的案件中,唯一考虑的问题是,贵族院是否受这些先前判决
103 的约束,得出来的结论是它要受它们的约束。霍斯伯里大法官发表了唯一的成员意见陈述,下面就是他发言的关键片段:

> 当然,我不否认,那个疑难案件可能会出现,而且在司法界可能会有这样的一种言论趋势,认为这样的判决是错误的;但是,什么是(或许是)抽象正义的偶尔干涉——与重新论辩每一个问题和处理认为判决理由可疑相比的不方便——灾难性的不方便,因此在真实和事实方面,没有真正的最终上诉法院。诸位阁下,"诉讼应有结果"(interset rei publicae)有时应该是"共同的福祉"(finis litium),而且可能没有"共同的福祉",如果在每一个案件中都建议它可以被重新辩论,因为它都"不是一个普通的案件",无论这话意味着什么。[25]

---

〔21〕 [1861] 9 HLC 274. p. 27 *supra*.

〔22〕 [1898] AC 375. 在该案的名字中,上诉人被错误地写成了 London Street Tramways(见[1898]AC 中的错误列表中的纠正)。这个错误特别不幸,因为 London Street Tramways,一家不同的公司,曾卷入到一次 1894 年上诉至贵族院的案件里。

〔23〕 *Edinburgh Street Tramways* v. *Lord Provost etc. of Edinburgh* [1894] AC 456.

〔24〕 *London Street Tramways* v. *LCC* [1894] AC 489.

〔25〕 [1898] AC at 380.

对格言“诉讼应有结果乃是共同的福祉”(interest rei publicalat ist finis litem)的提及暗示了判决理由和已决之案之间的一种可能的混淆,对此我们已经提到过,但是这篇文章的主旨在于贵族院应该遵循其过去的判决,以在一般的法律中产生终局性和确定性。这种论证有两个方面。如果贵族院与其过去的判决不同,(1)下级法院将不知道遵循两个判例中的哪一个,贵族院的早些判决还是贵族院拒绝遵循早些那个判例的后来判决,以及(2)律师们将不能给信任他们的顾客提供建议,因为贵族院的判决可能不被后来的判决遵循。[26] 这些危险中的第一个将不存在,如果贵族院后来的判决应该被看做已经推翻了那个未被遵循者成为被接受的惯例。第二个目标将会达到,如果第八章里提到的前瞻性推翻之惯例被接受的话。

霍斯伯里法官的观察也招致了对从个体诉讼人之间的抽象正义这个视角看到的问题的考虑。无论什么时候以这种方式考虑这个问题,不应该忘记的是,在某种意义上,一个法院不遵循其过去的判决不可避免地导致正义的失败。诉讼人有权期待同案同判,而且法院鼓励他们这么做。一位诉讼人一定会为他的期待感到失望,如果贵族院判定,尽管他的案件事实如同他所主张那样,而且 104
尽管,如他同样主张的那样,在这些事实与该院判决的之前的一个判例的事实之间不存在合理的法律区别,贵族院还是不遵循该判例。

1966 年的惯例陈述

宣布惯例改变所使用的方式适合于应对这种异议。它是通过一次惯例陈述,而非某些人想象的那样,在判决案件的过程中(在这样的情况下,上段提到的问题可能高度相关),也不是像另外某些人认为的那样,这种改变必须通过立法来实现。

陈述如下:

---

[26] Salmond's *Jurisprudence* (12th edn.), 164.

> 阁下认为，使用先例是确定法律是什么和将其应用至具体案件必不可少的基础。它至少提供了某种程度的确定性，这种确定性可以为当事人在进行他们的事务时所依赖，它还可以为法律规则有序发展提供一种基础。
>
> 然而，阁下也认可，过于严格的遵循先例可能在个别案件中导致不正义，而且不适当地限制了法律的发展。因此，他们提议修改他们目前的惯例，而且在认为本院以前的判决通常具有约束力的同时，也可以偏离以前的判决，只要它看起来是正当的。
>
> 在此点上，他们将铭记追溯既往地打乱这种基础的危险，根据这种基础，契约、财产的确定和财政的安排才能进行，而且刑法特别需要的确定性也才有保证。此声明并非为了在本院之外的任何地方影响先例的适用。[27]

此惯例陈述的逻辑地位和宪政适当性一直是学界争论的主题。[28] 就逻辑而言，有人认为，该陈述和 London Tramways 案里的裁决一样，存在自我指涉（self-reference）的缺陷。二者都是贵族院
105 的"判决"，旨在规定贵族院的判决是或不是约束性的。这种说法遭到了鲁伯特·克罗斯爵士（Sir Rupert Cross）的充分反驳，他指出，它基于这样的错误假设，即关于先例规则的陈述构成了，也指的是，判决理由。一旦认为判决理由和附随意见之间的区别不适用于这种区别，就可以认为它们自己并没有在规定了实质的法律规则的判决理由就是"判决"的意义上构成"判决"。[29] 先例规则

---

〔27〕 本陈述是由大法官伽德纳勋爵（Lord Gardiner LC）代表他本人和常任上诉贵族在 1966 年 7 月 26 日判决作出之前宣读的。

〔28〕 Roy Stone, *Minn. LR* 51 (1967), 655; *CLJ* 26 (1968), 35; Julius Stone. *Col. LR* 69 (1969), 1162. Hicks, *CLJ* 29 (1971). 265. Goldstein. *CLJ* 38 (1979), 373; *CLJ* 43 (1984), 88. Evans. *CLJ* 41 (1982), 162; *CLJ* 43 (1984), 108. Mann, *CJQ* 2 (1983), 20.

〔29〕 R. Cross, "The House of Lords and the Rules of Precedent", in Hacker and Raz (eds.), *Law, Morality, and Society*, ch. 8.

认为权威是各种法庭的判决理由；但是，它们不是从这些理由中，而是从一种更加广为普及的司法惯例中获得它们的权威，这种惯例超越了特定案件的结果。就确定这种惯例而言，它们被认为是强加的义务，这些义务如其他法律义务一样不容拒绝，而且在这个意义上，它们构成了法律规则。然而，它们的地位要高于实体判例法的普通规则，它们控制着这些规则的真实性。因此就不存在自我指涉的问题。

这个惯例陈述的宪政适当性带来更多困难。克罗斯具有说服力地问到："但是，其合法性可归诸于任何法院都有的天然的管理其自己惯例的权力，对此可有任何疑问么？"[30] 此说明有两个问题。首先，它可能证明得太多。它建议有关一个特定法院的判决的先例地位的规则必须包括该院改变该规则的权力；但是可能有一种确定的惯例并不包括这种权力。我们在下一节将看到，上诉法院有权改变涉及其自己判决约束力的规则，这一观点，尽管被某些人所认可，但还没有被广泛地接受。

其次，克罗斯的建议看上去有赖于一种不恰当的先例规则与普通的程序惯例规则之间的类比。毫无疑问，任何上级法院可以不时地发布有关该院诉讼所采取的程序步骤的惯例指导。不能仅因为先例规则来自惯例就认为它们也体现了一种类似的自由。"惯例"这个词的重要性可能被夸大了。

如果，在 1966 年，存在一种关于确定的先例司法传统，这种传 106
统包含了这样一种规则，该规则要求贵族院有一种宪政义务在实体法问题上遵循其判决理由，这个规则怎么可能被不具宪政适当性意义的惯例陈述所改变？无疑，先例规则，如同任何来自传统的任何事务，都是可以进化的。历经数个世纪英国规则已经改变，而且在很多细节问题上，它们经常很容易被修改，在下一章"遵循先例的例外"的讨论中，我们将揭示这一点。无论何时，当法官面临某些这些规则的可争议的特征时，他都可以针对传统所要求表达

〔30〕 Ibid., p. 157.

观点，当然要尊重过去被汇编的判例和他对争议中的规则的潜在目的的理解。这样的一种声明，如果随后获得了其他法官普遍的同意，可能具有形成一项特定规则或例外的效力。例如，格里纳法官在 *Young* v. *Bristol Aeroplane Co. Ltd.* 一案中就上诉法院是否受其过去判决约束的发言就是一个这样的例子。如果法官公然地声称要带来一种对既定规则的变化，如参与了这次惯例陈述的这些人已经做的那样，那就是另一回事。在这样的一个背景下，一下子就改变先例规则的权力，被一个惯例的参与者有意识地行使。它并不仅仅像一位该规则的肤浅评论者所认为的那样，是一种不可避免的传统进化的伴生物。

由此来看，对 1966 年之所为的合宪性有两种看似有理的观点。它们的区别在于法官和其他律师如何历史地理解当时的传统。一方面，大家都接受贵族院才受其自己判决的约束，直到这样的时刻为止——这时贵族院应该通过某些适当的声明，改变规则——当时被接受的惯例包括贵族院的一种权力，通过一种单一的声明，带来这种改变。第二点是，在 1966 年诸如 *Beamish* v. *Beamish* 案和 *London Tramways* 案里出现的规则如此根深蒂固，以至于它只有通过立法来改变——贵族院自身没有权力来改变它。根据前一种观点，此惯例陈述构成了对一种存在的宪政权力的运
107 用。根据后一种观点，它是在没有宪政权威的情况下发布的，而且因此等同于一场技术"革命"。[31] 大部分的法官本人已经机智地忽略了这个问题。从 *Davis* v. *Johnson* 案里迪尔豪恩子爵（Viscount Dilhorne）的声明可以推断出对第一种观点的支持，他声明 1966 年声明的参与者仅仅作出结论，"作为一个法律问题"，贵族院不必遵循其自己的判决。[32] 这不可能指的是，从来没有一种规则，从确认该规则的判例和提及贵族阁下提议"改变他们目前惯例"的惯例陈述的术语来看，它是受约束的。因此，必须要求的是，这个规则是，

---

〔31〕 见第七章里凯尔森的革命理论的讨论。

〔32〕 (1979) AC 264, 336, cited *infra* pp. 114—115.

作为一种法律问题，它们可以自由改变的。第一种观点的变体包含在西蒙子爵（Viscount Simon）在*Knuller*案的发言里。他指出，这种惯例陈述必须“被认为是作为英国宪政的重要特征的那些传统的一种，如戴雪教授在他著名的著作中所展现的那样”[33]。确实如此，西蒙勋爵（Lord Simon）声称，因为它表现了对政府的三个分支的一种合意：它得到了所有常任上诉贵族（all lords of appeal in ordinary）的赞同，在议会之外的任何地方，都没有反对意见，而且自从大法官作出这个声明之后，它必须得到行政部门首长的同意。换句话说，根据这样的一种合意，存在一种改变规则的权力。然而，正如布莱克谢尔德教授（Professor Blackshield）所指出的[34]，对于1966年之所为，公认的宪政惯例观念是有问题的，而且它决不包括一下子就能带来改变的权力。

无论哪种方式，该规则现在已经被改变，并且没有人为之感到遗憾。导致不令人满意的判例和此惯例陈述之间过于琐碎之区分的前述立场已经使得英格兰和所有其他普通法国家的司法管辖权一致起来，在这些国家里，公认的是，最终上诉法院不受其自身判决的约束。这个变化在实践上的重要性将在第四章里讨论。倘若人们普遍同意其希求，其最初的合宪性就无关紧要。对上一段里讨论的两种观点，第一种被接受的唯一实践后果可能就在于此。108
通过假定贵族院有一种持久的权力来改变作为那些规则核心特征的先例规则，就使得下列情况成为可能，即贵族院能够，合宪地，在任何时间废弃或改变此惯例陈述，通过一个新的惯例陈述，宣布有关其自己以及或者其他法院判决之约束地位的新规则。

---

〔33〕 *Knuller (Publishing, Printing and Promotions) Lid.* v. *Director of Public Prosecutions* [1973] AC 435, 485.

〔34〕 Anthony Blackshield, "'Practical reason' and 'Conentional wisdom'; the House of Lords and Precedent", in Goldstein (ed.), *Precedent in Law*, ch. 5.

3. 上诉法院(民事分庭)

Young v. *Bristol Aeroplane Co.* 案[35],由上诉法院和刑事上诉法院的联合法庭在1966年判决,制定了普遍规则,要求上诉法院(民事分庭)受其过去判决和诸如财政署内室法庭这样的同级法院的过去判决的约束。在上诉法院于1875年的诞生和*Young*案在1944年的判决之间的不同时间里,有人曾建议该法院不必绝对地遵循其过去的判决,而且在*Wynne-Finch* v. *Chaytor*案[36]里,它拒绝遵循一个这样的判例,但是在*Young* v. *Bristol Aeroplane Co.*案支持的观点毫无疑问地被有关此主题的大多数陈述所证实;而且贵族院在不少场合都对它表示支持。

*Young*案的判决中出现的另一个问题是,一个上诉法院全席审的判决的权威并不高于它的任何一个分庭的判决。该法院通常在几个分庭开庭,由3个上诉贵族组成,但是,当困难问题被提出来时,主持一个分庭的法官就会将该案转交在由5名法官组成的全席法庭面前进行辩论。一种类似的惯例盛行于刑事上诉法院,而且在*R.* v. *Taylor*一案[37]中——在下一章里将要讨论的该法院的一个重要判决,通过与*Young*案的比较,主张在某些情况下,一个刑事上诉法院全席法庭可以正当地拒绝遵循该法庭的一次普通开庭的先前判决。

Young v. *Bristol Aeroplane Co. Ltd.*案最终到达了贵族院。大多数的成员意见发言都针对该上诉提出的实体法问题,但是西蒙
109 勋爵同意卷宗主事官(Master of the Rolls)*在上诉法院得出的关于先例问题的结论。西蒙勋爵用下列话语对这个结论做了解释:

---

[35] [1944] KB 718.

[36] [1903] 2 Ch. 475.

[37] [1950] 2 KB 368.

* 卷宗主事官,是上诉法院最为重要的职位,自1875年以来,他一直担任上诉法院院长(president of the court of appeal)。——译者注

> 如果上诉法院在其一个分庭开庭时，已经在一个先例中就一个必然涵盖了后来出现在该法庭面前的案件的法律问题发表了声明，前面的判决必须被遵守（当然，除非它是粗心大意地作出的，或者贵族院同时决定这个法律是不同的），而且……有关先例使用的规则约束着上诉法院的全席庭，和对正常组成的该院的一个分庭的约束一样。[38]

1966 年贵族院的惯例陈述以这样的话语结束："本声明无意影响本院之外对先例的适用。"然而，在接下来的时间里，上诉法院院长，丹宁勋爵，上演了迪普洛克勋爵所说的"一个人的改革运动"[39]，主张上诉法院可以自由地偏离其自己过去的判决，这种判决效仿了贵族院为其自身假定的判决。[40] 尽管上诉法院[41]和贵族院[42]都有反对的观点，这种改革运动通过上诉法院在 *Davis* v. *Johnson* 案[43]里的判决看上去已经取得了某种程度的成功。一个 5 人法庭中的 3 人多数认为 Young 案里规定的遵循先例规则至少可以通过对新的例外的确认而被修改。然而，当 *Davis* v. *Johnson* 案被带到贵族院时，所有该院的成员都重新确认了这样的原则，即上

---

〔38〕［1946］AC at 169.

〔39〕*Davis* v. *Johnson*（1979）AC 264, 325.

〔40〕*Gallie* v. *Lee*（1969）2 Ch. 17, 37. *Hanning* v. *Maitland*（no. 2）（1970）1 QB 580, 587. *Barrington* v. *Lee*（1972）1 QB 326, 338. Farrell v. Alexander（1976）QB 345, 359. *Dyson Holdings Ltd.* v. *Fox*（1976）OB 503, 509. 丹宁勋爵在 *Miliangos* v. *George Frank*（Textiles）Ltd.（1975）QB 487, 503 案中表达了一种暂时的撤回声明，在该案中他相信上诉法院被责难的决定是有其价值的。

〔41〕Russell U in *Gallie* v. *Lee*（1969）2 Ch. 17, 41—42. Stephenson U in *Barrington* v. *Lee*（1972）1QB 326. 345—346. Scarman LJ in *Tiverton Estates Ltd.* v. *Wearwell Ltd.*（1975）Ch. 146, 172—173; and in *Farrell* v. *Alexander*（1976）QB 345, 371.

〔42〕Lord Hailsham LC in *Cassell and Co. Ltd.* v. *Broome*（1972）AC 1027, 1055. Lord Simon in *Miliangos* v. *George Frank*（Textiles）Ltd.（1976）AC 443, 470. Lords Dilhorne, Simon, and Russell in *Farrell* v. *Alexander*（1977）AC 59, 81. 92, 104—105.

〔43〕（1979）AC 264.

诉法院必须遵循其过去的判决，只有 *Young* v. *Bristol Aeroplane Co.* 案里表述的这些例外除外。

110 *Davis* v. *Johnson* 案构成了英国遵循先例原则的现代发展过程中的一座里程碑。就目前而言，它毫无疑义地主张，贵族院1966年惯例陈述对行使上诉管辖权的中间法院不会有副作用。然而，有必要分开在这些判决中没有被区分的两种问题。第一，在执法过程中放宽 *Young* 案里的规则是我们希求得吗？第二，如果是的话，权威在哪里影响这样的一种变化？

对于第一个问题，影响贵族院和上诉法院少数派反对任何变化的首要因素当然是确定性。据说，如果上诉法院能够偏离它认为错误的其自己的判决，结果将会是“混乱”和“疑惑”。但是，对谁而言？在一定程度上，这种论证是循环丐题论证（question-begging）*。只要上诉法院没有被给予这种权力，一个初审法官如果面临两个上诉法院的两个显然冲突的判决就可能处于进退两难的局面。他应该遵循第一个判决，还是似乎偏离了第一个判决的第二个判决？但是，如果上诉法院被给予这种惯例陈述给予贵族院的偏离其判决的权力，就不会出现这样的两难局面。一直以来被一致假定的是，在贵族院行使惯例陈述权力偏离其判决的场合，所有的下级法院必须遵循该院推翻性判决，而不是被推翻的那个判决。同样地，如丹宁勋爵所论证的那样[44]，上诉法院以下的法院有义务遵循该法院的两个判决中的后面那个，第二个明显地偏离了第一个。在上诉法院的进一步重新考虑，或者向贵族院的上诉的过程中，法律是确定的。

然而，不确定性论证的主要负担，如 *Davis* v. *Johnson* 案所出现

---

* 指的是用来证明论题的证据本身的真实性却要依靠论题本身来证明的逻辑错误。如证明“鸦片能催眠”，所用的论据是它有催眠的力量，而“鸦片有催眠的力量”又要借助于“它能催眠”来证明，这就是犯了此类错误。——译者注

〔44〕 (1979) AC 264.279.

的，正是这个。上诉法院由 17 名法官组成[45]，但是，通常，其只有 3 个法官的分庭开庭。如此多的人对法律问题的看法有不同，不可避免（目前，在两个上诉法院声称不去遵循的判例中[46]，有 6 名法律贵族认为对制定法解释有问题，而目前法庭的 4 名成员有另外的理由）。[47] 因此，如果存在偏离先前判决的权力，在不能预测法 111
院是否会改变其规定的法律这个意义上，就会出现“不确定性”。更重要的是，在缺乏终局性这个意义上，会出现“不确定性”：如果一个分庭（在案件 B 里）能够决定另一个分庭（在案件 A 里）是错误的，谁又不能说第三个分庭（在案件 C 里），再次行使偏离先前判决的权力，B 里的判决是错误的，而 A 里的判决是正确的？这样的重新考虑将带来一种新的不确定性。

与贵族院的比较还没有被详加阐述。然而，可以清晰地推断，假定其规模小和至少五人组成法庭开庭的惯例不变，快速的大转变（voltes-face）较上诉法院更不太可能。它们并非不为人所知。贵族院以或不以其正式行使的惯例陈述权力，有时宣布某法律与其自身最近声明的法律冲突。在 *D. and F. Estates Ltd.* v. *Church Commissioners for England* 案[48]里，贵族院根本地限制了过失赔偿的经济损失等级，而且旨在区分其两种以前的判决[49]，这两种判决被认为是确定了广泛的赔偿范围。此类推翻（bouleversements）可能因分配给听审这些案件的五名法律贵族的变化而产生，如在 *Re Gulbenkian's Settlement Trusts* 案[50]的判决里确定的一种根本的信托法规则在两年后被 *McPhail* v. *Doulton* 案[51]所废止。或者它们可

[45] 在 1989 年时有 26 位。

[46] *B.* v. *B.* (1978) Fam 26. *Caniliffv* v. *Jenkins* (1978) Fam. 47.

[47] 在不同意的上诉法院成员中，戈夫法官会同意多数的判决——如果事情还没被处理。

[48] (1989) AC 177.

[49] *Anns* v. *Merton London Borough Council* (1978) AC 728; *Junior Books Ltd.* v. *Veitchi Co. Ltd.* (1983) I AC 520.

[50] (1970) AC 508.

[51] (1971) AC 424.

能是这些贵族中的一个或更多人的思想变化的结果。这发生在移民法领域，当时在 *R.* v. *Secretary of State for the Home Department, ex parta Khawaja* 案[52]里，贵族院推翻了一个 3 年前作出的判决[53]，弗雷泽勋爵（Lord Fraser）否认了之前他同意的观点。两种最近的刑法的发展甚至提供了更为令人瞩目的例子。在 *Anderton* v. *Ryan* 案[54]里提出的对 1981 年犯罪未遂法（the Criminal Attempt
112 Act）的解释，通过 1966 年的权力的行使，在一年内的 *R.* v. *Shivpuri* 案[55]里被否决，布里奇勋爵（Lord Bridge）坦然声称他的观点已经发生了改变。有关杀人的精神因素给陪审团的指示的指南由贵族院在 *R.* v. *Moloney* 案[56]里做了规定，在 *R.* v. *Hancock* 案[57]里被否定（同样是在一年之内），基思勋爵（Lord Keith）对两个判决都表示赞同。

至今还没有缺乏终局性的情况，也就是说，贵族院曾经行使其权力推翻其过去的判决，但至今还没有行使其权力使这种判决恢复效力。我们只能猜测，这种激起不确定性的情况是否来自被授权偏离其自己判决的上诉法院。

对于上诉法院在 *Davis* v. *Johnson* 案里的多数而言，有三个因素一起胜过任何对确定性的毁损。首先，如果上诉法院不同意其过去的某个判决，认为这个判决是错误的，而且败诉的一方并没有就此上诉至贵族院，就不可能有任何保证贵族院会另有机会来审议该问题，因此，法律中的错误就此形成。其次，受到上诉法院遵循一个错误判决之不利影响的一方将承受另一种不正义，或者承担这个麻烦、危险和（最重要的）上诉至贵族院的代价。如果他不富裕，也不是穷到需申请法律援助，他可能因缺乏财力而被迫承受

---

〔52〕 (1984) AC 74.

〔53〕 *R.* v. *Secretary of Slate for the Home Department*, *ex parte Zamir* (1980) AC 1148.

〔54〕 (1985) AC 560.

〔55〕 (1987) AC 1.

〔56〕 (1985) AC 905.

〔57〕 (1986) AC 455.

不正义。

这些常见的对法律的损害和对个人的不正义的论证已经证实了大多数学术评论者的看法，即 *Young* v. *Bristol Aeroplane* 规则应该被抛弃。第三种论证更为具体地适合 *Davis* v. *Johnson* 案的事实：即使一次上诉被带到贵族院而且获得了成功，这种迟滞本身可能导致不正义。这个案件中的问题是，1976 年《家庭暴力和婚姻诉讼法》的第 1 条授权郡法庭，可以命令一个公寓的男子腾出这个房屋，因为与其同居的女性提出申请，理由是该男子对其进行恐吓。如果上诉法院遵循其以前的判决，主张不存在管辖权，这个女人和 113
她的孩子将被迫在上诉期间住在一个容留受虐妻子的避难所里。尽管在大多数案件中，贵族院最终都会作出正义的判决，在这种紧急事务上却并非如此。

这些论证并没有说服贵族院或上诉法院里的少数派。至于迟滞，迪普洛克勋爵指出，如果上诉法院仅仅驳回这个上诉，根据它所受约束的判例的权威而非听取冗长的论证，上诉至贵族院可能来的更早。[58] 至于这种危险，在这样的一个案件中，没有上诉可以被接受（导致后来的不正义和错误的形成），如果目前的遵循先例原则被放弃的话，这是一种就确定性而言很明显被不利超过的危险。上诉法院法官卡明—布鲁斯（Cumming-Bruce LJ）和萨蒙勋爵（Lord Salmon）建议说，在一个案件中，可以确认的是有必要上诉至贵族院，因为上诉法院受制于一个它不同意的判决，如果上诉的成本由公共基金支付，这种危险才可能被避免。[59]

上面建议，改变 *Young* v. *Bristol Aeroplane Co.* 一案中规定的规则的希求应该同这样的问题分开，即权威所处带来了这样的变化。不太可能的是，整个问题永不再重新露面，因此这个问题一直有重大的利害。在 *Davis* v. *Johnson* 案里，丹宁勋爵，乔治·贝克爵士

---

〔58〕 (1979) AC 264, 326. 他也指出了，“延迟”论证可以被用作高级法院或郡法院拒绝遵循他认为错误的上诉法院判决时的正当性证明。

〔59〕 (1979) AC 264, 311, 344.

(Sir George Baker P)和上诉法院法官肖都认为,目前的由五人组成的上诉法庭可以改变这个规则。[60] 上诉法院法官戈夫(Goff LJ)和萨蒙勋爵认为只有上诉法院的所有成员一致同意方可改变这个规则。[61] 上诉法院法官卡明—布鲁斯指出:"我认为,阁下们在审判中行使司法权的功能包括权威地宣布上诉法院受其先前判决约束
114 的程度。"[62]迪普洛克勋爵[63]、迪尔豪恩子爵和斯卡门勋爵(Lord Scarman)都同意他的观点[64],认为遵循先例原则,作为一项法律规则,只有贵族院才能权威地宣布。迪普洛克勋爵说:

> 就民事事务而言,关于此问题的法律现在是清晰的,也是无懈可击的……在我看来,本院应该利用此次集会来明白地、明确地和意见一致地重审,Bristol Aeroplane 案确定的关于遵循先例的这个规则仍然对上诉法院有约束力。[65]

遵循先例诸规则可以被规定为法律规则,这种观点的确看起来已经是上诉法院在 *Young* v. *Bristol Aeroplane Co. Ltd* 案里据以行事的一种假定。然而,还有一种另外的观点,来自布雷特勋爵(Lord Brett MR)的 *The Vera Cruz* 案,大意是在法院遵循自身先例的场合,它们"根据司法礼让"来这样做,而且不受任何普通法或成文法规则的约束。[66] 这种遵循先例规则的本质的"惯例"观点在1966年惯例陈述之后复活了。在 *Boys* v. *Chaplin* 案里,上诉法院法官迪普洛克已经表达了这种观点,即上诉法院的束缚是"自愿接受的"[67];而且在 *Gallie* v. *Lee* 案里,上诉法院法官萨蒙已经建议

---

[60] (1979) AC 264, 278—283, 288—290, 307—309.

[61] (1979) AC 264, 295, 344.

[62] (1979) AC 264, 311.

[63] (1979) AC 264, 323—328.

[64] (1979) AC 264, 336, 349. Lord Kilbrandon 同意他所有同事,没有区分迪普洛克勋爵和萨蒙勋爵的观点。

[65] (1979) AC 264. 323. 328.

[66] (1880) 9 PD 96. 97. cited p. 87.

[67] (1968) 2 QB 1. 35.

说，上诉法院可以作出类似于贵族院惯例陈述的声明，尽管这需要整个法院的同意。[68]

在 *Davis* v. *Johnson* 案里，丹宁勋爵论证说 1966 年惯例陈述

> 决定性地说明(任何法院为其自己规定)关于先例的某个规则根本就不是一个法律规则。它仅是法院自己为了指导自己而规定的一项惯例或习惯；而且，同样地，后来的法院可以改变这项惯例或修正它或确立其他的指南，正如贵族院在 1966 年所做的那样。[69]

迪尔豪恩子爵以一种法律主张反对这种论证：

> 在 1966 年，考虑的是作为一项法律问题，贵族院是否受其先前的判决的约束。在经过了相当多的讨论之后，大家都 115
> 同意贵族院不受其约束，因此作出了这个声明……贵族院不受任何先前它所做判决的约束。如果它希望的话，它能够作出一个相反的结论。无论贵族院在审判中是否履行其司法功能，都是如此。这就是 1966 年惯例陈述的参与者当时所感觉到的根据，我认为，它没有什么不适当的。它不是任何其他法院的根据，而且贵族院作出这个陈述，不能因此被用来支持上诉法院或任何其他法院有类似的行动自由。[70]

在贵族院，只有萨蒙勋爵不同意这种观点，即先例规则直接构成法律规则。重述其在 *Gallie* v. *Lee* 案里的表达的观点，他说，已经同意上诉法院受其自己判决约束的观点：

> 然而，就事务的本质而言，这个问题永远不可能来到阁下面前待决或形成其判决理由的一部分。本院根据法律决定每

---

〔68〕 (1969) 2 Ch. 17,49. 当时，在 *Davis* v. *Johnson* 案里，丹宁勋爵引用了萨蒙法官的观点，他忽略了参照在变革的实践中整个法院的一致的必要性：(1979) AC 264, 280。

〔69〕 (1979) AC 264, 281.

〔70〕 (1979) AC 264, 336.

> 一个来到其面前的案件。如果，像当下的这个案件，上诉法院对上诉作出与其先前判决不同的决定，本院，正如很多情况下不赞同上诉法院偏离这个规则，然而将驳回上诉，如果它作出这样的结论，即被上诉的判决在法律上是正确的。[71]

这次上诉相应地被驳回，因为贵族院根据通过法律程序识别出来的案件真实情况（on the merits）一致地站在了上诉法院多数派的一边。

已经有人建议，附随意见—判决理由的区分与关于先例规则的司法陈述并不相关。[72] 如果这是正确的，接下来就是，无论贵族院还是任何其他法院都不能以它们确定普通法规则的方式来确定先例规则。但是并不是说，约束上诉法院的先例规则专门就在这个法院的范围内，它们，可以这样说，“不关贵族院的事”。萨蒙勋爵声称贵族院就 *Bristol Aeroplane* 案的同意性评论已经“大大地强化了这个规则”[73]。制度性惯例（institutional practices），和判决理
116 由一样，可能产生规则；而且如果这样的规则被法官当作有约束力的规则，它可能不被认为是不适当的。尽管它可能对将它们命名为“法律规则”贡献无几。[74] 英国法官认为，贵族院关于约束下级法院的先例规则方面的观点，至少是此类惯例存在的证据的一部分。

Davis v. *Johnson* 案里表达的观点的不同之处使得我们的惯例的一项重要细节留待解决。它们通过一致的声明授权上诉法院改变 *Young* v. *Bristol Aeroplane Co. Ltd.* 案里的规则（萨蒙勋爵、上诉

---

〔71〕 (1979) AC 264, 344. 丹宁勋爵（同上，280 页）和布鲁斯法官在上诉法院同样持相同观点，而且又得到了萨蒙勋爵在 *Attorney-General of St Christopher Nevis and Anguilta* v. *Reynolds* (1980) AC 637，659 案里的重申。

〔72〕 p. 105.

〔73〕 (1979) AC 264, 344.

〔74〕 See Brownsword and Hayes, *NILQ* 29 (1978). 296; Kidd, *ALJ* 52 (1978), 274; Rickett *MLR* 43 (1980), 136; Carty. *LS* 1 (1981), 68; Aldridge, *MLR* 47 (1984), 187.

法院法官戈夫和上诉法院的多数所认为的）了么？或者它们将这种权威排他性地授予了贵族院（如上诉法院法官卡明—布鲁斯明明白白所言，以及贵族院的多数所认为的那样）了么？或者，当西蒙勋爵（Lord Simon of Glaisdale）在 *Miliangos* v. *George Frank* (*Textiles*) *Ltd.* 案里说，尽管这项规则起源于法官法，现在已经如此稳固以至于只有制定法可以改变它时，他是正确的么？[75] 无论改变规则的权力属于谁，它至今从来没有被实践过。上诉法院的成员已经一致地认为，自从 *Davis* v. *Johnson* 案以来，该院绝对受其自己判决约束已经从属于下一章所讲的例外情况。

4. 上诉法院（刑事分庭）

当考虑遵循先例原则是或应该是刑事案件的规则的程度时，有必要记住，该原则在上诉法院适用没有那些专门或主要处理民事诉讼的法院严格，对此可能有充分的理由。刑事上诉法院，1907年以来即已替代了刑事再审法院（the court for crown cases reserved），在1966年和上诉法院合并；但是上诉法院现在被分为两个分庭，民事分庭和刑事分庭，然而在1966年之前它只处理民事案件。一种支持严格先例原则的论证是，它保护了既定权利。如果，作为某些交易的结果，A、B和C都被上诉法院（民事分庭）在案 117
件1里判决已经获得了所有权，无论得出结论的论证多么弱，任何英国法院都将最不情愿地认为类似的交易并没有将类似的权利授予D，因为很多其他人在进入这种有争议的交易之前，可以得到根据案件1得出的法律意见。刑事法并不授予人们权利。只有在非常偶然的情况下，一个人因为被建议说这种行为不是刑事行为才决定以一种特别的方式行事，但是，一般说来，严格的先例原则是必要的，目的是保护既定权利，这种观点在刑法中的适用要少于民法。然而，还有对相反结论的另外一种论证。如果说有一种法律

---

[75] (1976) AC 443, 470.

分支,在这种法律中一致性具有极端的重要性,它就是刑事法。如果 A 被刑事上诉法院在案件 1 里宣告无罪,而根据实质相同的事实 B 在案件 2 里被定罪,大多数人们会认为它是一种正义的扭曲。

到此为止,支持和反对在民事法和刑事法中适用不同的先例规则的论证大约打成了平手,但是最后那个案例中的事实里的一个变种显示了为什么在刑事法中要有某些宽松。假设 B 在案件 2 里被无罪释放,根据类似的事实 A 在案件 1 里被定罪,至少可以怀疑的是,普通人的正义感被侵犯的严重程度是否同以前记录的根据类似事实嫌疑人被无罪释放的案件一样。无论答案是"是"还是"不是",当我们考虑 *R.* v. *Taylor* 案[76]时,我们都将看到遵循先例原则已经被允许在民事法律中不会赞同的场合下考虑有关刑事案件的主体的自由利益时被放宽。然而,遵循先例原则,仍是上诉法院的普遍规则,正如它是早些的刑事再审法院的普遍规则一样。

可以指出的是,法官在刑事再审法院——该院判决在该院一直被当作有约束力——的陈述,尽管作出该陈述的法官认为早些的判例判决是错误的。[77] 但是也可以指出那些案例,在这些案例
118 中,该法院的一个后来的判决被认为推翻了前面的一个判决。[78] 简言之,遵循先例原则并非被严格地执行,而且注意到下列情况是适当的,即一个先前判决被认为已经被推翻的案例是这样的,在其中被告已经被定罪,尽管以前曾经根据实质类似的事实作出过无罪释放的正确裁决(verdict)。

刑事上诉法院受刑事再审法院判决的约束[79],但是,正如该院并不总是遵循其自己的判决一样,这并不涉及一种特别严格的适用遵循先例原则。事实上,有很多众所周知的案例,在这些案例中,刑事上诉法院并没有遵循其自己以前的判决[80],但是还有更多

---

〔76〕 [1950] 2 KB 368.

〔77〕 *R.* v. *Clyde* (1868) 1 CCR 139 at 144.

〔78〕 *R.* v. *Ring* (1892) 61 LJMC 116.

〔79〕 *R.* v. *Cade* [1914] 2 KB 209 at 211—212.

〔80〕 *R.* v. *Power* [1919] 1 KB 572; *R.* v. *Norman* (1924) 2 KB 315.

的案例，在这些案例中刑事上诉法院的判决声称该院必须遵循其先前判决。

在 *R.* v. *Gould* 案里，上诉法院法官迪普洛克表达了这样的观点，即在上诉法院的刑事管辖权内，它并不受它自己或刑事上诉法院的判决的约束，即使它们不属于 *Young* v. *Bristol Aeroplane Co. Ltd.* 里规定的例外。他的观点并不限于偏离早些判决将有利于被告的案例。[81] 实际上，上诉法院（刑事分庭）已经认定它受先前判决的约束[82]，而且上诉法院法官迪普洛克的相反陈述已经被否决。在 *R.* v. *Spencer* 案里，上诉法院法官梅（May LJ），在作出该院的判决时说[83]：

> 作为一个原则问题，我们恭敬地发现，难以见到为什么一般而言在适用遵循先例原则时在本院的民事分庭和刑事分庭之间应该有不同，只是我们必须记住，在刑事分庭，我们可能面对的是主体的自由，而且如果为了给上诉人以正义，一次偏离权威是必要的话，那么这个法院就不应该在做此事时畏缩不前。我们认为，*Reg.* v. *Gould* 案的附随意见……在这个意义上被解读而且服从于此，*Young* v. *Bristol Aeroplane Co. Ltd.* 确定的原则……应该适用。

还有一个上诉法院和刑事上诉法院之间的关系问题没有解 119
决。在 *Hardie & Lane* v. *Chilton* 案[84]里，上诉法院怀疑而且拒绝

---

〔81〕 (1968) 2 QB 65, 68—69.

〔82〕 See e. g. *R.* v. *Shcppard* (1980) 70 Cr. App. Rep. 210. *R.* v. *Pigg* (1982) 74 Cr. App. Rep. 352. *R.* v. *Terry* (1983) RTR 321. 在贵族院发言时，迪普洛克勋爵本人指出，上诉法院刑事分庭一般应受其自己判决的约束。*Director of Public Proseculionn* v. *Merriman* (1973) AC 584. 605; *R.* v. *Churd* (1984) AC 279. 290. See Rosemary Pattenden. "The Power of the Criminal Division of the Court of Appeal to Depart From its Own Precedents", *Cr. LR* (1984). 592.

〔83〕 (1985) QB 771. 779.

〔84〕 [1928] 2 KB 306.

实行刑事上诉法院对 *R. v. Denyer* 案[85]的判决。根据 *Denyer* 案，摩托贸易协会的书记被判敲诈罪，当他写信给一个成员要求缴纳一笔金钱作为将其名字放在该协会非索引字表(stop list)里的代价。这种法律意见的逻辑结果就是，任何一个成员因不想其名字被放在非索引字表而付给该协会的金钱可以在民事诉讼中得到救济，但是上诉法院判定这样的诉讼在 *Hardie & Lane* v. *Chilton* 案里失败了。在该案被判决后不久，休厄特勋爵(Lord Hewart)在刑事上诉法院里指出，为了实行刑事法，除非而且直到 *R.* v. *Denyer* 案的判决被唯一能与之相比肩的审判庭推翻，它就一直约束着刑事上诉法院，并且由刑事上诉法院执行。[86] *R.* v. *Denyer* 后来被贵族院在一个民事案件中被否决了，但是就遵循先例原则而言，对于上诉法院和刑事上诉法院的关系，什么也没说。尽管支持它的场合极其罕见，一个类似的关于上诉法院两个分庭的判决的关系问题可能还会出现。

5. 高等法院各分庭

直到最近人们还认为，高等法院各分庭受自己以前的判决约束，如上诉法院受其自己的判决约束一样。在民事案件中，这被认为是在 *Huddersfield Police Authority* v. *Waterson* 案[87]里确定的，在刑事案件中被认为是在 *Younghusband.* v. *Luftig* 案[88]里确定的。然而，在 *R.* v. *ManchesterCoroner*, *ex parte Tal* 案[89]里，王座法院的一个地区分庭(Robert Goff LJ, McCullough, 和 Mann Jj)偏离了之前的一个高等法院分庭的判决，该判决是关于该法庭行使对调查行为进行司法复审的管辖权问题的。上诉法院法官戈夫，提交该

---

[85] [1926] 2 KB 258.

[86] 20 Cr. App. Rep. 186.

[87] [1947] KB 842.

[88] [1949] 2 KB 354.

[89] [1985] QB 67.

院的判决时，将行使监督管辖权的一个高等法院分庭的位置与高 120
等法院的个体法官的位置等同了起来。他指出，没有一种在上诉法院作为法院那样意义上的“高等法院分庭”。

> 每个高等法院分庭都仅仅是一个法庭，由不少于两个法官组成，处理高等法院的商业交易案件，它（按照法院规则或制定法规则）需要由一个高等法院分庭来听审。在任何刑事诉由或争点上，或者在法院指导的其他诉由或争点方面——……当一个地区法庭来听审一次司法复审申请时，它并非按照上诉形式来进行，需要按照如此方式听审的高等法院事务可以申请司法复审。它并不听审来自另一法庭的上诉，也不审议另一法庭所陈述的某一案件的法律问题，如同在处理治安法院的上诉案件一样。它行使的是经常被称之为监督管辖权的权力。
>
> 如果一个高等法院法官在开庭时行使高等法院的监督管辖权，那么，我们认为，相关的遵循先例原则就是一个初审法官可以使用的原则，即出于司法礼让，他将遵循另一位初审法官的判决，除非他确认那项判决是错误的；但是他不必然遵循同级法官的判决。
>
> 我们认为，当高等法院的监督管辖权并非由某个法官而是由一个分庭——在该法庭中，两个或三个法官行使与该法官完全一样的管辖权——行使时，遵循先例原则就是可以适用的。我们可以毫无疑问地认为，只有在极为罕见的情况下，一个分庭才认为偏离行使这项管辖权的法庭的判决是合适的。更进一步，我们发现，很难想象一个行使此种权力的法官会偏离高等法院分庭的判决。[90]

本判决已经在以后的案件中被适用。高等法院分庭已经认定，在

---

〔90〕 (1985) QB 67. 80—81. 类似地，以前的国家劳资关系法院并不认为自己受本身或任何分庭的判决的约束，*Chapman* v. *Goonvean* (1973) I WLR 678。

行使监督管辖权时,无论刑事案件还是民事案件,它们都不受先前判决的约束[91],当它们听审上诉案件时却并非如此。[92] 这些案件
121 没有一个被 *Davis* v. *Johnson* 案所参照。[93] 至少,就本章我们的讨论可以看出,在 *Young* v. *Bristol Aeroplane Co. Ltd.* 案规则能被改变之前,需要贵族院成员在实践中整齐划一的变化。就有关遵循先例原则在分庭适用问题参加分庭开庭的高等法院法官而言,这还没有出现。在 *Tal's* 案中,上诉法院法官罗伯特·戈夫提出建议,*Huddersfield Police Authority* v. *Watson* 案——已经被确立成 *Young* 案的标本——判决的基础已经被 1966 年贵族院惯例陈述所破坏。[94] 然而,该陈述坚持认为它不是要在贵族院之外影响先例原理。

无论如何,在 *Tal* 案中确立下来的监督管辖权和严格的上诉管辖权之间相当技术的区分,已经被广泛地接受了。它引出了一种类似于构建上诉法院的疏忽大意例外之潜在基础的方法,即,当面对一个实体法问题时,在程序法和管辖法方面,对遵循先例要求没有那么严格。[95]

一个行使刑事管辖权的高等法院分庭受刑事上诉法院判决的约束[96],尽管不会有判决被上诉至该法院。一个行使刑事管辖权的高等法院分庭在相对少见的情况下,当类似的事务来到这两个法院时(比如,当一个根据工厂法(Factory Acts)要求因违反成文法义务而索要侵权赔偿的申请来到上诉法院,而且对该条款的违反行为已经被起诉至高等法院分庭时),同样而且主要受上诉法院判

---

〔91〕 *Hornigold* v. *Chief Constable of Lancashire* (1985) Cr. LR 792. *R.* v. *Chief Metropotitan Magistrate*, *ex pane Secretary of State for the Home Department* (1989) 1 All ER 151.

〔92〕 *Rogers* v. *Essex County Council* (1985) 2 All ER 39.

〔93〕 (1979) AC 264.

〔94〕 (1985) QB 67. 79.

〔95〕 p. 150 *infra*.

〔96〕 *Ruse* v. *Read* [1949] I KB 370 at 384.

决的约束。[97] 一个行使民事管辖权的高等法院分庭受上诉法院的判决约束。[98]

6. 高等法院 122

高等法院法官在遵循先例原则方面的地位在戈达德勋爵(Lord Goddard)对 *Huddersfield Police Authority* v. *Watson* 案判决的以下段落中总结如下[99]：

> 我认为，该主题的现代惯例和现代观点是，一个初审法官，除非他确信这个判决是错误的，都将出于司法礼让来遵循它。他当然不必遵循同级法官的判决。他只是必须遵循上诉法院、贵族院和高等法院分庭的判决。

初审法官适用上诉法院规定的法律范围已经被认为扩展至上诉法院 given ex parte 的判决，即使，只是听取了一面之词的论辩，该判决将不会约束一个下级法院决定同样的问题 inter partes。[100] 然而，在罕见的案件中有一种例外，在这样的案件中，法官行使他的自由裁量权来作出一份声明来表达没有诉讼理由，而且他面对上诉法院的一份裁决，这是目前上诉至贵族院的主题。在这样的案件中，他不必适用上诉法院陈述的法律，如果他认为有充分的理由来认定其判决将被贵族院推翻。[101] 就高等法院各分庭的判决而言，我们在最后一节里看到上诉法院法官罗伯特·戈夫在 *Tal's* 案里将行使监督管辖权的高等法院诸分庭的地位同高等法院的个体法官的地位等同了起来。但是，他还是指出："我们发现，很难想象一个单独行使这种管辖权的法官曾经偏离过高等法院分庭的

---

〔97〕 *Carr* v. *Mercantile Products Ltd.* (1949] 2 KB 601.

〔98〕 *Read* v. *Joannon* (1890) 25 QBD 300 at 302—303.

〔99〕 [1947] KB 842 at 848.

〔100〕 [1947] *The Alexandras P* (1986) 1 All ER 278. KB 842 at 848.

〔101〕 *Derby and Co. Lid.* v. *Wetdon* (*no.* 3) (1989) 3 All ER 118.

判决。”

在 *Colchester Estates* (*Cardiff*) v. *Carlton Industries plc* 案[102]里，诺斯(Nourse)法官指出，在一位法官明白地拒绝另一位法官的判决的场合，第三个案件的法官受到某些强于司法礼让的事务去遵循第二个法官的判决：

> 可以希求的是，法律，无论它是在哪个层次上被宣布的，都应该是普遍性的确定的。如果这个法院的一个判决，在经
> 123 过前一个法院以其他方式充分地考虑之后得出，通常是允许在相同问题为了得到同等层级的判决之出现的第三种场合下被评论的，它就永无了结。在第四种场合、第五种或第六种为什么就不可以？……必须有这样的一个时刻，此时一个问题正常地被处理，好似已经被初审解决掉了。我认为，这应该是前面的判决已经被充分考虑但是在后面的案件中没有被接受之时……我认为只有在这样的案件中才允许有例外，那就是它必须是罕见的，在这样的案件里，第三个法官确信第二个不遵循第一个是错误的。一个明显的例子是这样的情况——某些约束性或说服性的权威在前两种案件中都没有被引用。如果这在当时是规则，除非利益相关方十分倾向于认定它属于这种例外，第三个案件的初审的听审，就争议的问题而言，将是一种正式形式，对它进行任何论辩都留给上诉法院。

7. 刑事法院

刑事法院是根据1971年法院法(Court Act, 1971)作为一个高等案卷法院建立的，它是巡回法庭和季审法庭的继承者。在该院听审的法官包括高等法院法官、巡回法官、刑事法官(recorders)和非全职的备补法官(deputy)。阿仕沃斯教授(Professor Ashworth)

---

[102] (1986) Ch. 80. 85.

已经令人信服地论证说，刑事法院判决的先例效力随着主持审判的法官的地位变化而有不同，而且由于缺乏对此类判决的系统汇编，一个刑事法院的裁决并不约束另一个刑事法院或治安法院。对于二者而言，它只是一种说服性权威。[103]

8. 低 级 法 院

几乎无可避免的假定是，治安法院和郡法院的法官受高等法院和所有上诉法庭的判决的约束。对此假定的唯一挑战来自这样的一个建议，即可以论证的是，郡法院法官不受高等法院的法官的判决的约束，原因是来自该郡法院的上诉去了上诉法院。[104] 这种论证假定，严格来讲，当一个下级法院的判决可以被拿到其上面的法院时，该下级法院仅仅有义务遵循上级法院的判决。但是这种论证只是根据假设提出的。

在高等法院行使其一般的监督司法权时提交的法律问题上，124
制定法受制于判决。然而，制定法将对行政判决有限的上诉管辖权授予高等法院的法官，而且后来的制定法去除了这种管辖权，而且将其授予一个法庭，该法庭不受行使这种有限管辖权产生的高等法院判决约束。[105] 在一个上诉法庭规定了行使这种制定法自由裁量权的指导方针的场合，它们不约束法律规则，不遵循被认为是法律错误的法律规则。[106] 社会保障法庭和专员的判决在涉及法律原则问题时被报告；但是严格的遵循先例原则还没有被接受，因此一个法庭不必绝对地遵循前一个法庭的判决。[107]

---

〔103〕 Andrew Ashworth, "The Binding Effect of Crown Court Decisions", *Cr. LR* (1980) 502.

〔104〕 Salmond's *Jurisprudence* (12th edn.), 163n. (w).

〔105〕 *Chief Supplementary Benefit Officer* v. *Leary* (1985) I All ER 1061.

〔106〕 *Wells* v. *Derwent Plastics Ltd.* (1978) ICR 424. *Anandarajah* v. *Lord Chancellor's Department* (1984) IRLR 131.

〔107〕 Ogus and Barendt, *Social Security Law* (3rd edn.), 583.

125

第四章

遵循先例原则的例外

1. 介　绍

在第一章里对英国先例规则的初步描述的缺点之一就是，除了贵族院，它没有提到遵循先例原则的重要例外的存在。本章的目的是分析这些例外。它们在不同时间段里是不同的，因为遵循先例原则在相当长的时间里一直是英国的普遍规则。在讨论推翻先例的观念——这对于正确地理解本章余下部分至关重要——之前，最好从威廉·霍兹沃思爵士（Sir William Holdsworth）关于此主题的观点谈起。

霍兹沃思的观点

霍兹沃思总的论点是英国的先例原则

> 达到了过于灵活和过于僵硬之间的黄金分割点；因为它给了这个法律制度以它必须有的刚性——如果它要有一套明确的原则，以及它必须有的灵活性——如果它要适应变化的社会的需要。[1]

这种愉快的、乍看起来令人吃惊的结论是在对英国先例原则所服从的四个保留（reservation）的考虑之后作出的。这些保留中的第

---

[1] *History of English Law*, xii. 160. 文本中讨论的观点最初是在 LQR, 50 (1934) 中阐述的，180ff. 本文重印于 *History of English Law*, xii. 146—162.

一个是，判例并不制造法律，因为它们只是表明什么是法律的证据。我们已经看到，在宣示理论盛行的时候，这是一种最为重要的保留条款[2]，但是自从19世纪中叶以来它已经失去了很大程度上的重要性。

第二项保留是，在18世纪之前和18世纪，一个法官可以总是 126
说，一个他不同意的判例被报告的很是拙劣。无疑，这是对的，但这是一种20世纪的法官极少能够得到的奢侈。某些老的民法报告留下了很多值得期望的改进，但是，自从判例汇编统一协会（Incorporated Society of Law Reporting）于1866年成立以来，英国的判例汇编水准的确已经很高了。

第三项保留是，首席法官波洛克（Pollock CB）在 *Taylor* v. *Burgess* 案[3]里指出的，某些同一层级的不同法院的判决存在冲突，过去一直是一个公认的事实。但是在现代的法院组织下，霍兹沃思和波洛克思考的那种所谓蓄意冲突的可能性大大降低了。他们所思考的那种冲突可能在民诉法庭考虑了王座法院的某一判例的判决理由后拒绝遵循的情况发生。根据现代体系，这种性质的冲突，只有在高等法院法官中间以及两个上诉法院的分庭之间才有可能发生。当然，可能有各种不同性质的冲突，疏忽大意的冲突——或是产生于这样的事实，即一个先前的判例没有被裁断后来案件的法院引用，或产生于后来的法院没有指出其面前的案件和后来的判决似乎与其冲突的先前判例之间的合理区别。当对遵循先例原则的违反是故意影响某些法院的结果时，这种违反就被当作遵循先例原则的例外。

霍兹沃思提到的最后一项保留是，一个与“普遍规则和原则”冲突的先例不具约束力。某些18世纪的法官无疑认为原则比先

---

[2] p. 27.

[3] (1859) 5 H. and N. 1, 5.

例更为重要，尽管可以看到的是，当不存在先例时他们最为强调原则。[4] 甚至在今天，法官不依赖任何权威而引用广泛的普遍原则，
127 或引用不可能被判决推翻的原则，绝非罕见。例如，在 *Johnston* v. *O'Neill* 案[5]里，达尼丁勋爵说：

> 判定不动产法的一个根本原则可能会引发争议，因为它没有被贵族院的判决所规定，对我而言，就是授予该院的诉讼活动一种它们无权获得的权威。法律的 ABC 在阁下面前一般不会遭到质疑，因为它就是 ABC。

这些原则来自于最不同质的渊源。它们可能，如前面的评论所建议的，是不对审理案件的法院构成约束的判决理由的成果。它们可能是司法附随意见、教科书中的陈述，罗马法和天主教法格言或被共同接受的道德原则的成果。无论它们的来源是什么，它们经常被法院确认，这个事实对法律定义有重要的影响，对此将在第七章里进行简要讨论。对在关于此主题著作中不可避免的先例的重视一定不能被看做是不关心这些原则对于部分作者的重要性，但是正如已经说过的，极少认为一个当今的英国法官会拒绝遵循某一根据既定的先例规则对其构成约束的先例，因为它同原则相冲突。

霍兹沃思的观点是，最后两段提到的那些保留条款使得法官，在相当宽泛的范围内，将旧的先例运用到选择和拒绝的过程中，这使得法律在现代条件下还能保持一致性。因为提到的与它们中的每一个都有关联的原因，看起来这些保留条款没有一个在现在还被认可。

---

〔4〕 曼斯菲尔德勋爵著名的陈述，即"如果法律仅以案例为基础，那就是一种奇怪的科学"，是为了反驳下面的论述的：在他面前无涵盖这个问题的先例（*Jones* v. *Randall* (1774) Loft. at 385）。

〔5〕 [1911] AC 552 at 592.

来自上面的推翻先例

有一种情况与推翻先例的问题有关。在这种情况下，近些年法院的惯例有了一种显著的变化。这主要是决定先前判决的法院的上级法院的特权。推翻先例可以明示也可暗示。关于明白的推翻先例并没有什么特别新奇的。如果在案件 B 中，一个有权推翻案例 A 的法院说 A 被推翻，案例 A 中的判决理由一并不再具有任何先例原则的权威。借用达尼丁勋爵的隐喻，它被完全地“擦去 128
了”。此判例可能有相当的历史价值，而且它甚至可能包含了附随意见，这种附随意见可以在后来的论证过程中被引用，但是一个被推翻的判例不可能再被引作构成判决理由的法律命题的权威。

暗示的推翻先例这种观念似乎主要是有赖于近些年的实践。在 1922 年，上诉法院遵循了其自己以前的一个判决，不可否认的是，这个判决与贵族院的一个后来的判决的推理不一致，因为上诉法院的判决没有被明明白白地推翻[6]；但是一个暗示的推翻先例的可能性在上诉法院 1944 年对 *Young* v. *Bristol Aeroplane Co.* 案的判决中是一个关键问题，而且在 1949 年判定刑事再审法院的一个判决被贵族院暗示地推翻时，首席法官戈达德（Lord Goddard CJ）说：

> 当你发现一个案件——无论它是被明明白白地已经或者还没有被最终的上诉法院推翻，已经被处理，或者某一特定案件的关键事实被最终的上诉法院以一种完全不同的方式对待时，依一个最终的上诉法院的意见来看，很明显，该事项被错误地决定了，然后他们是否已经说它们推翻了这个判例，我认为这个法院应该认为这个判例已经被推翻。[7]

当贵族院指出一个案件已经被上诉法院错误地决定——尽管

---

〔6〕 *Consent Industrial & Provident Society* v. *Consent Iron Co. Ltd.* [1922] 2 Ch. 135.

〔7〕 *R.* v. *Porter* [1949] 2 KB 128 at 132.

它对于其作出裁判而言并非必要——之时,错综复杂的问题可能就会出现。在 *Cedar Holdings Ltd.* v. *Green* 案[8]里,与其妻子一起作为已婚家庭共同主人的丈夫将其妻子的签名被另一个妇人伪造的责任归诸于原告。问题是,这是否构成了这个丈夫的经济利益的一种负担。它要求对两点作出裁断。首先,1925 年《财产法》第 63 条第 1 项——它规定一次财产让与可以有效地让渡转让方在这份财产中拥有的利益——对这个丈夫的经济利益构成了负担了么?其次,一项导致一种负担的协议本身因为其明确可执行就必
129 定足以导致这种负担的产生吗?上诉法院,在判定原告无责时,对两个问题的回答都是"否定的"。在 *Williams and Glyn's Bank Ltd.* v. *Boland* 案[9]里,摆在贵族院面前的一个问题是,土地的利益共有人是否拥有一份关于这块土地的现存利益,以至于形成一种 1925 年《土地登记法》第 70 条规定的首要利益?法院判定她拥有这个利益,而且判定 Cedar 案的判决理由是被"错误地决定的"。

这些案例中的问题涉及了不同的制定法规定的解释。它们中的裁断可以没有逻辑矛盾地并存,而且都能根据政策存活下来。然而,在 Cedar 案的判决理由的第一个裁断的推理中的一个步骤是,这位丈夫的经济利益,因为它被委托给了一份待售的信托,因此就不是此土地上的一种利益。这种学说步骤在 Boland 案里被否定了。最后,法院判定与 Cedar 案的判决理由中的第一个裁断相反的判断现在代表了法律[10],但是第二个裁定的约束力并没有受到 Boland 案的影响。[11]

暗中破坏(Undermining)

推翻一个判例的通常效果,是造就了与先前权威的判决理由所确定的论点相反的法律。这是因为,裁判推翻先前判例的后来

---

[8] (1981) Ch. 129.

[9] (1981) AC 487.

[10] *First National Securities Ltd.* v. *Hegerty* (1985; QB 850.

[11] *Thames Guaranty Ltd.* v. *Campbelt* (1985) OB 210.

案件的法院判决将指出，或明示或暗示，前面案件里的法院命令支持了错误的一方。后来案件的判决理由的成果将是，根据类似于前面案件的事实，判决应该有利于在前面那个案件中没有胜诉的一方。然而，在某些情况下，尽管因为后来的一个判决，前面的判决不再权威，但是一个受后来的判决约束的法院并不因为在前面的案件中被告获胜就必须作出支持原告的判决，或者因为原告获胜就作出支持被告的判决。一个高等法院的初审法官面对一个没有被后来的贵族院案件明白推翻的上诉法院的判决时，可能不再受其约束，因为贵族院认为上诉法院错误地解释了被推翻的判决 130
所根据的权威。法官因此不必遵循上诉法院，但是他也不必与其结论相异。前面的判决被暗中破坏掉了，而非被直接推翻了。

无论对这个过程的正确解释是什么，*Cackett* v. *Cackett* 案[12]给了最为明显的例证。这个案件一审时是由霍德森(Hodson)法官处理的。上诉法院被推翻的判决是 *Cowen* v. *Cowen*[13]，在该案中判决认为丈夫对避孕套的使用和他体外射精(coitus interruptus)的习惯就等同于他故意拒绝完婚。上诉法院根据 Lushington 博士在 *D.* v. *A.* 案[14]判决的一个片段作出了这样的结论。在 *Baxter* v. *Baxter* 案[15]里，贵族院认为避孕套的使用并没有阻碍婚姻的完成。乔伊特(Lord Jowitt)勋爵作出了唯一的成员意见发言*。尽管他不确定体外射精是否等同与拒绝完婚，但是他认为上诉法院误解了 Lushington 博士判决中的 *Cowen* v. *Cowen* 案所依赖的这个片段，因为这个片段涉及的是因畸形导致的未完婚。因而，在 *Cackett* v. *Cackett* 案里，当时的霍德森法官，感到他有权不考虑 *Cowen* v. *Cowen* 案。他说：

---

[12]　(1950) p. 253.

[13]　(1946) p. 36.

[14]　(1884) I Rob. Etc. 279.

[15]　(1948) AC 274.

* speech，贵族院法官在对案件进行评论时，所说的话语被称为成员意见发言。——译者注

> 上诉法院得出这个结论的整个基础已经被破坏，在我的判决中，这个结论也被破坏了，因此这个字眼的全部含义有待解释。[16]

类似于霍德森法官所采取的立场在后来的案件中被采用。[17]它并不像有时被认为的那样，包含了这样的论证逻辑谬误，即大前提的错误必然导致结论的错误。霍德森法官没有说，因为大前提是错误的，结论一定也是错误的。他仅仅是说，这个结论并不能从 Lushington 博士的陈述中得出，而且，更进一步讲，这种观点得到了贵族院的同意。霍德森法官事实上认为，体外射精的习惯并不影响完婚，但是，如果他能够指出这个案件和 *Baxter* v. *Baxter* 案的合
131 理区别，他就会有另外的主张。当他说这个字眼的全部含义有待解释时，他的意思是乔伊特勋爵并非仅仅想要说这个问题在贵族院这个层次是存有疑问的。

法院能够"推翻"它自己的判决吗

我们已经说过，推翻一个判例的特权主要属于决定该判例的法院的上级法院。坦率地讲，一个受其自己判决约束的法院不能暗示地推翻其自己以前的一个判决。如果一个高等法院分庭或上诉法院在初审时对案件 A 做了裁断，而之后以一种与其不同的方式对案件 B 做了裁断，那么就会出现一种权威的冲突，后来的法院不得不选择是遵循判例 A 还是遵循判例 B。

还有的问题就是，当一个法院按照一种公认的遵循先例原则的例外作为时，能否被认为"推翻"了它以前的一个判决。就上诉法院而言，丹宁勋爵已经指出根据 *Young* v. *Bristol Aeroplane Co. Ltd.* 案里指出的那些例外（将在下面讨论）中的行为等同于"推

---

〔16〕 (1950) P. at 258.

〔17〕 See note by Professor J. L. Montrose in 17 *MLR* 462.

翻”。[18] 其他法官谈及“冲突中”的异议判决时，态度更为模糊。[19] 1966 年贵族院的惯例陈述提及了，当它认为正确时可以“偏离”一个早先的判决。然而，“推翻”这个术语自从 1966 年以来一直在这种背景下经常被用于证明这种论断，即推翻和偏离通常被认为有约束力的判决之间的区分是一种没有区别的区分。

推翻“判决理由”和推翻“判决”

当我们说一个法院“推翻”了一个判例时，我们通常指的是推翻了该判例的“判决理由”。这一般意味着这个判决也被推翻了，因此实质上相同的事实重现时，结果将会是不同的；但是有时有必 132
要知道，判决理由被推翻了，而判决并没有被推翻。因此里德勋爵说：

> 在主张该判决应被推翻之前，我必须确信不仅判决理由是错误的，而且没有其他可以支持该判决的可能理由。[20]

这种区别可以从 1966 年之后的两个贵族院判决看出来，这两个案件是 *Conway* v. *Rimmer*[21] 和 *British Railways Board* v. *Herrington*。[22]

在 *Conway* v. *Rimmer* 案里，贵族院被认为已经推翻了 *Duncan* v. *Cammell Laird Ltd.* 案[23] 的判决理由，根据后面这个案例，法院不能探究一个正确形成的大臣声明——作为一个国家利益问题，证据应该被排除。然而，*Duncan* 案里的判决——即要求排除在战

---

〔18〕 *Tiverton Estates Ltd.* v. *Wearwell Ltd.* (1975) Ch. 146, 161; *Industrial Properties (Barton Hill) Ltd.* v. *Associated Electrical industries Ltd.* (1977) QB 580, 599.

〔19〕 *Daulia Ltd.* v. *Millbank Nominees Ltd.* (1978) Ch. 231. 249—250 Buckley LJ, 251 Orr-LJ.

〔20〕 *Ross-Smilh* v. *Ross-Smith* (1963) AC at 294. p. 10.

〔21〕 [1968] AC 910.

〔22〕 [1972] AC 879.

〔23〕 [1942] AC 624. 对于判断西蒙的成员意见发言的哪一部分构成了判决理由，这里是不合适的，对于这种论述是有讨论空间的。

时有关我们的潜艇结构的证据的声明应该被支持，被听审 *Conway* v. *Rimmer* 案上诉的所有法律贵族认为是正确的。在判例汇编(law reports)里，*Duncan* v. *Cammell* 案的附随意见被推翻，而在全英法律汇编(all england reports)里，*Duncan* v. *Canmmell* 没有被遵循，这反映了语义上的困难。

在 *British Railway Board* v. *Herrington* 案里，贵族院规定了新法律，该新法是关于土地所有者针对儿童非法入侵者的伤害责任的，这种情况此前就因为这种儿童是否可以被当作被允许的人而显得很是复杂。在 *Robert Addie and Sons (Colleries) Ltd.* v. *Dumbreck* 案[24]里，贵族院认为不能暗示出任何允许，而且几乎没有怀疑的是，如果在 Herrington 案之后这些事实重现的话，判决会是不同的。在这些情况下，很难不同意里德勋爵的下列评论：

> 我不喜欢篡夺议会的职能，但是对我而言，看起来我们面临了一个选择，即遵循 Addie 案还是将时钟倒转并激烈地修正 Addie 规则。有人建议说，这样的一种修正可以通过发展 Addie 案中规定的法律的方式来实现，而不实际地推翻该判决的
> 133 任何部分。我认为这是不可能的。可以适当地认为，有人在发展一个重要判例中规定的法律有很长的时限，但是也只不过是那些时限罢了，因为这种发展并不要求我们认为原初案件的裁判是错误的，但是对我而言，似乎任何对 Add 案可以接受的发展一定意味着，Addie 案，如果在今天出现的话，将会以其他方式来作出裁判。[25]

然而，这只是贵族院层次上的一种纯粹语义的问题。引用迪普洛克勋爵的发言：

> 诸位阁下，本院自 1966 年以来即已放弃了以前严格遵循本院以前判决的判决理由的惯例。这里不再有任何必要讨

---

[24] [1929] AC 358.

[25] [1972] AC at 897—898.

论，是将放弃这种拟制——即由土地的所有人授权在其上受伤的人所谓的进入允许——看做推翻了 *Addie* 案，还是仅仅以与 1929 年以来有关一个人对另一个人的安全所采取步骤的责任来源的法律概念的一般发展相协调的术语来解释其推理。[26]

冲突的判决

近些年来，就先例规则而言，另一种明显的趋势是，法院越来越愿意认为过去本院的判决可能相互冲突。正统的司法方法如瑟尔本勋爵（Lord Selborne）在贵族院 1882 年就一次上诉所做的下列所述：

> 阁下有责任尽力维持所有本院以前判决的权威，尽管后来的判决可能解释和限制了以前判决的适用，（如果不是不可避免的必要的话）它们不应该被认为是冲突的。[27]

有力量的话语当然是括弧中的那些。无疑，瑟尔本勋爵处理冲突判决的方法，在今天还如同他所发言之时那样，是目前惯例的典型，但是可能可以正确地认为，某些不可避免的必要的存在在今天比以往更能得到认可，尽管瑟尔本勋爵可以有充分的理由认为，协调贵族院过去的所有判决将被证明是不可能的。这些判决中的很 134
多都是世俗贵族投票的结果，它们中的很多没有被适当地报告，而且在某些判例中，没有给出作出结论的理由。

构成一个判决冲突的问题不会没有困难。举一个在讨论 *Young* v. *Bristol Aeroplane Co.* 案[28] 时经常被引用的案件为例，在 *Morrison* v. *Sheffield Corporation* 案[29] 里，该公司有制定法的授权可以在高速公路两边植树。它这样做了，而且它还避免这些树木的

---

〔26〕 At 934.

〔27〕 *Caledonian Railway* v. *Walker's Trustee* (1882) 7 App. Cas. 259 at 275.

〔28〕 (1944) KB 718.

〔29〕 (1941) KB 134.

枝枝杈杈危险地伸向外面。在一战期间,原告在灯火管制期间碰到了这些树杈而受伤,上诉法院主张他有权要求作出裁判。判决理由是以广泛的术语来陈述的,但是 Morrison 案在 *Woodhouse* v. *Levy* 案[30]里没有被引用,后面这个案件的情况是,在二战期间,一个出租车乘客在出租车冲进一个未被照亮的护栏时受伤,上诉法院主张他无权向地方政府要求赔偿。*Morrison* 案在 *Lyus* v. *Stepney Borough council* 案里被引用,在后面这个案件中,一个与未被照亮和未刷白的垃圾箱相碰的路人也没有在上诉法院得到损害赔偿。该院因此指出,在 *Woodhouse* v. *Levy* 和 *Morrison* v. *Sheffield Corporation* 之间没有任何冲突,因为后面的案件依据的是它独特的事实。在后来的 *Fisher* v. *Ruislip-Northwood Urban District Council* 案[31]中,上诉法院判决 *Lyus* v. *Stepney Borough Council* 案[32]和 Morrison 案冲突,选择遵循后面案件的判决。支撑 Morrison 案的原则是,地方政府有责任为公路的使用者提供照明,或者在灯火管制的情况下,有责任采取其他方式来提示障碍物的存在。这涵盖了 *Woodhouse* v. *Levy* 案和 *Lyus* v. *Stepney Borough Council* 案,尽管存在这一可能事实,如 Morrison 案例的枝杈是无害的,这个案件本可以就此作出区分。

如果确认同一法院的之前判决存在冲突的可能性趋势正在增加,这是一种受欢迎的趋势。法院经常不对所有的相关政府加以
135 注意,某些案件没有特别好的论证,而且经常作出无条件的案件。对这些情况表示叹息是没用的,因为只要律师、法官和诉讼当事人还是人,它们就会继续存在,但是对偶尔的重估还有些话可说,特别是如果它使得一个法院推翻一个或更多个与很多其他案件相冲突的判决。

现在我们来考虑在不同法院里被确认的遵循先例原则的例

〔30〕 [1940] KB 561.

〔31〕 [1941] KB 134.

〔32〕 [1945] KB 584.

外。目前的形势远未确定，这使得有必要以另一个大段为本章作出结论。

2. 贵　族　院[33]

自从1966年惯例陈述发表（详见第104页）之后，贵族院已经在八种场合明确地行使推翻过去判决的新权力。在 *The Johanna Oldendorff* 案[34]里，在这样的问题上——根据一份港口租船契约航行的船舶什么时候才能被认为已经“到达”以至于承租人要为时间延迟而负责，它推翻了 *Aello* 案[35]的判决。在 *Miliangos* v. *George Frank*（*Textiles*）*Ltd.* 案[36]里，它推翻了它在 *Havana Railways* 案[37]里的判决，而且规定可以以英国法院的通行货币而非英国货币得出判决。在 *Dick* v. *Burgh of Falkirk* 案[38]里，它推翻了它在 *Darling* v. *Gray and Sons* 案[39]里的判决[40]，这个判决是关于这样的问题，即根据苏格兰的共同法，一个家属是否可以提起这样的一个诉讼——在该诉讼中，一起事故的受害人在死前发起了诉讼。在 *Vestey* v. *Inland Revenue Commissioners* 案[41]里，它就1952年国内税收法（Income Tax Act, 1952）的一节的解释推翻了它在 *Congreve* v. *Inland Revenue Commissioners* 案的判决，该节是关于全权信托（dis- 136

---

〔33〕 进一步讨论，see J. W. Harris, “Towards Principles of Overruling—When Should a Final Court of Appeal Second Guess?”, *OJLS* 10（1990）, 135.

〔34〕 *E. L. Oldendorff and Co. GmbH* v. *Tradox Export SA*, *The Manna Oldendorff*（1974）AC 479.

〔35〕 *Societad Financiera de Bienes Raices SA* v. *Agrimpex Hungarian Trading Co. for Agricultural Products*, *The Aello*（1961）AC 135.

〔36〕（1976）AC 443.

〔37〕 *Re United Railways of Havana and Regla Warehouses Ltd.*（1961）AC 1007.

〔38〕（1976）SLTR 21.

〔39〕（1892）RHL 31（reported more fully s. n. *Wood* v. *Gray and Sons*（1892）AC 576）.

〔40〕（1980）AC 1148.

〔41〕（1948）I All ER 948.

cretionary trusts)受益人税款缴纳的。在 *Khawaja* 案[42]里,它就1971年移民法(Immigration Act, 1971)里的一节的解释推翻了它在 *Zamir* 案里的判决。[43]在 *R.* v. *Shivpuri* 案[44],它就1981年犯罪未遂法(Criminal Attempts Act, 1981)的解释推翻了它在 *Anderton* v. *Ryan* 案[45]里的判决。在 *R.* v. *Howe* 案[46]里,它推翻了它在 *Lynch* v. *Director of Public Prosecutions for Northern Ireland* 案[47]里的判决,关于有极大争议的问题,即胁迫能够当作杀人行为的辩护理由。最后,在 *Murphy* v. *Brentwood District Council* 案里[48],它推翻了它在 *Anns* v. *Merton London Borough Council* 案里的判决[49],而且规定过失侵权责任不能扩展至因地方当局没有保证服从建筑法规而带来的前提权重的减少。

在很多其他案件里,它拒绝行使这种惯例权力。[50]它经常宣

---

〔42〕 *R.* v. *Secretary of State for the Home Department*, *exparte Khawaja* (1984) AC 74.

〔43〕 *R.* v. *Secretary of State for the Home Department*, *ex pane Zamir* (1980) AC 9.10.

〔44〕 (1987) AC 1.

〔45〕 (1985) AC 560.

〔46〕 (1987) AC 417.

〔47〕 (1975) AC 653.

〔48〕 (1990) 2 All ER 908.

〔49〕 (197S) AC 728.

〔50〕 See e. g. *Conway* v. *Rimmer* (1968) AC 910. F. A. and *A. B. Ltd.* v. *Lupton* (1972) AC 634; *British Railways Board* v. *Herringlon* (1972) AC 877. *R.* v. *National Insurance Commissioner*, *exparte Hudson* (1972) AC 944. *Cassetl and Co. Ltd.* v. *Broome* (1972) AC 1027; *R.* v. *Sakhuja* (1973) AC 152; *Knuller (Publishing. Priming and Promotions) Lid.* v. *Director of Public Prosecutions* (1973) AC 435; *O'Brien* v. *Robinson* (1973) AC 912; *Hyam* v. *Director of Public Prosecutions* (1975) AC 55; *Tavlor* v. *Provan* (1975) AC 194; *Fitzleet Estates Ltd.* v. *Cherry* (1977) 3 All ER 996; *R.* v. *Nock* (1978) AC 979; *Hesperides Hotels Lid.* v. *Muftiiade* (1979) AC 508; *Lim Poh Choo* v. *Camden and Islington Health Aulhority* (1980) AC 174; *Saif Ali* v. *Sydney Milchelland Co.* (1980) AC 198; *R.* v. *Clinningham* (1982) AC 566; *Pall Wilson and Co. AS* v. *Partenreederei Hannah Blumenihal*; *The Hannah Blumenthal* (1983) 1 AC 854; *Pirelli General Cable Works Lid.* v. *Oscar Faber and Partners* (1983) 2 AC 1.

称，在目前的陪审团看来，一个之前的判决是“错误的”并不必然意味着可以不遵守它。[51] 1966 年惯例陈述指出该院将认为其先前判决“通常都是有约束力的”。它说当遵循先例“在特定案件中导致 137
不公平而且不适当地限制了法律的正当发展”时，就显得过于严格。然而，即使在满足了这些条件的时候，该院也不应该必然地偏离一个先前的判例；它应该铭记“可能通过立法会更好些”。[52] 在贵族院议员的发言中，相对而言很少有人尝试着去解释为什么有时候适用这种权力是适当的，有时候却不是。案件中的大多数推理都针对适用中的实体法问题。比如，有时会认为，成文法解释问题特别不能适用这种权力。这种观点在 *Vestey* 案里被批驳。[53] 在 *Vestey* 案、*Khawaja* 案和 *Shivpuri* 案里，对成文法的解释被推翻。1966 年惯例陈述建议注意有关契约、财产转让和财政安排等领域并强调“刑法所需要的特别的确定性”。然而，无论 *The Johanna Oldendorff* 案还是 *Miliangos* 案都包含了诸多推翻——它们影响了商业契约据以达成的基础，*Vestey* 案推翻了一个税收判例，而且在 *Shivpuri* 案和 *Howe* 案中，关于刑法问题的判决都被推翻，在这两个案件中都导致刑法的范围被扩大。这种权力已经被适用至那些历史从八年（Dick）到一年（Shivpuri）的判决。的确，贵族院被要求偏离的判决的年头已经被描述为一种“中立因素”。[54]

在一个案件中，罗斯基尔勋爵（Lord Roskill）认为，通过检阅贵

President of India v. *La Pintada Campania Navigacion SA* (1985) AC 104; *Food Corporation of India* v. *Aniclizo Shipping Corporation*, *The Antclizo* (1988) 2 All ER 513; *Bird* v. *Inland Revenue Commissioners* (1989) AC 300. 根据这些案件中的某些，特别是 *Herrington* 案，是否应该被看作实质上运用了权力的事例，评论者被区别开来：见 Alan Paterson. *The Law Lords*, ch. 7。

〔51〕 See esp. Lord Reid in *Hudson* (1972) AC at 996. and in *Knuller* (1973) AC at 445; Lord Wilberforce in *Fitzieel* (1977) 3 ALL ER at 999; Lord Edmund-Davies. ibid. at 1001—3; Lord Brandon in *Blumenthal* (1983) I AC at 911—913.

〔52〕 *Khawaja* (1984) AC 74, 106 Lord Scarman.

〔53〕 (1980) AC 1148, 1186 Viscount Dilhorne, 1196 Lord Edmund-Davies.

〔54〕 *Khawaja* (1984) AC 74, 125 Lord Bridge.

族院已经偏离或没有偏离的以前判决，不会有什么用处，因为在1966年，惯例指示应该适用或应该不适用的案件“不可能被分类”。[55] 如果从此可以推论出没有或不可能有任何规制此权力行使之任何原则，就可以断定很多情况都是浪费时间——在这些情况中，辩护律师被邀请向贵族院议员特别就这个问题发言。一个
138 人仅仅说“错误”有时已足够，有时却不够，对关于被责难的判决有多大程度的错误的临时主观评价之攻击只能凭感觉。

然而，有人认为，这些案件的确揭示了支撑性的考量因素——这些考量因素在决定1966年惯例陈述的权力是否应该被行使时具有重要意义。

首先，贵族院必须确定，它能够以某些将带来法律整个改善的裁决来替换先前的判决。很多攻击可能会指向被责难的裁决是否能够被孤立地对待，如在Dick案里对家属诉讼的禁止被认为是真实的，或者指向一种撤销是否会产生一个与法律的其他部分不一致的法律论点。例如，在*President of India* v. *La Pintada*案[56]里，贵族院拒绝推翻——这种推翻会废除普通法规则，该规则反对债权人通过一般损失方式来得到因其债务带来的后来支付利息。他们认为该规则不正义，但是作出结论说，它的撤销与有关该主题的法典不一致。应该注意的是，尽管错误还不够，也不必行使这种权力。如果贵族院认为以某些裁决替代被责难的判决能够带来目前法律的改善令其满意，它会行使这种权力，不必认定先前判决在其作出时是错误的。这就是贵族院大部分议员在*Miliangos*案中对*Havana Railways*案所表达的观点。[57] 它足以确定，目前汇率波动使得强制债权人接受契约债务的英国货币替代品并不公平。

其次，贵族院通常将拒绝推翻这样的一个判决——在该判决中，提交的支持或反对法律问题的争议与先前案件中所提交的一

---

[55] *The Hannah Blumenthal* (1983) I AC 854, 922.

[56] (1985) AC 104.

[57] (1976) AC 443, 460 Lord Wilberforce; 498 Lord Edmund-Davies, 501 Lord Fraser.

样，就是，在先前案件中没有重要的问题被忽视，而且自从先前那个案件被判决以来在案件事实方面没有实质的变化。在 *Vestey* 案中，贵族院认定康格里夫(Congreve)的推理忽视了这种国家岁入——它能够选择哪些信托受益人应该缴税——在宪政上的不适当性；而且，在 *Shivpuri* 案里，发现了 *Anderton* v. *Ryan* 案没有将一 139
份法律委员会的报告作为犯罪未遂法所指向的伤害的证据。在 *Murphy* 案里，据称在 *Anns* 案里的贵族们没有探寻他们的裁决的逻辑和实践含义。*Miliangos* 案强调了裁判 *Havana Railways* 案的那些人没有预见到的汇率波动。在没有这种新理由的场合，推翻先例会与终局性原则构成冲突。即使目前的陪审团认为早些的判决可能是错误的，还有两种"说得过去"的观点，因此，如果贵族院在案件 B 中偏离了案件 A，那么就没有什么能够阻挡第三个陪审团在案件 C 中，重新遵循案件 A。[58] 这种约束最为明显地出现在这样的场合——在这种场合中，所有的事情都针对关于成文法字眼的含义的一种印象，但是它也能应用至普通法的问题上来。*The Hannah Blumenthal* 案[59]（一个涉及商业普通法问题的案件）引用和适用了威尔伯福斯(Lord Wilberforce)在 *Fitzleet Estates Ltd.* v. *Cherry* 案[60]（一个针对税收制定法的解释的案件）中发言的如下片段。威尔伯福斯勋爵解释了为什么推翻 1966 年作出的一个先前判决是正确的[61]：

> 阁下，有两点是清楚的。(1) 尽管为缴税者的辩护为其论证增加了新鲜之处和力量，很清楚的是他所提出的或可能提出的没有争议……(2) 在事实情况方面没有任何变化，诸如某些阁下们发现存在于 *Milliangos* v. *George Frank* (*Textiles*)

---

〔58〕 *R.* v. *National Insurance Commissioner*, *ex parte Hudson* (1972) AC 944, 996—997 Lord Pearson; *The Hannah Blumenhal* (1983) I AC 854, 922—923 Lord Roskill.

〔59〕 (1977) 3 All ER 996, 999.

〔60〕 (1983) I AC 854, 911—912 Lord Brandon.

〔61〕 *Chancery Lane Safe Deposit and Offices Co. Ltd* v. *Inland Revenue Commissioners* (1966) AC 85.

> Ltd.，此类需要要求或证成1966年的审查……
>
> 因此没有什么留给纳税人去争论，如其坦白承认的那样，1966年判决是错误的。这种争论意味着，当被解释时，阁下中的三位或更多人应该认为它在当时吸引了少数人。
>
> 阁下们，我坚定地认为，1966年惯例陈述从来都无意于或应该被认为是允许这样的一种进程。事实上，最好允许诉讼人，在本院作出最终判决之后，回到本院，希望一个不同组成的委员会可以被说服而赞成其前任们拒绝的观点。先前的判
> 140 决是经过多数人同意的：我并不是说它是正确的或者其获得支持的推理是正当的。可能有两种非常突出的观点各自绝对支持本院的两个成员。但是有疑问的问题必须解决，而且法律并不比最终裁判庭的多数人意见来裁决更能解决这些问题。它要求对这些证明其对它偏离的观点的正确性要远远排除怀疑。

然而，这种约束不是绝对的。本院可以认为不仅是对先前裁决的"正确性的怀疑"。它可以认定先前的判例在某些根本原则问题上存在错误。在*Howe*案里，没有进行任何争辩，而在*Lynch*案中对此并没有要求，而且在这中间的12年里事实情况没有发生任何重大的变化。贵族院议员们发现，然而，在承认被胁迫作为谋杀的一个辩护理由时，Lynch案中的多数不适当地寻求改变古老的普通法的一个根本原则，只有立法机关才应该这么做。实际上，在*Knuller* (*Publishing*, *Printing and Promotions*) *Ltd.* v. *Director of Public Prosecutions*案[62]里，将贵族院参审法官平均地分成两拨的是这样一个问题，即*Shaw* v. *Director of Public Prosecutions*案[63]（贵族院被邀请推翻该判例）的判决是否涉及了这样的一个根本原则。迪普洛克勋爵，支持推翻，认为它是*Shaw*案判决理由——司法机关有保留权力去创立一个新的罪名，这会导致宪政自由的根本问

---

〔62〕 (1973) AC 435.

〔63〕 (1962) AC 229.

题处于危险中——的组成部分。[64] 贵族院的其他议员决然反对这种观点。他们认为，Shaw 案仅对这种法律论点——普通法确认一种特定的犯罪，一种危害公共道德的共谋——而言才是权威。[65] 这种结论可能是错误的——里德勋爵相当确定它就是错误的——但是在 Knuller 案里所有的支持或反对它的论证在 *Shaw* 案里都被考虑了，而且来自后来对此种犯罪之确认的证据显示了，这种规则并没有产生 *Shaw* 案里不能预见的结果。因此，多数人作出结论，这个问题不具有此种根本的重要性，不能偏离终局性的约束。

这些案件中提到的第三种考虑与合理信赖有关。如果能够合理地猜测公民可以根据被责备的裁决安排他们的事务，这就是不要偏离它的一个理由。[66] 实践中，这种约束的重要性很小。在 *Dick* v. *Burgh of Falkirk* 案中，据说"根据这种假定的伤者是否会在死前提起诉讼的可能性，无论雇主还是他的保险商，都不可能想到会有什么预期的责任"[67]。在 *Murphy* 案里，尽管 *Anns* 案的判决已经持续地生效达 13 年之久，它还不是那种公民们或地方当局在安排他们的事务时要考虑的类型。[68] 同样地，在 *Shivpuri* 案里，强调的是没有人可以根据 *Anderton* v. *Ryan* 案[69]来行动——没有人会去做他认为是犯罪行为的事，根据这种规则，假设他弄错了，他就不能被判处犯罪未遂。 141

再次，在某些案件中，法官们认为这样的事实——立法看起来根据被责备的判决代表了法律这种假定被确定下来——很重要。这种假定好像是，如果议会已经不顾一切地选择了抛弃它遵守的法律，如果贵族院改变它的话，这就会违反了司法机关和立法机关

〔64〕 (1973) AC 435,469,479.

〔65〕 (1973) AC 435,457—458 Lord Reid, 464—465 Lord Morris, 490 Lord Simon. 496.

〔66〕 See e. g. *O'Brien* v. *Robinson* (1973) AC 912, 925 Lord Morris, 930 Lord Diplock.

〔67〕 (1976) SLTR 21, 28—29 Lord Kilbrandon.

〔68〕 (1990) 2 All ER 908, 923. Lord Keith.

〔69〕 (1987) AC 1, 23 Lord Bridge.

之间的谦让规则。在 *La Pintada* 案[70]里，这被作为不行使惯例陈述权力的进一步理由被接受了下来，而且在 *Knuller* 案[71]里的某些贵族院法官的推理中，它构成了补充的考虑意见。在 *British Railways Board* v. *Herrington* 案[72]里，贵族院对它是否应该偏离它在 Addie 案[73]中的判决表现得支支唔唔，主要理由就是，当议会在制定 1957 年占有者责任法时，就似乎已经接受了占有者对非法入侵
142 者没有注意义务这种规则。这种谦让规则的论证本身就有问题。就其前提而言，议会没有公开地重新制定争论中的那个规则，因此所有问题都转向了对其必须默认之事的推测。如在 *La Pintada* 案中那样，在议会已经制定了立法使得某些法律改革机构的提议变得有效但是已经忽略了将一项会推翻贵族院先前判决的提案变成法律的场合，这种推测将是最为有道理的。它比 *Vestey* 案更引人瞩目，在 *Vestey* 案中，甚至根本就没有人建议，在 *Congreve* 案之后财政法案的通过构成了拒绝推翻该判决的理由。

最后，还有些人支持这样的观点，即贵族院不应该推翻一个先前的判决，即使它被认为是错误的，在该问题没有实际意义的场合——就是根据初审事实，无论被责备的裁决是否是法律的组成部分，结果都没有不同。在 *The Antclizo* 案里，这是唯一的拒绝行使惯例陈述权力的理由。戈夫勋爵说：

> 阁下的议院一再强调他们不会调查仅有学术意义的问题：……更不必说，在调查涉及对阁下的议院的先前判决进行审查的场合，他们不应该这样做，因为认为这样的一个先前判

---

[70] (1985) AC 104, 130.

[71] (1973) AC 435, 465, 466 Lord Morris; 489 Lord Simon; 496 Lord Kilbandon. 此论点被里德勋爵拒绝了(同上,455—456), and by Lord Diplock (ibid. 480—481). 在 *O'Brien* v. *Robinson* (1973) AC 912, 930 Lord Diplock 里,某些论述以它为基础; *Taylor* v. *Provan* (1975) AC 194, 220—221 Lord Simon; *Hesperides Hotels Ltd.* v. *Muftizade* (1979) AC 508. 545 Lord Frascr.

[72] (1972) AC 877, 897 Lord Reid, 904 Lord Morris, 921 Lord Wilberforce.

[73] *Addie (Robert) and Sons (Collieries) Ltd.* v. *Dumbreck* (1929) AC 358.

决是错误的,不可能是正确的。[74]

Antclizo 案是一个民事案件。在 *Shivpuri* 案和 *Howe* 案的刑事法背景下,这种公认的约束被忽略了。在 *Howe* 案里,为了驳回上诉,并不严格地需要推翻 *Lynch* 案,因为 *Lynch* 案已经确立了这样的规则,即受胁迫可以成为那些被控为杀人从犯的辩护理由,而且在 *Howe* 案里,这种辩护理由已经在审判中被允许适用至那些被控此类从属参与的被告人。在 *Shivpuri* 案里,所有的贵族院成员都同意推翻 *Anderton* v. *Ryan* 案,虽然至少两名成员认为 *Ryan* 是卓越的,而且 *Shivpuri* 的上诉将被驳回,即使 *Ryan* 没有被推翻。[75] 情况可能是,从作为"刑事法特别需要确定性"——这普遍地被理解为对推翻先例的一种警告——的惯例陈述中所推论出来的,在此背景下以另外的方式运作。在 *Shivpuri* 案和 *Howe* 案里,不是永远去寻 143
找微妙的区别,贵族院行使其推翻的权力,即使,严格地讲,为了驳回上诉它本不必这么做。

3. 上诉法院(民事分庭)

上诉法院在 *Young* v. *Bristol Aeroplane Co.* 案里,提到了三种遵循先例规则的例外情况。[76] 尽管它们是在一个民事案件中宣布的,但是它们同样适用于上诉法院的刑事分庭和高等法院诸分庭。

在 1947 年(Young 案判决 3 年后),古德哈特博士在写作中对

---

〔74〕 (1988) 2 All ER 51.1, 516.

〔75〕 (1987) AC 1, 12 Lord Hailsham LC, 23—24 Lord Mackay. 出现在《全英判例汇编大全》的 *Shivpuri* 案报告包含了这样一个句子——在句中,EIwyn-Jones 勋爵同意这个观点,(1986) 2 All ER at 337,在《上诉判断汇编》(1987) AC at 13 中这个句子被遗漏了。

〔76〕 (1944) KB 718. This paragraph is largely based on 3 articles, "Precedents in the Court of Appeal", by A. L. Goodhart. 9 *CLJ* 339; "Young v. Bristol Aeroplane Co.", by R. M. Gooderson, 10 *CLJ* 432; and "Stare Decisis in the Court of Appeal", by G. F. Peter Mason, 20 *MLR* 136.

他们表达了强烈的不满,因为他们促使了有关法律在某一确定时刻的确切状态方面的不确定性。他的评论是:

> 关于先例权威的绝对规则至少有确定性的优点。半绝对的先例的优点差不多和一个半新鲜的蛋一样。[77]

然而,情况确实看起来是,如果它们受到适当地限制,这些例外在使得法院能够纠正其过去错误方面的有利的效果有可能超过它们可能导致的任何不确定性方面的不利效果。

格里纳勋爵在审判 Young 案时对这些例外进行了概括,第一个是,"法院有权而且必须决定将遵循其自己的两个冲突判决中的哪一个";第二个是,"法院必须拒绝遵循其自己的一个判决,这个判决尽管没有被明示地推翻,在该法院看来,不能与贵族院的判决相一致";第三个是,"法院不必遵循其自己的一个判决——如果这个判决是在失察(per incuriam)的情况下被作出的,例如,一项具有制定法效力的条款或规则将影响这个判决,然而它们却没有引起这个先前法院的注意"。现在必须一一说说这些例外。

144 **冲突的判决**

古德哈特博士批判了第一种例外,因为它对终局性没有做任何规定。他建议,应该有一种固定的规则,即在上诉法院的两个判决存在冲突的情况下,后者优先。对于此点,R. M. 古德森(R. M. Gooderson)先生反驳说,按照逻辑先前的判例应该具有约束性权威,因为在理论上,后来案件中的法院无权作出一种与先前判决冲突的判决。任一个规则都是专断的,而且在实践中该法院认为自己完全有选择的自由。[78] 但是古德森先生对古德哈特博士的批判所做的主要回答是,冲突一旦解决,终局性就会达到。在案件 C,当法院发现它在案件 A 和案件 B 中阐述的判决理由存在冲突时,对

---

〔77〕 9 *CLJ* 357.

〔78〕 See e. g. *R.* v. *Martidale* [1986] 3 All ER 25; *National Westminster Bank plc* v. *Powney* [1990] 2 All ER 416.

这些最后提及的案件择一而从就意味着推翻了其他。这个答复是正确的，而且在 Young 案中提及的遵循先例规则的第一种通过这样的说法——在任何案件中，如果上诉法院发现其过去的两个判决是冲突的，它必须选择要遵循哪一个，而且，当它这样做了时，没有被遵循的那个判决就被推翻了——得到了最好的表达。[79]

不时地，对构成了一种冲突的问题，给出一种不拘泥的回答。在 *Casey* v. *Casey* 案[80]里，上诉法院认为英国法院无权审理关于无效的请求，当该婚姻被宣布可以撤销时，与英国唯一的连结就是这样的事实，即该婚姻的婚礼是在英国举行的以及请求者居住在英国。这个案件被上诉法院在 *Ramsay Fairfax* v. *Ramsay Fairfax* 案[81]——在该案中，英国法院主张有权宣布婚姻无效，无论其婚礼是在哪里举行的，而且无论它是否被宣布可以撤销，只要双方都居住在英国即可——中做了区别。在 *Ross-Smith* v. *Ross-Smith* 案[82]中，上诉法院认为这两个案件是矛盾的，因而选择了遵循 *Ramsay Fairfax* v. *Ramsay Fairfax* 案。无论采取什么样的判决理由的定义，*Casey* v. *Casey* 案和 *Ramsay Fairfax* v. *Ramsay Fairfax* 案的判决理由很难说是冲突的；但是支撑这些判决的预设之间存在冲突。 145
就婚姻无效管辖权而言，在无效婚姻和可撤销婚姻之间，一个假定存在一种区别，而另一个则认为没有。[83]

如果案件 C 决议在冲突的案件 A 和案件 B 中选择支持案件 B，这意味着 A 被推翻了，结果在案件 D 中上诉法院不可能让其判决重新回到案件 A，那么在案件 C 只能够裁决案件 A 和案件 B 之间没有冲突就排除了上诉法院重启案件 D 中的这个问题了么？格里纳勋爵自己在 *Hogan* v. *Bentick Collieries* 案[84]中对这个问题给

---

〔79〕 This would accord with the view of Lord Denning mentioned at p. 131 *supra*.

〔80〕 [1940] p. 420.

〔81〕 [1956] p. 115.

〔82〕 [1961] p. 39.

〔83〕 关于"冲突"的类似的自由进路，见 *Tiverton Estates Ltd.* v. *Wearwetl Ltd.* [1975] Ch. 146。

〔84〕 40 BWCC 268, 276.

出了肯定的回答。然而，它本可以有这样的结果，即微妙的区别成为表面上的硬壳。实际上，上诉法院认为自己可以自由地重启冲突问题，在先前的判决中，这些冲突被认为是不可调和的。[85]

与贵族院后来的判决不一致

当格里纳勋爵在 *Young* v. *Bristol Aeroplane Co.* 案中作出上诉法院判决时，他可能有意将第二种例外限定在这样的案件里——在这些案件中，上诉法院的判决被认为是被贵族院后来的判决暗示地推翻了。这种结论得到了 *Young* 案自身以及 *Williams* v. *Glasbrook* 案[86]的支持。在 *Young* 案中，该法院被请求拒绝遵循其在 *Perkins* v. *Stevenson & Sons Ltd.* 案[87]里的判决，因为它与贵族院在 *Kinneil Cannel & Coking Coal Co.* v. *Waddell* 案[88]的先前判决不一致。格里纳勋爵回应说，

> 这是对 Kinneil 案被本法院在 Perkins 案中引用这种说法的一种结论性回答。[89]

在该判决的其他部分，格里纳勋爵这样提到正在讨论中的这种例外：

> 包含了这种等级的案件，在这种案件中，本法院得出结论，即一个先前的判决，尽管没有被明示地推翻，不可能与贵族院的后来的一份判决相一致。[90]

146 “后来的”这个字眼在格里纳对其结论的概括中以及在大多数判例汇编的批注中都被忽略了。[91] 在 *William* v. *Glasbrook Bros* 案里，

---

〔85〕 *Fisher* v. *RuisUp-Northwood UDC* (p. 134 *supra*). *R.* v. *Ghosh* (1982) QB 1053. *Turlon* v. *Turton* (1988) Ch. 542.

〔86〕 [1947] 2 All ER 884.

〔87〕 [1940] 1 KB 56.

〔88〕 [1931] AC 575.

〔89〕 [1944] KB at 722.

〔90〕 At 725, italics added.

〔91〕 在《法律日志》汇编中，它没有被忽略。

法院承认*Wilds v. Amalgamated Anthracite Collieries Ltd.* 案[92]的事实与该院面前这个案件的事实在所有实质性方面都是类似的,但是有人争论说,*Wilds* 案,一个贵族院裁判于 1944 年的案件,与贵族院在三年前裁判的 *Jones v. Amalgamated Anthracite Collieries Ltd.* 案[93]不一致。对此,格里纳勋爵在其审判中反驳说:

> 我认为,即使假定本院确实误解了贵族院对 *Jones* 案的判决是事实,这并不能正当地迫使我们拒绝在今天遵循 *Wilds* 案。如果在 *Wilds* 案中,本院认为贵族院在 *Jones* 案中判决了它并没有作出的某些判断,除了贵族院没有任何人可以纠正这个错误。在与此类似的案件和我们在 *Young* 案中提交的问题之间存在全方位的不同,对于后者而言,贵族院的一个后来的案件或明示或暗示地被发现推翻了上诉法院的一项先前判决。无疑,如果 *Jones* 案后于 *Wilds* 案,雇主们(Glasbrook Bros)可以争辩说 *Jones* 案暗示地推翻了 *Wilds* 案,而且我们英国必须决定他是对的还是错的。

有时,一种甚至更为不拘泥的解释被置于暗示地推翻的观念上,而不是被置于冲突判决之上。在 *Browning v. The War Office* 案中[94],问题是作为残疾抚恤金的支付总数是否应该从给原告赔偿金总数中扣除,此类赔偿因被告应负责的过失而引起。上诉法院多数认为应该扣除。这些多数必须处理 *Payne v. The Railway Executive* 案[95],在该案中上诉法院一致认为不应该扣除没有被支付的抚恤金。后者的这个事实成为该院两个成员同意的一项判决理由的基础,但是在 *Payne* 案中还有第二种判决理由,也是获得了该院的两个成员的同意,它足以涵盖 *Browning* 案。这就是,被告导致 147
的伤害是支付给 Payne 的抚恤金的唯一必要条件(*Causa sine qua*

[92] [1947] 1 All ER 551.
[93] [1944] 1 All ER 1.
[94] [1963] 1 QB 750.
[95] [1952] 1 KB 56.

non)，而且错误者不应该从中受益，支付的真正原因是之前的事实，即 Payne 的海军队员身份。迪普洛克勋爵抛弃了第二个判决理由，认为它已经被贵族院在 *Gourley* v. *British Transport* 案[96]的判决推翻了，在后面这个案件中，法院认为被告有权从原告的赔偿金中扣除收入损失，如果他得到了这些争议中的收入，那么他必须纳税。乍一看，迪普洛克的结论令人惊奇，因为在 *Gourley* v. *British Transport* 案里并没有提到 *Payne* 案，而且 *Gourley* 案是有关从原告那里扣除给第三方的而不是第三方给原告的。无论如何，迪普洛克强调这样的事实，即 *Gourley* 案是根据这样的假定——侵权法的基础是赔偿而非惩罚——进行审判的。[97]

与贵族院的一个先前判决不一致

我们已经看到，格里纳勋爵自己把 Young 案中阐明的第二种遵循先例规则的例外限定在这样的情况中——在这些情况中，上诉法院的一个先前判决与贵族院的一个后来的判决相冲突。[98] 巴克马斯特勋爵(Lord Buckmaster)[99]、丹宁勋爵[100]和西蒙勋爵[101]的附随意见都支持这种观点。莱特勋爵[102]和克罗斯勋爵[103]的附随意见支持相反的观点，即此例外适用于上诉法院错误地解释了贵族院的一个先前判决的场合。后面的这种对此例外的理解有时被

---

[96] [1956] AC 184.

[97] 类似地，在 *Family Housing Association* v. *Jones* (1990) I All ER 385 案里，上诉法院认为，按照 *Young's* 案的第二个例外，它自己一定要拒绝遵循它自己以前的 3 个判决，原因是它们的基础与后来贵族院关于租用和许可的区别的一般原则陈述不一致。

[98] pp. 145—146.

[99] *English Scottish and Australian Bank* v. *Commissioners of Inland Revenue* (1932) AC 232. 242.

[100] *Miliangos* v. *George Frank* (*Textiles*) *Ltd*. (1975) QB 487, 572.

[101] *Miliangos* v. *George Frank* (*Textiles*) *Ltd*. (1976) AC 443, 479.

[102] *Noble* v. *Southern Railway Co*. (1940) AC 583, 598.

[103] *Miliangos* v. *George Frank* (*Textiles*) *Ltd*. (1976) AC 443, 496.

上诉法院当作行为的根据[104]，最近是在 *Holden and Co.* v. *Crown Prosecution Service* 案。[105] 在那个案件中，法院命令事务律师支付开支的权力被限制在某些行为的场合，这些行为涉及事务律师严重地放弃其对法院的责任。该法院拒绝遵循它在 *Sinclair-Jones* v. *Kay* 案[106]——在该案中，这种权力被扩大至纯粹的不适当行为或玩忽职守——的判决。在 Holden 案里，上诉法院认定 *Sinclair-Jones* 案中的上诉法院错误地区别了贵族院在 *Myers* v. *Elman* 案[107]中的判决，当时它把这个判决解释成规定了只适用于法院固有权力的原则，然而，正确的观点是，贵族院的判决既涵盖了普通法的权力也涵盖了根据最高法院规则的权力。尽管通常情况下，*Young* v. *Bristol Aeroplane Co. Ltd.* 案阐明的第二种例外只适用于贵族院的后来判决，即适用这样的法律却是法院的责任，就像它认为的那样，该法律已经由贵族院的一个判决作了规定，而贵族院已经在上诉法院的一项先前判决中作出了错误的区别。 148

我们将看到，在当前的法院的眼里，一个先前的上诉法院的判决已经误解了贵族院的一项判决，这个事实已经在另一个最近的案件（*Rickards* v. *Rickards*）被确定为因失察而作出的判决这一类型。因此看起来，扩大 *Young* 案规定的这些例外的趋势包含了一定程度的它们之间的重合。

因疏忽而作出的判决

我们已经看到格里纳勋爵因失察而作出判决的例子，在该案中一项具有制定法效果的条款或规则没有引起该法院的注意。格里纳勋爵已经在上诉法院审判 *Lancaster Motor Co.* (*London*) *Ltd.* v. *Bremith*[108] 一案中作出了判决，在该案中，该院的一项先前判决

---

[104] *Lyus* v. *Stepney Borough Council* (1941) KB 134.

[105] [1990] 2 QB 261.

[106] [1988] 2 All ER 611.

[107] [1940] AC 282.

[108] [1941] 2 All ER II.

被忽略了，因为它与最高法院的一项规则的期限相抵触。格里纳
149 勋爵将该项判决归为"没有经过论证、没有参照该规则的关键字眼以及没有引用任何权威而作出的"。一直有人怀疑一项没有引用公认的一般制定法解释规则而就一项制定法作出解释的判决能否被认为是失察判例。[109] 但是此方面最重要的发展已经清晰地确认了这样的事实，即一项忽略了约束该法院的判例的判决被认为是在失察情况下作出的。下面的话可能必须被看做是对该原则最重要的陈述：

> 作为一项一般规则，其判决应该被认为是在失察情况下作出的唯一案件是那些在忽略了或遗忘了某些不一致的制定法规定或某些约束该法院的权威下作出的案件，因此在这样的案件中，该判决的某些特征或据以推理的某些步骤明显地是错误的。这种界定不必是详尽无遗的，但是那些并非在其涵盖范围之内而被正当地认为是在失察情况下作出决定的案件，与我们视为我们的法律必不可少之组成部分的遵循先例规则相一致，在我们看来一定极为稀少。[110]

这种表达被认为构成了上诉法院的一个判决，它是根据一份不充分的判例汇编作出的，更完全的汇编没有被引用。[111] 更进一步，上诉法院最近的三个判决利用了该表述允许的"这极少的情况"，以此方式建议其某些成员准备找寻围绕 *Young* v. *Bristol Aeroplane* 案规则确认的方式，我们在上一章里已经看到，这种规则产生于 *Davis* v. *Johnson* 案。

Williams v. *Fawcett* 案[112] 涉及了一种公告，它要求被告解释为什么他不应该因试图违反许诺被判决入狱。上诉法院先前的判决

---

[109] *Royal Court Derby Porcelain Co.* v. *Raymond Russell* [1949] 2 KB 417.

[110] *Per* Lord Evershed MR in *Morrelle Ltd.* v. *Wakeling* [1955] 2 QB 389 at 406.

[111] *Industrial Properties* (*Barton Hill*) *Ltd.* v. *Associated Electrical Industries Ltd.* (1977) QB 614.

[112] (1986) QB 604.

已经规定这样的一种公告必须由正当的法院官员签字。它们被认为是在失察的情况下作出的，对此有三个原因。第一，此错误的发展可以清晰地被发觉。第二，这些案件都涉及人民的自由——人们公认事实上他们都赞同而非反对这样的自由，但是“事情的另一 150
面是，这些案件同样涉及法院坚持要求遵从它们的命令的权威之维系”。[113] 第三，如果这些案件没有被宣布为失察案件，最有可能的是该问题被拿到贵族院来纠正这种错误。

在 *Rickards* v. *Rickards* 案[114]中，问题是，上诉法院是否有权接受一份因下级法院拒绝给予通过上诉来反对这项命令的延长时效的上诉。上诉法院之前的判决已经裁定它不会这样做。该法院认为这项判决是在失察情况下作出的，因为它误解了贵族院的一项判决。它认定从 *Young* v. *Bristol Aeroplane Co. Ltd.* 到 *Williams* v. *Fawcett* 的案件都显示了上诉法院有正当理由拒绝遵循它自己的判决，不仅由于判决因忽略或遗忘某些不一致的制定法规定或约束性权威，而且（用唐纳德森勋爵（Lord Donaldson MR）的话来说）：

> 存在于罕见的和例外的案件中，如果这项判决包含了明显的过失或过错。在先前案件中，本院的法官总是避免界定这种例外的情况，而且我除了赞同格里纳勋爵（在 *Young* 案）和雷蒙德爵士（Sir Raymond Evershed M. R.）（在 *Morelle* 案中）的说辞之外无意偏离这种进路，我也不认为它们是极少的情况。[115]

然而，他指出这种类型的援引特别适合于涉及管辖权的程序问题，最不适合的就是要被上诉至贵族院的情况。需要注意的是，最后的这种考虑（未必上诉至贵族院）——在这两类案件中这一点都是突出的——正是 *Davis* v. *Johnson* 案里提出和遭到拒绝的论证，

[113] (1986) QB 604, 616 Sir John Donaldson MR.

[114] (1990) Fam. 194.

[115] (1990) Fam. 194, 203.

它认为上诉法院受其自己判决约束的规则应该被普遍地宽松对待。

在 *Rakhit* v. *Carty* 案[116]中，上诉法院偏离了它自己的两个判决，在这两项判决中法院认为一项公正的租约——受 1977 年租约
151 法(the Rent Act, 1977)管制——并不适用于一种后来的有良好装修的出租。上诉法院发现第一个判决是一种失察判决，因为上诉法院并没有提及该法的一个特别条款，根据该条款，它的判决明显是错误的。第二个判决被当作唐纳德森勋爵在 *Rickards* v. *Rickards* 案中提到的"罕见和例外"类别，因为第二个案件中的上诉法院错误地认为自己受第一个判决的约束("失察"理由不是针对它而言的)。

在其他案件中，上诉法院确认了这样的规则，即一项判决不是失察判决，除非某些相关的权威被忽视，而且甚至那时，当下的法院必须确认这种忽视在前面案件的推理中产生了本质的错误。在 *Johnson* v. *Agnew* 案[117]中，法院认为不能仅因为没有援引贵族院的一项判决就认定该法院的先前判决是失察判决，在贵族院的那项判决中，贵族院的案件并没有涵盖争议中的问题，而且对于一项相反的裁决而言顶多是说服性权威。在 *Duke* v. *Reliance Systems Ltd.* 案[118]中，上诉法院拒绝仅因为欧盟委员会的一项指令——它可能会影响对一项制定法的解释——没有被引用就认为该院的一项判决是视察判决。[119] 约翰·唐纳德森爵士(Sir John Donaldson MR)，也参加了 *Williams* v. *Fawcett*, *Rickards* v. *Richards* 和 *Rakhit* v. *Carty* 等案件的审判，认为：

> 我总是这样理解，失察原则(the doctrine of per incuriam)

[116] (1990) 2 QB.
[117] (1978) Ch. 176.
[118] (1988) QB 108.
[119] 贵族院驳回了一个来自上诉法院的上诉，理由是，不能因为这个指令在制定法实施之后已经生效，就推论说该制定法的目的就是为了实施这个指令。*Duke* v. *GEC Reliance Ltd.* (1988) AC 618。

只适用于这样的领域,即本院的另一个分庭已经在不知晓约束他的判决或制定法的情况下作出了判决,另外,在任一个案件中,如果这个法庭知晓这种情况,必定会作出相反的判决。这就是失察。我不认为这个原则要扩展至这样的案件,即如果不同的论证已经放在了它的面前,它可能作出不同的判决。这对我来说就是我们今天借此作出判决的立场。[120]

“必定”可能夸大了这个问题。在 *Ashburn Anstalt* v. *Arnold* 案中[121],上诉法院偏离了其在 *Errington* v. *Errington* 案[122]里的著名判决,在后面这个判决中,法院认定,一份占有契约文书构成一种 152
土地上的衡平利益。那个判决,被认为是失察判决,之所以这么说,是因为它是在没有引用某些权威的情况下作出的,如果它们没有强制,这些权威当然会说服该法院去接受一种不同的“判决理由”。[123]

上诉法院更进一步的遵循先例原则的例外

在 *Davis* v. *Johnson* 案[124]里,贵族院确定,不仅上诉法院受其自己判决的约束,而且上诉法院无权规定超越 *Young* v. *Bristol Aeroplane Co. Ltd.* 案里详尽说明的那些例外之外的任何例外。在 *Davis* v. *Johnson* 案里,问题与 1976 年《家庭暴力和婚姻诉讼程序法》(the Domestic Violence and Matrimonial Proceedings Act, 1976)第一章的解释有关,该法授权郡法院可以作出一方不得离开家庭的禁令。在前面这两个案件里的上诉法院[125]认定议会无意对该规定进行文意解释,而且它不能被用来对抗拥有在这种逻辑前提中的优先权的当事人。结果,郡法院的法官拒绝作出禁止约翰逊先生进

[120] (1988) QB 108, 113 (emphasis in original).
[121] (1989) Ch. 1.
[122] (1952) 1 KB 290.
[123] (1989) Ch. 1, 22.
[124] (1979) AC 264.
[125] *B.* v. *B.* (1978) Fam. 26. *Cantliff* v. *Jenkins* (1978) Fam. 47.

入他作为共同承租者的公寓的禁令。上诉法院的多数赞成戴维斯小姐的上诉,拒绝遵循上诉法院的前两个判决。正如我们在上一章看到的,丹宁勋爵准备全部放弃 *Young* 案里的规则。他的同事,发现眼下这个案件不符合该规则确定的三个例外,宣布了新的例外。

乔治·贝克爵士(Sir George Baker P)建议,如果某判决导致了不正义或限制了法律的适当发展,该法院不应受这样的判决约束,而且"不可能对议会在最近一部通过的旨在对严重伤害或虐待提供救济的制定法中以简明语言表达的意志和意图无动于衷"[126]。上诉法院肖法官认为,如果该规则的适用"会导致剥夺实际的或潜在的暴力受害人的生命保护权——这种权利是议会明明白白地提供给他们的",这个规则应该被放宽松。[127]

153 这些推定的一般例外被贵族院所拒绝[128],乔治·贝克爵士认为它太宽泛了,而且可能涵盖了关于制定法解释的任何裁决,肖法官观点与之相左,他认为把它等同于一种"一次性的"例外太狭窄了。然而,贵族院议员们没有提及任何参照来确定 *Young* v. *Bristol Aeroplane Co. Ltd.* 案规则的某些权威因之而存在的其他例外或限制。这些进一步的例外很少被讨论,而且它们的地位也是不清晰的。对它们可以列举如下:

(1) 上诉法院不受该院之前在诉讼程序中宣布的判决约束。在 *Boys* v. *Chaplin* 案[129]里,上诉法院认为 *Young* 案规则只适用于最终判决。这里争议中的之前判决是一个仅有两位司法贵族组成的法庭在诉讼程序过程中发布的命令,但是,主张诉讼程序中宣布的判决不在此规则涵盖范围之内——因为它们总是即席的而且没有经过充分的辩论——的理由,如果可靠的话,似乎适用于一般的诉讼程序中宣布的判决。

---

[126] (1979) AC 264,290.

[127] (1979) AC 264,308.

[128] (1979) AC 264, 327—328 Lord Diplock. 344—345 Lord Salmon.

[129] (1968) 2 QB 1.

（2）上诉法院不受两人法庭判决的约束。这个命题有时被接受[130]，有时被拒绝。[131] 奇怪的是，自两人法庭的上诉庭审越来越普遍以来，这个问题始终没有被解决。新的指南发布于1982年，以降低上诉案件的巨大积压。它们规定，除了例外的情况，所有来自中间裁判的上诉和所有来自郡法院的上诉应该由仅有两位法官组成的上诉法庭听审。[132]

（3）作为例外，*Young* 案的规则并不适用于上诉法院作为最终上诉法庭的的情况。[133]

（4）上诉法院可以自由地偏离它自己之前的判决，如果这些判决已经被枢密院否决的话。这个命题已经在 *Young* v. *Bristol* 154
Aeroplane Co. 案的规则没有被讨论的案件中得到了确认。[134]

（5）上诉法院不受先例的普通规则约束，在这样的先例中，一个另具约束力的判决的有效性已经受到了国际公法的变化的影响。前民事上诉法院院长丹宁勋爵在 *Trendtex Trading Corporation* v. *Central Bank of Nigeria* 案[135] 里对这个命题给予了确认，两年后它又被当时的民事上诉法院院长利名顿的多纳森勋爵（当时的多纳森法官）在 *Uganda Co.* (*Holdings*) *Ltd.* v. *Government of Uganda* 案里否决了。[136]

（6）上诉法院不受其自己判决的约束，在这样的判决中，先前判决被上诉至贵族院而且贵族院决定上诉法院据以作出裁决的要

---

[130] *Ronex Properties Ltd.* v. *John Laing Construction Ltd.* (1982) 3 All ER 961, 966 Donaldson LJ.

[131] *Verrall* v. *Great Yarmouth Borough Council* (1981) QB 202, 219 Roskill LJ.

[132] Practice Note (1982) 3 All ER 376. 383—384.

[133] *Davis* v. *Johnson* (1979) AC 264. 282 Lord Denning MR, 292 Goff U. 就先例原理而言，在有上诉权的案件和无上诉权的案件之间，可能有区别，这种观点可以追溯至波洛克首席法官在 *Taylor* v. *Burgess* (1859) 5 H. and N. 1. 5 案里的论述。

[134] *Doughty* v. *Turner Manufaciuring Co. Ltd.* (1964) I QB 518. *Worcester Works Finanee Ltd.* v. *Cooden Engineering Co. Ltd.* (1972) I QB 210.

[135] (1977) I QB 529.

[136] (1979) I Lloyds Rep, 481.

点没有形成判决。在 *Balabel* v. *Air India* 案里，上诉法院法官泰勒(Taylor LJ)认为这个命题是真的，因为，按照贵族院的最终结果，上诉法院的裁决只不过构成了附随意见。[137] 在 *R.* v. *Secretary of State, ex parta Al-Mehdawi* 案里[138]，同一个法官似乎将它当作一种对遵循先例规则的例外。该法院接受了这样的说法，即 *Young* v. *Bristol Aeroplane Co. Ltd.* 案里关于例外的陈述并非排他性的。在 *Davis* v. *Johnson* 案里没有提及，尽管该案明显地在论辩中被引用了。泰勒法官建议说，如果目前的案件可以被上诉，对于贵族院议员而言，在这样的背景下考虑遵循先例原则是合适的。[139] 在 *Al-Mehdawi* 案到达贵族院时，这种建议没有被接受。[140] 这个问题的决议似乎的确是可以值得期待的。评论者经常认为上诉法院的判决理由已经(在该法院这个层次)确定了法律，甚至当这个案件根据一种完全不同的观点来到贵族院之时亦是如此。

4. 上诉法院(刑事分庭)

Young v. *Bristol Aeroplane Co. Ltd.* 案中陈述的这些例外同样
155 适用于上诉法院刑事分庭。[141] 三个进一步的例外，当其行使民事管辖权时不适用于该法庭，需要考虑。

第一，在 *R.* v. *Newsome and Browne* 案[142]里，法院认为一个全席法庭有权在某种情况下推翻以前的判决，这种情况就是民事分庭所据以裁判的这些例外的任何一个都没有切中要点。审判原则不能被视为法律的实体规则。

第二，1972 年刑事司法法(Criminal Justice Act, 1972)第 36 条

[137] (1988) Ch. 317. 325—326.

[138] (1990) AC 876. 879.

[139] (1990) AC 876. 883—884.

[140] (1990) AC 876, 894.

[141] *R.* v. *Ewing* (1983) QB 1039. *R.* v. *Spencer* (1985) QB 771.

[142] (1970) 2 QB 711.

授权首席检察官(attorney-general)在某种案件中向上诉法院刑事分庭提交法律论点,在这种案件中,根据审判法官的裁决,被告人已经被判决无罪。还有某些权威支持这种观点,即在这样的案件中,该法院可以拒绝遵循它自己的判决。[143] 如果是这样的话,这将是一个前瞻性推翻(并非英国法院以其他方式行使的)的例子,因为,尽管在这个案件中被判无罪已经确定,贵族院以下的法院大概会被期望去遵循根据对未来的考虑而作出的裁决。

第三(也是最重要的),上诉法院刑事分庭的一个全席法庭可以为了被告人的自由而偏离一个判决。这种权力在 *R.* v. *Taylor* 案里已经被行使,在该案中,首席法官戈达德爵士说:

> 本法庭必须处理与人民自由有关的问题。如果它经过重新审议后发现,根据为此目的而组成的全席法庭的意见,这种法律在之前作出的判决中或者被误用了或者被误解了,而且,根据这个判决的强度,被告人已经被宣判并被投入监狱,该法庭就有义务重新考虑之前的这个判决,观察该人是否被正确地判决有罪。[144]

那是刑事上诉法院的一个判决,但是已经假定戈达德勋爵的论点同样适用于其前身——上诉法院刑事分庭。[145] 正如可提出证据加以证明的那样,这种例外也适用于该法院在该案件涉及人民自由情况下行使其民事管辖权之时,诸如与驱逐出境或扣押在精神病医院等有关的案件。[146] 值得注意的是,这种例外只存在于当 156
被告人已经被宣判并“被收监”之时,而非仅仅处以罚金之时。甚至当根据该法庭现在认为有必要重新考虑的先前判决作出了监禁的判决之时,它宁愿支持这种有罪判决,并将其留给贵族院来在上

---

[143] *Attorney-General's reference* (*no. I of* 1981) (1982) 75 Cr. App. Rep. 45.

[144] (1950) 2 KB 368, 371.

[145] *R.* v. *Newsomeand Browne*(1970)20B711. *Hoskyn* v. *Metropolitan Police Commissioner* (1978) 67 Cr. App. Rep. 88. *R.* v. *Spencer* (1985) QB 771.

[146] See Paul Jackson, “Precedent and lhe Liberty of the Subject”. *LQR* 101(1985), 323.

诉时推翻其判决，而非将该案件推给全席法庭来听审。[147]

Young 案中的第一种例外指出，该法院“有权而且必须决定它必须遵循冲突判决中的哪一个”。在 *R. v. Jenkins* 案中，上诉法院珀切斯法官（Purchas）认为，在这些情况下，上诉法院刑事法庭必须决定支持那种对被告人最有利的判决。[148] 然而，在后来的三个案件中，该法院面临的刚好是这样的一种冲突，它选择了遵循对被告人不利的判决。[149] 珀切斯法官的观点与主流观点并不一致，即除了上面所考虑的这些例外之外，*Young* 案中原则以适用于上诉法院民事分庭同样的方式适用于刑事分庭。

5. 其他法院

在 *Tal's* 案判决之前[150]，高等法院各分庭认为它们自己可以在高等法院各分庭的相互冲突的判决中自由选择。[151] 自从 *Tal* 案之后，如我们在上一章所看到的，高等法院各分庭不再认为它们自己在牵涉与上诉和管辖权截然不同的监督问题时受先前判决的约束。

甚至在上诉管辖权的背景下，*Tal* 案引入了一种与刑事上诉有关的更进一步的例外。在 *Younghusband* v. *Luftig* 案[152] 里，法院认
157 为高等法院各分庭在听审刑事上诉时绝对受其自己判决的约束。上诉法院法官罗伯特·戈夫，在 Tal 案中指出两个先前的判例[153]

[147] *R.* v. *Sheppard* (1980) 70 Cr. App. Rep. 210 CA, reversed (1981) AC 394 HL.

[148] (1983) 76 Cr. App. Rep. 313. 318.

[149] *R.* v. *Spencer* (1985) QB 771. *R.* v. *Marlindale* (1986) 2 All ER 928. R. v. Slack (1989) OB 775.

[150] *R.* v. *Manchester Coroner*, ex parte Tal (1985) QB 67.

[151] *Nicholas* v. *Penny* (1950) 2 KB 466. *R.* v. *Tottenham Juvenile Court*, *ex parte ARC* (1982) 74 Cr. App. Rep. 267.

[152] (1949) 2 KB 354.

[153] *Fortescue* v. *Vestry of St Matthew*, *Bethnul Green* (1891) I QB 170. *Kruse* v. *Johnson* (1898) 2 QB 91.

持相反的观点，在 *Younghusband* 案里并没有被引用，而且首席法官戈达德勋爵，在该案中作出了首要判决，自己在后来的 *R.* v. *Taylor* 案[154]里决定刑事上诉法院在有关人民自由的领域不受其自己判决的约束。此外，贵族院里来自高等法院各分庭的上诉在后来已经被引入。上诉法院法官戈夫作出结论：

> 对于在刑事上诉案件中行使上诉管辖权的高等法院分庭和在刑事案件中行使上诉管辖权的上诉法院（刑事分庭）之间，现在还不能作出实质的区分，现在从这两种法庭向贵族院提起的上诉处于相同的境况之下。[155]

因此，似乎一个高等法院分庭在有关国民自由的刑事上诉中可以不受另一个高等法院分庭的判决约束。[156] 另一方面，从来没有人建议说由两人组成的高等法院分庭的判决的约束力要小于由两个以上的法官组成的高等法院分庭的判决。在高等法院各分庭里，仅有两个法官开庭非常普遍。

尚不清楚的是，高等法院分庭和初审法官在面对有约束力的上诉法院的主要判决时，有多大操作空间。清楚的是，这样的判决如果被后来的贵族院的判决一致推翻的话，就不具有约束力；而且，甚至当没有这种明确的推翻之时，一个法官可以自由地抛弃上诉法院的某个判决，只要他觉得，这个判决与支持贵族院后来的一个判决的原则不一致。[157] 在存在上诉法院的冲突判决的场合，看

---

[154] (1950) 2 KB 368.

[155] (1985) QB 67, 79.

[156] 在 *Rogers* v. *Essex County Council* (1985) 2 All ER 39 案中，一个分庭，根据 *Tal's* 案的权威，认为自身受一个之前行使上诉管辖权的分庭的判决的约束，而且进一步解释了区别判决的论证。没有人建议说，因为之前的判决对不支持被告的，法院就不受它的约束。然而，自从被告被绝对免除责任之后，他们的自由就不会受到危胁。这个判决被贵族院推翻了，但并没有评论(1986) 3 All ER 321 这个先例。

[157] *Midland Bank Trust Co. Ltd.* v. *Hell Slubbs and Kemp* (1979) Ch. 384 Oliver J.

158 起来一个初审法官通常会认为自己受后来这个判决的约束[158]，除非他认为后来这个判决的先例效力遭到了如此事实的损害，这个事实就是它自己误解了先例原则。[159] 在关于失察这种例外方面，这种情势最为模糊。

在 *R.* v. *Northumberland Compensation Appeal Tribunal* 案[160]里，一个高等法院分庭拒绝遵循上诉法院的一个判决，因为它与没有被引用的贵族院之前的一个判决不一致。在 *Cassell and Co. Ltd.* v. *Broome*[161] 案里，贵族院认为下级法院不能认为它自己的判决是在失察的情况下作出的；而且，迪普洛克勋爵，在枢密院里关于 *Baker* v. *The Queen* 案[162]的表达意见时指出，按照 *Cassell* 案，失察规则不适用于任何其上的上诉法院的判决——它需要借助于其上的上诉法院，这种观点明显与西蒙勋爵在 *Milliangos* v. *George Frank (Textiles) Ltd.* 案里所表达的观点一致。[163] 尽管有这些观点，初审法官似乎还是将失察，与 *Young* 案里阐述的其他例外一起，当作上诉法院判决的权威可以被质疑的有效基础。[164]

---

[158] See e. g. *CCC Films (London) Lid.* v. *Impact Quadrant Films Lid.* (1985) QB 16. *Manor Electronics Ltd.* v. *Dickson*, *The Times*, 8 Feb. 1990.

[159] *Uganda Co. (Holdings) Lid.* v. *Government of Uganda* (1979) I Lloyds Rep. 481,486—487 Donaldson J.

[160] (1951) I KB 711.

[161] (1972) AC 1027.

[162] (1975) AC 774, 788.

[163] (1976) AC 443, 479.

[164] 在慈善法领域，什么构成一个“对社会有益”的目的，对于这个问题，有时候被认为在贵族院的 *Williams' Trustees* v. *Inland Revenue Commissioners* (1947) AC 447 案的判决和上诉法院后来编入法律汇编委员会 7.1 章的 *England and Wales* v. *Attorney-General* (1972) 案之间存在冲突。根据该假定，上诉法院 Stamp 法官在 *Inland Revenue Commissioners* v. *McMullen* (1979) I All ER 588, 592 案中指出，后面的判决应该被遵循；但是，Dillion 法官在 *Barralel* v. *Attorney-General* (1980) 3 All ER 918, 926 案中表达了相反的观点。

6. 没有论证的判决

据说,早在1661年,“沉默且没有论证的先例(precedent sub silentio and without argument)是无足轻重的”。[165] 似乎总是被接受的是,如果一个法律命题,在判决中不甚明晰,总是没有明白的论证或判断,这个判决就没有约束性权威[166],无论是根据这里的遵循 159
先例原则的例外,还是根据这样的一个论点并非真正的判决理由的组成部分。最近十五年来,对于没有论证而被明白地确认的论点,有一种认为判决对任何层次的法院都无约束力的趋势,可以经推测得知,审判法院只不过假定它们是正确的。因此,没有论证的判决必须被视为遵循先例的一般例外。

在 *Baker* v. *The Queen* 案[167]里,枢密院主张,尽管下级法院受枢密院司法委员会的判决约束,即使它们是在失察情况下作出的,它们也不受那些强加入判决理由中但没有经过论证而仅仅被假定为正确的判决约束。该问题与牙买加的一部制定法的解释有关,该法规定:“死刑判决不应该针对……18岁以下的人……”问题是,这种豁免是适用于那些犯下杀人罪行当天不满18岁的人,还是仅适用于那些在判决通过的当天没达到18岁的人。枢密院司法委员会的一个早些的判决对于以前的解释是明确的权威;但是在该案中,初审法官已经接受了这种解释,在上诉中唯一需要考虑的问题就是他是否被授权,根据证据,作出被告人在犯罪当时已经达到18岁的结论。该委员会允许本上诉,因为证据并不支持这种裁决。那种豁免所有在犯罪当时不满18岁的人的解释因此构成

---

[165] R. v. Warner. 1 Keb. 66.

[166] See e. g. the Ireatment by the House of Lords in Read v. Lyons (1947) AC 156 of its decision in *Rainham Chemical Works Ltd.* v. *Belvedere Fish Guano Co. Ltd.* (1921)2 AC II, 关于战时制造爆炸物,按照 *Rytands* v. *Fletcher* 案里的规则,是否构成对土地的非自然使用。

[167] (1975) AC 774.

了司法委员会的该先前判决的判决理由的核心部分。然而,在*Baker*案里,该委员会的多数主张牙买加上诉委员会已经被授权接受其他解释,它禁止只对在判决当时已经达到18岁的人适用死刑判决。不允许当事人提出在下级法院里没有论辩过的法律问题正
160 是枢密院司法委员会的惯例,而且正是由此才能够推断出那种宽泛解释的正确性仅仅是被假定的而非被决定的。

> 这种惯例所产生的一个结果就是,从该司法委员会关于上诉的意见可以看得出来,没有它自己的决定,它可以假定,在上诉所由之而起的法院里当事人没有辩论过的一个法律论点是正确的。经由如此被假定正确的法律论点可以被加入到,或明示或暗含地,一个特定上诉的判决理由里;但是因为它并不具有该委员会自己所作出的法律意见那样的权威,它并不创造一项在其他案件的判决中可以适用的先例。[168]

一种类似的面对没有论证的判决理由的立场被上诉法院在*National Enterprises Ltd.* v. *Racal Communications Ltd.*案里所接受。[169] 这里有一个问题,就是1950年《仲裁法》(Arbitration Act,1950)是否应该被解释为授权该法院在任命仲裁协议(该协议要求由第三方来任命一位仲裁员但是第三方拒绝这样做)案件中的仲裁员。然而,在该案中需要通过上诉解决的唯一问题是,作为一个对特定契约的解释问题,究竟是否存在一份仲裁协议。由此可以推知,上诉法院仅仅假定该法律在这些情况中给予授权——即使它没有明示地指出它是根据一种假定在行为。这种推论经由上诉法院拉塞尔法官(Russell LJ)的个人回忆而得以强化,他参加了上诉法院对这两个案件的审理,他回忆到,管辖权问题从来没有在论辩中被有效地提出来过,因此上诉法院没有注意这点,而且也没有对其发表看法。因此,它不受其先前判决的约束。[170]

---

[168] (1975) AC 774, 788.

[169] (1975) Ch. 397, 405—406.

[170] (1975) Ch. 397.

在 *Barrs* v. *Bethel* 案[171] 里,贝克案和国企案被认为是保证初审法官能够拒绝遵循上诉法院的一个某点没有被辩论而作出判决的判决理由时的权威。这个问题是,地方税纳税人是否有无拘无束的陈述权去挑战地方当局的判决。上诉法院判决他们可以,但是,在 *Barrs* v. *Bethel* 案里,华纳法官(Warner J)发现,需要讨论的唯一问题与某一特定权力的范围有关,而且,上诉法院没有注意这种一 161
般的陈述权问题。他因此不受该判决的约束:

> 无疑,上诉法院,在该案中,主张原告有权宣称,他要求地方当局在普遍税金的应用中对其纳税人负有类似于托管人那样的信托义务。但是律师辩论的报告,无论是在 Vaisey 法官面前还是在上诉法院面前的,以及在上诉法院判决中对它的概要,都显示了没有对原告的陈述权进行考虑。[172]

贝克案和 *Barrs* v. *Bethel* 案后来都被当作授权初审法官拒绝遵循甚至是贵族院判决的权威。在 *re Hetherington Decd.* 案[173] 里,布朗—威尔金森(Browne-Wilkinson VC)主张,大多数所说的对于死者的信托是慈善信托。然而,他拒绝这种争论,即他必须通过贵族院在 *Bourne* v. *Keane* 案[174] 里的判决作出这种结论,甚至是根据这种假定,即该点已经形成了该案的判决理由的组成部分,因为两边都没有对其进行辩论,而且在贵族院议员的意见陈述中也没有提到该点:

> 在我看来,这些权威因此清晰地确定了,甚至在以一种特别的意义对某一法律问题进行的判决对一个上级法院的先前判决而言是至关重要的,但是该上级法院仅仅假定了该法律对此特定问题的正确性的场合,一个后来案件的审判法官不必认为,该法在此意义上被决定了下来。因此,在我看来,

---

[171] (1982) I All ER 106.

[172] (1982) I All ER 106, 116.

[173] (1990) Ch. 1.

[174] (1919) AC 815.

> *Bourne* v. *Keane* 案……对我面前这个案件没有决定力。[175]

这些判决的结果是对遵循先例原则的一种放松。它并不包含判决理由——在这些判决理由中,可以推知审判法庭没有注意某一法律论点,即使该论点对其判决而言是必不可少的;而且可以容易地从缺少任何对该争议问题的辩论作出推论。

162

7. 废弃的判决

在苏格兰,大家公认的是这样的说法:

> 如果某先前判决所据的判决理由已经被取代而且被后来的立法或其他类似理由变得无效,该判决理由就不再有约束力。[176]

上诉法院近期的一个判决建议说,在英格兰有一种类似的废弃原理。在 *Pittalis* v. *Grant* 案[177] 里,房东上诉反对郡法院驳回他们要求占有的判决。他们想要提出一个有关《1977 年出租法》(Rent Act, 1977)解释的问题,该解释在郡法院没有经过辩论。在 1871 年,贵族院已经规定了,对于没有在郡法院里提出的法律问题,不可以从该郡法院上诉至上诉法院。[178] 该规则从那时起一直被公认,尽管也承认存在诸多例外。然而,该法院认定该规则已被废弃,因而不应该被遵循。该规则的基础已经成了对法律问题从郡法院上诉至上诉法院的限制。这种限制已经被后来的立法排除了,该规则的根基已经不复存在了。上诉法院法官诺斯指出:

> 我们知道,可能似乎是很有力量的事物支持本法院同意贵族院确立的一项规则,尽管这是一项被例外减弱了力量的

---

[175] (1990) Ch. 1, 10.

[176] *Beith's Trustees* v. *Beith* (1950) SC 66, 70.

[177] (1989) QB 605.

[178] *Smith* v. *Bakera and Sons* (1891) AC 325.

规则，给予其生命的制定法的支持最终消逝了。但是，在可以看到高级法院的判决已经变得过时的场合，下级法院，如果不打算否认公平对待该诉讼中的当事人的话，就一定要这么说并如此行事。[179]

表面上，这种论述确认了一种在任何层级的司法等级制上都得以普遍运用的遵循先例原则的例外。然而，没有进行类似诉讼的其他案件，而且一个单独的判决是否可以被当作坚定地巩固了这样的遵循先例原则的限制，还是一个有争议的问题。我们要再次注意到，贵族院已经直接批评了上诉法院宣称它不受贵族院判决约束的其他根据。[180] 另外，争论中的这个法律问题走向司法程序，而且我们已经看到，在其他背景下，对于先例的约束力，英国法 163
院在程序和管辖权领域比实体法律问题上采取更为宽松的观点。[181] 还需要看到的是，*Pittalis* v. *Grant* 是否像其看起来的那样具有革命性。

8. 遵循先例原则的例外：小结

（1）贵族院不受其自己判决的约束。但是它不能推翻一个判决，除非：(i) 通过这样做，法律整体得到了改善；(ii)（除了根本原则处于危险中的场合）目前案件中出现了以前判例中没有被审议的争议；(iii) 推翻先例不会颠覆对先前判决的正当信任；(iv) 推翻先例不会与议会对先前判决的确认相冲突；以及(v)（在民事案件中）推翻先例将影响目前上诉的结果。

（2）上诉法院（民事分庭）受其自己判决的约束，除非该案件符合 *Young* v. *Bristol Aeroplane Co. Ltd.* 案里阐释的三个例外之一，即(i) 存在上诉法院的冲突判决；(ii) 上诉法院的一项判决与贵族

[179] (1989) QB 605, 618.

[180] See p. 99.

[181] p. 150.

院的一项后来的(或,例外情况下的,一项先前的)判决不一致;(iii)上诉法院的一项判决是在失察情况下作出的。进一步讲,它可能不受中间诉讼过程中作出的判决,或枢密院不同意的判决,或者上诉法院是最终上诉法院的判决的约束。它可能不受由一个两位法官组成的法庭的判决,或者某判决——该判决被上诉至贵族院而且贵族院认定上诉法院所据以裁决的问题没有形成判决——的约束。有可能(但是可能性不大)该法院不受这样的判决的约束——该判决已经受到了国际公法变化的影响。

(3)上诉法院(刑事分庭)受其自己判决约束,除了上面(2)里提到的那些例外(在可适用的场合);除了一个全席法庭不受量刑判决和那些影响被告人自由的判决的约束之外,而且情况可能是它可以在根据首席检察官的参照作出一项裁决的领域偏离一项先前判决。

164 (4)高等法院各分庭只有在先前高等法院各分庭行使涉及不同于监督和管辖权的上诉受理权的场合才受先前高等法院各分庭判决约束。Young 案里的那些例外适用,而且就听审刑事上诉而言,一个高等法院分庭不受影响被告人自由的判决约束。

(5)高等法院分庭和高等法院的法官不认为自己受上诉法院的与贵族院后来的判决不一致的判决约束。在存在上诉法院冲突判决的场合,他们通常会遵循后面的判决。他们是否可以自由地因为上诉法院的判决是在失察的情况下作出的而不尊重这些判决,还是一个尚未解决的问题。

(6)任何司法层级的判决理由,关于被加入其中而正确性只是被假定但没有论证的法律论点,对下级法院没有约束力。过时判决的判决理由同样如此。

第五章 165

先例作为法律的一种渊源

判例法和法理学问题

我们现在已经结束了对归纳的先例诸规则的运作的描述。这些规则产生了它们自己的"法学"问题，这些称呼并非不适当。它们是法律规则么？这些先例规则可能建立在先例的基础上么？为什么当溯及既往的立法对一个英国法律人来说十分可恶之时，前瞻性推翻司法判决的观念却对于他而言容易成为一种诅咒？对这些问题的简要讨论将会在第七章和第八章进行。本章和第六章首先关注的是判例法的一般问题。即使英国先例规则在过去与目前有非常大的不同，它们还是会出现。它们来源于古老且更为重要的规则，即法官必须尊重判例法。

在何种意义上，一个司法判决，例如一个先例，是一项法律渊源？已决判例对奥斯丁提出的问题——一项习俗在被法院强行执行之前是否是法律——有所启示么？在何种意义上，习俗服从于先例，先例服从于立法？制定法和先例作为英国法渊源交相运行的本质是什么？这些都是本章所关注的问题。

第六章讨论与司法程序更直接相关的问题。司法推理的本质是什么？我们的法官有时过于概念主义，这种职责意味着什么？初现案件是如何处理的，还有，法官如何发展法律？

第七章绝不仅限于先例规则提出的那些法学问题，尽管非常简要，判例法所提出的主要法学问题，即普通法与大量的法律定义或法 166
律制度的解释的协调问题。然而，有必要强调指出，尽管从第一章到第五章可以说是对先例规则运行的相对全面的描述，从第五章到第八章仅限于注意判例法所一般提出的和先例规则所特别带来的法学问题。

1. 不同的法律渊源

“法律渊源”这个术语被使用时有几种不同的含义。首先是文本渊源(the literary source)，我们所知的有关一项法律规则存在的原初文件渊源。在此意义上，判例汇编是一种法律渊源，尽管关于侵权或契约的教科书，或判例摘要都陷入了对法律文本的分类。接下来的是法律的历史渊源，此种渊源——原初的、间接的或直接的——认为法律规则的内容来源于法律的历史。在此意义上，布拉克顿和柯克的作品以及其他英国法的伟大解释者的著作都是法律渊源，因为它们详细阐述了体现在目前司法判决和议会立法中的规则。也是在此意义上，罗马法和中世纪的习惯都是英国法的渊源，因为我们现在还在具体的判决或具体的制定法规定中适用的部分法律可以溯源至罗马法的规则，而且大量的英国本土法律来源于封建习惯。“法律渊源”的这种意义可以被扩张至任何从原因角度说明了一项法律规则存在的事务。一方面，它可以被适用于女王在议会(the queen in parliament)和作为法律规则直接创建者的女王陛下的法官；另一方面，它可以被适用于包括民意(public opinion)、道德原则，甚至某些美国现实主义法学家坚持的司法乖张行为(judicial idiosyncrasies)都应该是成熟的法律研究的真正主题。[1]

尽管法律的历史渊源具有重大价值和意义，但是在分析法学

〔1〕 如果法律由法官的判决构成，而且那些判决以法官的直觉为基础，那么法官获得直觉的方式就是司法程序的关键。无论什么东西产生了法官的直觉，就都造就了法律(Frank, *Law and the Modern Mind*, 1st English edn., 1949, p. 104)。作者通过参照法官的传记和背景等来详察他的人格。对现实主义者观点的简述，见同上书第二章第二节。

的著作中,它们不会被详细讨论。这些著作对立法、先例、习惯和 167
法学作品详加讨论,但是它们主要是在与该词的文意渊源和历史渊源完全不同的意义上讨论第三种意义上的法律渊源。在此意义上,“渊源”意味着,不是那些直接的或遥远的起因,而是一项规则之所以成为法律规则的有效性来源。此项探索不是“你如何说明一项具体法律规则的内容”而是“你为什么说某些规则是法律规则?”这种进路丰富了关于法律渊源的讨论,而且它使得诸如“法律远远不止一种吗?”、“习惯是一种法律的渊源吗?”以及“欧盟立法是一种最终的或导出的法律渊源吗?”这样的问题有了意义。

有效性的标准总在变化。每一种法律制度都以根本规则或终极原则为基础,通过它们有可能确认一项特别规则是否是一项法律规则。当然,有很大的空间可以对形成这些基本规则的方式进行争议。在英国法律制度中,至少大家公认的是立法(直接的或从属的)和上级法院判例的判决理由都有法律效力。其他法律制度也以不同的终极原则为基础。无论法国制度的真实情况如何,该制度以这样的规则——不以已决案件为未来立法——为基础。约翰·萨蒙德爵士(Sir John Salmond)将法律规则所获取有效性的渊源当作与“历史”渊源截然不同的“法律渊源”,因为后者是“被法律自身确认为法律渊源的”。[2] 先例、立法和习惯是英国法的法律渊源,因为:

> 任何包含在司法判决中的原则具有法律效力,这本身就是英国法的一项原则。类似的法律确认可以扩展至产生了制定法效力的法律和遥远至记忆不可及的习惯。诸如这些的规则形成了法律渊源。[3]

---

〔2〕 *Jurisprudence* (11th edn.), 133.

〔3〕 Ibid., p.136.

2. 先例和习惯

下面来自布莱克斯通的摘要概括了英国法处理习惯性惯例的进路：

> 英国的地方法，或者为本王国的居民规定的民事规则，可
> 168 以被充分适当地分为两种：*the lex non scripta*，不成文法或普通法；*the lex scripta*，成文法或制定法。不成文法或普通法，不仅包括一般的习惯或正确的说法是普通法，还包括王国的某些特别习惯；同样，那些通过习惯作为特别的法律只在某些法院和司法管辖中被遵守。[4]

普通法由一般习惯组成，这种观念就是另一种形态的宣示理论。我们已经看到，它已经接近死亡，在布莱克斯通时代却还没有死亡。无疑，至少在中世纪早期，它还有些真实的成分，因为普通法是由英国人普遍遵守的习惯组成的，因此得名“普通法”。在许多情况下，法官一定求助于这些存在的习惯，而且这些习惯的性质可能已经被很好地知晓了；但是所有普遍的习惯必定在很长时间以来一致体现在司法判决中，这些司法判决是不同于制定法的现代普通法的唯一重要渊源。

这个王国的某些特别习惯有时被当时的法院予以考虑。例如，渔夫在某个地方的某些沙地上铺网的惯例。这种性质的惯例，如果不是一成不变的，通常会损害普通法。它们普遍地都允许普通法禁止的事务。如果不考虑地方惯例，这些网的铺撒就是非法侵犯海捕地。法院允许地方习惯有效，如果它是符合某些标准——这些标准是四或五世纪的判例法中规定的。

这些标准在不同时间表述得不尽相同。就目前而言，这种习惯必须是合理的，它必须不与制定法冲突，它一定是已经被作为正

---

[4] *Commenttaries*(1813 edn.), i. 81.

当的习惯而被遵循(例如,不是凭强制或允许),而且它必须在遥远至记忆不可及的年代里就已经存在。[5] 最后一项要求具有古怪的技术意义,即这种习惯必须自 1189 年以来就一直存在,这是作为禁止某些恢复土地之诉(这个问题现在由制定法规定了固定的 6 年或 12 年的限定期间)确定下来的日期。这种情况经由这样的事实被完全荒谬的恢复了,即这种习惯的支持者不必证明它自 1189 年以来就一直存在,因为他会取得成功,除非他的对手能够展现这 169
种习惯一定是自从那个日期之后才形成,通过确定,例如,它是以 14 世纪的劳动法之后的惯例为基础的。[6]

这种习惯必须是合理的,这个要求在目前尚有些意义。在某些法律背景下,合理是一个需要由陪审团决定的事实问题——如果它存在的话。例如,民事上的疏忽按照定义就是不符合一个理性人的标准,被告人在某一具体案件中是否达到了这个标准,这个问题必须留给陪审团。在其他法律背景下,合理是一个事实问题,但是,甚至在存在陪审团的地方,它是一个必须由法官来决定的事实。例如,为了成功地取得因恶意起诉导致的损害赔偿,原告必须展现被告没有合理的和大概的起诉原因。即使这个案件在有陪审团的情况下进行审判,合理原因的存在必须由法官来确定。将某些事实问题保留给法官,这种做法无疑作为一种方法而产生的,通过这种方法,我们的法官才可以在他们通过不太合意的方式不可能影响裁决之后确保某种程度的对陪审团的控制。

对事实问题的决定不构成一项先例,因为每一个案件被认为是独特的。为了建构一项先例,一项裁决必须与法律问题相关。一项地方习惯是否合理,这个问题就此意义而言是一个法律问题。当某一与一项习惯的合理性有关的事项被提出时,先前的判例被引用和被分析。这项标准是帕克法官(Parker J)在非常宽泛的意义上确立的,他说,这种习惯

---

〔5〕 在 Salmond 的 *Jurisprudence*(12 版,199 页)详细列举了这些标准。

〔6〕 *Simpson* v. *Wells* (1872) LR 7 QB 214.

> 必须是这样的,即在一个受过训练的法律人看来,它与那些普遍原则相一致,至少不矛盾,这些普遍原则与某些规则或公理相当不同,它们构成了我们法律制度的真正根基。[7]

很明显,这里有很大的可以争议的空间,而且关于这个问题,来自先例的指导可能有时最受欢迎。

下面对作为法律渊源的先例和习惯之间关系的简要讨论限定为地方习惯。首先,一项地方习惯在被法院强行执行之前是否被
170 当作法律,其次,在何种意义上习惯可以被认为是从属于作为法律渊源的先例。

一项习惯何时变成法律

让我们回到我们已经讨论过的一个例子,在 1905 年判决沃尔摩的渔夫根据一项地方习惯有权在一个特别的沙滩延伸地筛网。[8] 某人在 1900 年就说沃尔摩的渔夫按照法律有权如是行动,这是正确的吗?约翰·奥斯丁对这个问题的回答绝对是否定的,因为一项习惯在其成为一项司法判决的根据之前只是一项“道德规则”而已。[9] 很多其他学者保持另外相反的观点,他们中间著名的有卡勒顿·艾伦爵士(Sir Calerton Allen)。[10] 根据这种观点,对 1900 年沃尔摩的渔夫地位的正确描述与在还没有被法院解释的一项制定法里提到的那种地位是相同的。如果 1890 年的一项制定法已经授权这里的渔夫可以在海滩上晒网,只有那些犯了如同格雷一样错误的人才会在 1900 年说,它不是他们要据以行为的法律,尽管,根据普通法,此种行为是非法侵入。

约翰·奇普曼·格雷(John Chipman Gray)是 20 世纪早期一位卓越的美国法学家,但是他认为一项制定法在被法院解释之前不

〔7〕 *Johnson* v. *Clarke* [1908] 1 Ch. 303 at 311.

〔8〕 *Mercer* v. *Denne* [1905] 2 Ch. 538.

〔9〕 *Jurisprudence* (5th edn.), ii. 523.

〔10〕 *Law in the Making* (7th edn.), ch. 2. and see esp. excursus B.

是法律，这种观点被公认为离经叛道。[11] 法官是所有法律的创造者，这是经由他的观点所产生的结果[12]，但是一位英国法官总是认为一项制定法从其生效那一刻起就是法律，而且他们照此行事。制定法总是被认为在公民权被法院质疑之前就规制了这些权利。大量的制定法从来没有来到过法院，但是没有人否认他们的内容构成英国法的一大部分。

就英国法而言，上述关于习惯的观点，哪种是正确的呢？答案 171
取决于一个地方性习惯的有效性得以确定的标准被法院适用的态度。那些需要遥远至记忆不可及的古老性和被正当遵守的要求都是事实问题。如果有争议，它们必须，如同其他任何事实争议一样，由法院来裁决，但是这并不意味着一项习惯在获得司法判决支持之前就不是法律。与制定法相一致这项要求可以废除任何习惯，正如制定法可以废除司法判决或早些的制定法规定一样。关键问题在于我们法院面对合理性标准的进路。如果法院认为这给了它们完全的自由裁量权，让他们可以按照他们所认为的合理观点去拒绝或支持一项习惯，那么就会有人支持这样的观点，即一项习惯在被法院执行之前并不是法律，但是这不是我们法院的进路。合理性被它们认为是一种法律问题，而且，在一定程度上，什么是合理的是一种需要征引过去的判例才能确定的事务。就已经报告过的判决而言，至今还没有判定与姜汁啤酒不同的姜汁饮料的生产商，如果以不透明的瓶子装它的话就要承担对最终消费者的注意义务，但是任何英国法律人都会毫不犹豫地说，这是尊重 *Donoghue* v. *Stevenson* 的案件。当然，可能有少量的地方习惯存在这种可能性，但是原则是相同的。因此，看起来，在目前英国，一项地方习惯在被法院支持之前是法律。

---

〔11〕 *Nature and Sources of Law* (2nd edn.), 123—125 and 283.

〔12〕 国家法或任何人的组织体的法律都由法院，即该组织体的司法机构为确定法律权利和义务而规定的规则组成。

习惯从属于作为一种法律渊源的先例

尽管把习惯当作一种不同的法律渊源可能是正确的，因为地方习惯在被强制执行之前可以真的被认为是法律，但是习惯必须被看做是从属于先例的。假设一个律师给其客户建议说一项特别的习惯在被司法强制执行之前就是合法的。如果他被问及他的观点的根据，他会说，这项习惯对他来说符合这些判例确定的有效性标准。在一种不同于先例从属于立法的意义上，这是一种派生或从属类型。它是一种派生类型，因为法院对习惯性规则作为规则
172 是否合理取决于在判例法这个问题上施加了某种控制。[13] 如果我们假定的律师被问及，为什么他认为要按照这些判例规定的标准来判断一项特别习惯是否是法律，他会说那是因为判例所据以判决的原则代表了英国法。他不可能通过议会主权来源来证明他对这些判例的尊重，以这样的方式通过直接引用这些判例，他能够证明他对一项地方性习惯的有效性标准的尊重。如果他真的引用了议会主权，那只能说判例据以裁决的那些代表了英国法的原则相反地从属于立法。先例从属于立法立基于这个事实，即一部制定法总是可以改变一项司法裁决的效力。在此意义上一项特别的习惯也总是从属于立法，因为制定法可以废除它的效力，但是在此意义上一项特别的习惯是否从属于先例是非常有疑问的。即使它们全都没有体现在贵族院处理的案件的判决理由中，而且尽管关于它们应该形成的态度有些不同的观点，一项地方习惯的有效性标准深深扎根于我们的法律之中，以至于不能由与立法行动相对的司法行动加以改变。

通过派生的服从和根据废除权的服从之间的区别对一个法律制度的最终原则的形成具有重要影响。就英国法律制度而言，如

[13] 法院从不适用诸如理性标准等这样的标准去决定一部制定法内容的合法性——只要它能够满足正式成为法律的条件，这就是为什么制定法不被认为制定法来自判例法。

力有时变化非常大。当存在来源于这两种渊源中有竞争性的同等效力的类推时，立法当然只应该被认为在此方面高于判例法，而且这是一种出现如此不经常的情况，以至于我们的法官似乎并不考虑它，这个事实并不令人奇怪。

在普通法的某些部分被制定法废除的场合，对后来的司法推理的影响根据此变革被理解为挖掘的深度不同而有所不同。当不怎么知名的共同雇佣方面的普通法原则被1948年法律改革（个人伤害）法废除时，对它进行的论证被认为不应该继续提出。[22] 另一方面，包含在 *National Provincial Bank Ltd.* v. *Ainsworth* 案[23]里的关于土地利益特征的原则的一般描述经常被征引，即使在该案中它们被用来支持的这项特别的判决——为人所弃的妇人在能够约束她们丈夫的继承人的婚姻家庭里没有任何利益——在1967年的《婚姻家庭法》所废除。在这种背景下，有必要记住“目前法律”——法院有义务作为一个一致的整体来适用它——和历史上的“普通法”——这是一种进化的原则渊源，当目前法律有不止一种解释时，它以类推和教义推理的方式被征引——之间的关系。 177
就目前有效的法律而言，如果某些普通法的命题与议会制定的命题直接冲突的话，它就不再有效。对于包含在历史性的普通法中的原则的更广泛陈述——无论是概念的确定还是个人责任或权利的广泛表达——都有一种更为永恒的性质。它们成长、发芽，而且有时凋谢。立法可能在这个进化过程中起到了一定的作用，就那些与体现在特别原则中的假设不一致的规范假设而言，它可以成为清晰的前提。但是，仅仅这样的事实——某一案件中的裁决已经被废除——不会必然地消除该判决中阐述的普遍原则继续具有的学说效力。[24]

就某些词语的法律含义而言，在我们的法律制度中，制定法和

---

〔22〕 *Broom* v. *Morgan* (1953) 1 QB 597.

〔23〕 (1965) AC 1175.

〔24〕 See J. W. Harris, *Law and Legal Science*. 111—122.

判例法是直接整合在一起的。大多数词语都没有一种具体的法律含义。在没有充分的原因作出相反解释时,法官通常会按照普通的文意进行解释,无论这些词语被用在了制定法中还是一份私人文件中或一次口头交易中。在任何情况下,法院更为经常地关注整个术语和句子在一种特定背景下的效力而非关注一个单独的字词的效力。然而,在某些情况下,一个词语就获得了一个法律含义。

在这种情况下,先例关于制定法解释的原则的影响必须如同它对私人文件的解释的影响一样大。然而,还有某些特别的问题与先例和制定法的解释有关,我们现在必须来考虑这些问题。

4. 先例和制定法的解释

需要讨论的两点是——当讨论中的案件促发了制定法的解释时是否有必要以通常确定判决理由的方法作出修正,和来自于 *Ex parte Campbell*[25] 的这种建议——一旦制定法的用语已经被一个高级法院作出了解释,在后来同样的制定法中这些词语的再制定就使得这种解释具有议会的权威。

178 **对制定法作出解释的案件的判决理由**

根据第二章里采取的观点,一般说来,判决理由就是,法官在作出他的结论时或明或暗地认为是必不可少步骤的法律规则。已经被认可的是,必须对特定案件的事实和其他判例的判决理由有适当的尊重。第二章里也引用了霍斯伯里勋爵在 *Quinn* v. *Leathem* 案[26] 里的观点,据此一个案件仅仅是它实际所裁决事务的权威。根据这种观点,每一个案件都有特定的事实,所有的法律人都会觉得这些事实是实质的,而且判决理由就是所有事实加上结论,例如,如果实质的事实被用来建构一个三段论的小前提,保证了法院

〔25〕 (1869) LR 5 Ch. 773.

〔26〕 [1901] AC 495 at 506, p. 57.

秩序的大前提。我们也看到,在某些情况下,有必要采取这种法律命题观点,因为判例就是权威。这样的例子就是没有给出理由的判决,以及在后来的案件中已经被认为是卓越的判决。这样的一种观点必须在所有有关制定法解释的判决中适用么?丹宁勋爵的两个异议判决似乎对这个问题给了肯定性的回答。当时的上诉法院丹宁法官,在 *Paisner* v. *Goodrich* 案中说:

> 当本院(上诉法院)的法官根据对一项议会法的解释作出判决时,该判决本身对他们和他们的继任者构成了约束。但是这些法官在作出判决时所适用的词语不具约束力。这经常是一种非常好的区分,因为判决只能用词语来表达。然而,这是一种真正的区分,通过记住,当解释一项制定法时,法院的唯一功能就是将该制定法的词语适用到某种场合,这种区分应该被最好地欣赏。一旦一项判决已经就该情况作出,先例原理要求我以同样的方式将该制定法适用至任何类似的情况中;但是不是适用至一种不同的情况。无论何时只要新情况出现,这种新情况没有被先前判决所涵盖,那么法院必须受制定法而不是该法官的词语的约束。[27]

这个片段是用来反对将先前判例确定的标准适用于确定一个家庭的部分,是否属于 1920 年租赁和抵押利益限制法(Rent and Mortgage Interest Restriction Act,1920)的含义里面的"作为一种独立住处的出租",当时一个有关协议的案件来到该院,根据该协议,房东 179
占据了该房屋的一部分,要与该租户共同适用一个独立的卧室,而之前的判例都是有关共同使用浴室或起居室或厨房的协议。上诉法院丹宁法官显然认为,该法院所面临的这种情况是否在实质方面与先前判决所涵盖的不同,这个问题必须由处理这个新案件的法院来决定,而且该院决不受先前判例中的法官似乎认为对其判决属于必要的那个原则的约束。

---

〔27〕 [1955] 2 QB 343 at 358.

丹宁勋爵在 *London Tranport Executive* v. *Betts* 案[28]中重复了有关过去判决对制定法解释的权威性观点。在该案中，贵族院关注这个问题，即一个可以在其中修理交通工具的仓库是否被用来对它们进行“维护”以逃避有关工业不动产定额方面的制定法规定。该院的一个先前判例[29]认为一个油漆店是用来在相关立法含义范围内对交通车辆进行维护，而且在 *Betts's* 案中，多数法官都作出结论，就是这个先前的判决适用于这个仓库。在丹宁勋爵所做异议发言中，他说：

> 就我的认识而言，这是一个针对油漆店而非其他事务的事实所做的判决。这个判决可能对阁下们构成了约束，如果在任何地方有另一个这样的油漆店的话，但是，在我看来，它没有对任何其他事务构成约束。如果阁下想要将该特别先例提升为一种关于“维护”的含义的约束性判决，我相信，你可以使得先例原则比以往任何时候都走得更远。

当 *Paisner* v. *Goodrich* 案到达贵族院时，上诉法院多数对租赁法进行解释的判决被推翻了。里德勋爵间接地提到了丹宁法官的观察，但是他似乎并不同意。里德勋爵说：

> 任何法院都无权以自己的词语替换议会立法的词语。然而，一个法院，能够，而且必须在一个特定的案件中决定适当的标准，而且当上诉法院已经确定了一项标准时，该项标准在所有没有实质性不同的案件中都应该被遵守……这并不意味着上诉法院所使用的词语被认为似乎它们是一项议会立法中
> 180 的词语。在实质不同的情况下，它们只是一种指导，而非一项规则。[30]

任何案件的判决理由在实质不同的情况下都只是一种指导，但是

---

〔28〕 [1959] AC 211 at 246.

〔29〕 *Potteries Electric Traction Co. Ltd.* v. *Bailey* (1931) AC 151.

〔30〕 *Goodrich* v. *Paisner* [1957] AC 65 at 88.

里德勋爵，与丹宁勋爵不同，明显认为后来案件中的法官应该尊重前面法官所使用的词语，以确定在这两种案件之间是否存在相关的不同之处。这种结论是由这样的事实产生的，此事实就是，在 *London Transport Executive* v. *Betts* 案[31]里，里德勋爵有效地确认了，就判决理由的约束力而言，在一项关于制定法解释的判决和一项关于任何法律问题的判决之间不存在任何区别。

虽然很可能会更进一步认为，存在一种固定惯例性质的事务，根据这种惯例，就制定法解释所做的判决只是后来所有实质事实都相同的案件的权威，不考虑法官认为对其判决而言属于必要的法律规则，对于为什么有关制定法解释的案件的判决理由可能必须有一定的效力，至少有一个原因。众所公认的是，关于同样词语的不同判决永远都不必被认为是冲突的，只要这些词语是被用在不同的制定法当中。

在某些案件中，当一个法院被要求就一部制定法中的某些词语作出解释时，就一部不同制定法里相同词语的含义所做的裁决没有受到尊重，仅因为该案件所关注的是一个不同的制定法。[32]当这种惯例被遵循时，先前案件的判决里又可以被分别解释，因为对其负责的法院可能会认为它正在遵循一项更为普遍的解释原则。在很多情况下，这种惯例是值得追求的，但是遗憾的是，法官们有时仅仅说引用的判例关键就在一部他们关注的不同的制定法上。可能有最好的理由以不同的方式解释不同的制定法，即使它们确实包含了同样的词语，但是一项判决如此做的根据总是应该被清晰地表达出来。

Campbell 案 181

当同样的词语在不同的制定法中被使用时，如果先例原则的效力比通常情况小的话，那么当其被应用至一部已经被法院解释

[31] [1959] AC 211 at 232.

[32] See *R.* v. *Evans-Jones and Jenkins* (1923) 17 Cr. App. Rep. 121.

过的制定法的重新制定时，它可能会更为刚性。在 Ex parta Campbell 案[33] 里，上诉法院法官詹姆斯(James LJ)说：

> 一旦一部议会立法中的某些词语在某一高级法院里得到了司法解释，而且立法机关在后来的制定法中不加修改地重复了它们，我认为立法机关一定是按照一个有资格的法院赋予它们的意思来使用它们。

按照文意，这种制定法解释规则意味着，如果一个初审法官以一种特定的方式对一部制定法进行了解释，而且该制定法以同样的形式被再次制定，上诉法院或贵族院就不能对它进行不同的解释。这是即将得出的推论，是由巴克马斯特勋爵(Lord Buckmaster)在 *Barras* v. *Aberdeen Steam Trawling and Fishing Co. Ltd.* 案[34] 里宣布的。然而，这种观点已经被两个贵族院的判决决定性地拒绝了，在这两份判决中的每一份中，贵族院议员们都拒绝给予一部重新制定的制定法以在此重新制定之前上诉法院的判决所赋予其术语的含义。在 *Farwell* v. *Alexander* 案里，威尔伯福斯对由议会来认可已决案件的原则表示了怀疑，其根据是假定立法者将它们存留于心经常地只是一种虚构。[35] 在同一个案件中，西蒙勋爵以不同的根据拒绝了这项原则；立法者确实可以被认为知道相关的判例法，但是他必须也要知道，任何解释他所使用的词语的判决根据先例的一般原理仅是它自己所处理案件的权威。[36] 在 *R.* v. *Chard* 案[37] 里没有引用 *Farwell* v. *Alexander* 案，但是在 *R.* v. *Chard* 案中，贵族院再一次地批判了巴克马斯特勋爵的观点。他们更倾向于麦克米兰勋爵在 Barras 案[38] 里所表达的观点，即支持议会认可的假定只适用于司法解释被很好地解决和很好地确认的情况，而

[33] (1869) LR 5 Ch. 703 at 706.

[34] (1933) AC 402, 412.

[35] (1977) AC 59, 74—75.

[36] (1977) AC 59, 89—91.

[37] (1984) AC 279.

[38] (1933) AC 402, 446—447.

且即使在那时它必须遵守这种规则，即制定法的语言在其能够被 182
清晰确认的情况下应该按照通常的意思进行解释。因此可以作出这样的结论，就是上诉法院法官詹姆斯的原则现在几乎没有什么力量。

5. 先例和欧洲共同体法

自1973年1月1日以来，可以直接在成员国内适用的那些欧盟法修正版已经成为英国法的渊源。这种发展的历史原因包括英国加入了《罗马条约》(the Treaty of Rome)和其他条约以及欧洲共同体法的制定。该法的第2节(4)规定“任何通过的或即将通过的法律规则”都将被解释和有效地从属于该节的规定，这就把欧洲共同体法注入进了国内法。对于这种注入的司法后果有两种观点。首先，议会主权已经受到了限制：任何防止法院使得欧盟法确定的直接可执行权利生效的国内法的规则都是不好的，这种观点在上诉法院得到了某些支持。“就此而论”，用上诉法院法官宾厄姆(Bingham LJ)的话来说就是，“一部联合王国的制定法不再像以前那样不可侵犯”。[39] 第二种观点，目前在贵族院里占主流，就是欧洲共同体法的注入已经导致了一种全新的制定法解释原理，据此议会的每一部法律都要按照避免与直接可执行权利冲突的方式来解释：1972年《欧洲共同体法》第2条第4款，用布里奇爵士的话来说就是，“其效力就如一个条款被注入”任何后来的制定法中一样，这规定了其条款不能侵犯直接可执行的欧洲共同体权利。[40] 根据前面这种观点，罗马条约和其他建立了不同共同体的条约都是英

---

〔39〕 *R.* v. *Secretary of Stale for Transport*, *ex pane Factormmc Ltd.* (1989) 2 CMLR 353. 403. See also the decision of the Court of Appeal in *Pickstone* v. *Freemans plc* (1989) AC 66, 73.

〔40〕 *R.* v. *Secretary of Slalefor Transport*, *ex pane Factortame Ltd.* (1990) 2 AC 85, 140. See also the decision of the House of Lords in *Pickstone* v. *Freemans plc* (1989) AC 66,109.

国法的最终渊源。按照后面这种观点,它们是派生渊源,它们作为英国法的组成部分,这种地位要归诸于 1972 年《欧洲共同体法》的
183 制定。无论根据任何一种观点,直接可执行的共同体法将被适用。如果经过参加方的相互同意而废除这些条约,有必要在它们中间作出一种确定的选择,联合王国的议会就要制定不可能以布里奇爵士建议的方法进行解释的立法,例如,如果它要废止 1972 年《欧洲共同体法》或直接立法规定某些规定会不考虑它与共同体法的冲突而直接生效。

英国法院忠诚地终极性地接受欧洲法院对欧洲共同体法的声明。它们也接受欧洲法院的法学,它建立了这样的原则,即在欧洲法和国内法的规则之间存在冲突的情况下,前者优先。[41] 就英国先例规则而言,至今还没有出现过这样的冲突。我们在第三章已经看到,上诉法院在 *Duke* v. *Reliance Systems Ltd.* 案中拒绝认为其自己之前的一个判决是失察判决,仅仅因为可能会影响了它对一部制定法进行解释的一项欧洲经济共同体的指令没有被引用。[42] 在这个案件中,约翰·唐纳德森爵士说他并不认为 1972 年《欧洲共同体法》第 2 条第 4 款"在本院具有废除先例原则的效果,即使当欧洲法牵涉进来亦是如此"[43]。然而,这个案件与直接可执行的权利无关,它所关涉的只是一项约束国家政府的指令,而且在任何情况下该指令都是直到其解释被质疑的制定法通过之后才被发布。无疑,如果一个先前的上诉法院判决忽视了某些欧洲共同体法可直接执行的条款,失察这种例外原则就会被适用。

认为在共同体法的规定和英国先例规则之间存在直接冲突就

---

[41] *Costa* v. *Enet* (6/64) (1964) ECR 585, 593—594 judgment of ECJ; *Amministrazione delle Finanie dello Stato* v. *Simmenthal SpA* (10 < i/77) (1978) ECR 629, 643—644 judgment of ECJ; *The Siskina* (1979) AC 210, 262 Lord Hailsham LC; *Macarthys Ltd.* v. *Smith* (1981) OB 180, 200 Lord Denning MR. *R.* v. *Secretary of State for Transport*, *exparle Factortame Ltd.* (No. 2), (1991) I All ER 70 ECJ and HL.

[42] See p. 151.

[43] (1988) QB 108, 113.

是想象这么一种情况，即，某些事情偏离了《罗马条约》第 177 条规定的程序。该条规定了在共同体法的问题被提交到成员国的任何法庭面前而且该法庭认为关于该问题的裁决有必要使得它作出一份裁断的场合，它可以要求欧洲法院作出初步的裁决。该条进一步规定了，在任何此类问题在一个悬而未决的案件中被提交到一 184
个法院面前——而且对于其裁决根据国内法没有任何司法救济——的场合，“该法庭要把该问题提交到欧洲法院”。因此，提交问题的决定权授予了所有法院，而且提交的义务被强加给了最终上诉法院。[44]

一旦被提交，其所获得的裁决无疑会约束提交的那个法院。如果与英国先例规则发生了直接冲突，类似于下列事件结果的事情就会出现。在案件 A 中，一个关于共同体法的问题的英国高级法院的规则，根据直接适用原则，同样是一个英国法的问题（1972 年《欧洲共同体法》第 3 节规定了共同体法的问题是法律问题而非事实问题，因此它们在这方面区别于外国法问题）。在案件 B 中，一个下级法院有以下选择：(1) 遵循案件 A 的判决理由；(2) 根据 177 条行使其决定权，将其提交给欧洲法院作出初步裁决；(3) 如果满意，或许根据欧洲法院的一项后来的裁决，案件 A 的判决是错误的，它自己要作出相反的裁决。选择(1)和(2)都代表了一种对英国先例规则的偏离。似乎清楚的是，欧洲法院自己的法学至少支持第二种选择。[45] 在 *Rheinmühlen* 案[46]中它判决任何一个国家法院内的等级约束规则都不能排除一个下级法院按照 177 条提交问题以要求得到一个初步裁决的权力。

对于前面出现过的情况而言，案件 A 中的英国上级法院将不

---

〔44〕 For a general discussion of Art. 177 and the preliminary rulings procedure. see T. C. Hartley, *The Foundations of European Community Law* (2nd edn.). ch. 9; N. Brown and F. G. Jacobs, *The Court of Justice of the European Communities* (3rd edn.), ch. 10.

〔45〕 Brown and Jacobs, *Court of Justice*. 318—322.

〔46〕 *Rheinmiihien* v. *Einfuhr-und Vorrolsslelle fur Getreide und Futtermittel* (146/73) (166/73) (1974) ECR 33 and 139.

得不,或不经提交而作出裁决,或作出超越依照提交所做的裁决而作出裁决。这可能会发生,就是说,如果上诉法院认为欧洲法院关于某一问题足够清楚以至于它不必行使其提交该问题的权力——总是假定它也被这样决定,至于它面前的这个问题,它不是最终的
185 上诉法院,因此它有权不提交。或者在贵族院认为最终上诉法院提交问题的义务因为某些欧洲法院的裁决已经涵盖了这个问题而并不适用的场合,或者在贵族院仅仅忽视了这个事实——关于共同体法的问题的裁决对于它得出结论而言必要不可少——的场合,它可能会出现。在后者的背景下,有人可能会猜测这种观点——失察原则并不适用,如在该院的判决理由和下级法院的判决[47]之间的那样——将不是决定性的。假设任何一种这些假定出现了,一个英国法院必须要在英国先例规则和欧洲法院的法学之间作出选择。的确,可能会有人论证说,根据《欧洲共同体法》第3节(1)它必定要这样做。该小节规定了"关于这些条约的意思或效力的任何问题"都要"按照欧洲法院规定的原则"来决定。可以争论的是,英国先例规则是否已经被部分地废除,这是一个与罗马条约的效力有关的问题。

〔47〕 *Cassell and Co. Lid.* v. *Broome* (1972) AC 1027, 1054 Lord Hailsham LC. *Baker* v. *R.* (1975) AC 774. 788 Lord Diplock; *Miliangos* v. *George Frank* (*Textiles*) *Ltd.* (1976) AC 443, 479 Lord Simon.

第六章 186

先例和司法推理

1. 介　　绍

本章以对司法推理可能被正确地描述为“演绎”或“归纳”的程度的研究开始。这个问题可能没有它被提出的频繁程度重要，但是本讨论将可能展现英国判例法的某些特征，它对先例的适用是有意义的。本章的其他部分主要关注类推推理，在第一章里我们曾对此进行了一些评论，现在提出英国先例原理的特征来详加考察。本主题是一个重要的主题，因为法官主要是通过这样的推理来发展出了一整套法律制度。在确定了一个先前案件的判决理由和——如果有必要——根据其他判决对这个案件进行了解释之后，他们必须决定是否将它适用到他们面前的这些事实中去。有时法官在这个问题上没有选择，因为根据先例规则，他必须受先前判例约束。在其他情况下，以前的判例是否应该被遵循，对于这个问题他有很大程度的选择权。最好的情况下，这种程序是发展法律的绝佳方式，在第三节我们将看到此点。它依然面临不少危险。着眼于确定过去判例的判决理由而对它们进行审议不会导致对这些判决的社会后果进行全面考察，而且先前的判例和法院面前的这个案件之间是否存在区别，当这个问题被处理时，重要的社会要素有时就被忽略了。这种危险在某种程度上是类推推理的产物，对此我们将在第四节进行讨论。在第五节，我们将关注没有可以进行对比的约束性先例的案件，在这样的案

187 件中,这种类型的案件经常被称为“初现案件”(cases of first impression)。

读者必须警惕,不要下这样的结论,就是讨论的与类推推理有关的程序,根据先例原则,无论如何都是法官必须遵守的程序。完全遵从该原则的判决和具有不容置疑的绝佳社会后果的判决无疑经常凭直觉就能作出,就此而言,现实主义者已经注意到了司法过程的一个重要特征。所有在这种性质的工作中能够完成的,就是去归纳被认为属于相当正常的司法推理类型。

本讨论限于关于法律的推理,并不企图讨论关于事实的推理。一个人的行为是否满足了一定的标准,诸如确定民事疏忽所需要的理性人所被期望的注意程度,这个问题有时被认为是一个法律问题[1],但是关于此主题的司法推理在本章并不讨论,因为关于它的裁决并不形成一个先例。[2] 相关的判例经常被比较,但是一个法官绝没有义务去比较它们。

2. 司法推理中的演绎和归纳[3]

对将司法推理的任何方面都描述为演绎的主要理由是,在该种论证的某一阶段进行三段论的论证是适当的。这最好通过把一项成文法适用至一个案件的事实中来加以展现。

假定A被控使用了一项流产器械进行了堕胎。支持有罪的论证可以描述如下:根据1861年《人身侵犯法》(the Offences against the Person Act, 1861),无论任何人,只要有意使任何妇女流产,非法使用任何器械,都犯下了该罪行,并被因此被判有罪,要被判处

---

[1] O. C. Jensen, *The Nature of Legal Argument.*

[2] *Qualcasi (Wolverhampton) Ltd.* v. *Haynes* [1959] AC 743.

[3] 关于本主题的讨论,见 Alien. *Law in the Making* (7th edn.), 161; Jensen, *The Nature of Legal Argument*, ch. 1; MacCormick, *Legal Reasoning and Legal Theory*, ch. 2; Stone, *Precedent and Law*, 22—31; Alexy, *A Theory of Legal Argumentation*, 221—230.

监禁终身。A 非法使用一项器械使得一个妇女流产，因此 A 犯下了被控的罪行。就其文字形式而言，这与“所有人都是必死的，苏 188
格拉底是人，因此苏格拉底是必死的”是同一种三段论。对于将第二个而非第一个描述成演绎推理的一个例子的证明，这两种陈述之间存在实质性的区别吗？拒绝认为这种类型的司法推理为演绎推理的人会指出这两种结论种类的不同。他们会极力主张，“A 犯下了被控的罪行”这个陈述的含义从根本上来说与苏格拉底的必死的含义是不同的。后面这个陈述是一个事实结论。苏格拉底注定要死。相比之下，A 犯下了被控的罪行，这句陈述只有经过参照大量的法律规则深思熟虑后才能得出，包括那些法官据以被授权惩罚被陪审团发现有罪之人的法律规则。当然应该对这种区别给予适当的注意，但是情况仍然可能是，在据以达成证明它们的每一种都是一个演绎推理的例子的方法之间有着充分的相似性。

反对使用这种描述的人也可能指出适用某些有效的演绎标准将法律规则应用到结论之间存在的困难。无论这些规则被描述得多么确定，它们一定总是与其他规则相关。因此通过探究对结论的否定是否定了一种前提还是另一些前提来检验一个以法律规则为基础的三段论的有效性，就会有些困难。例如，1964 年《营业许可法》(the Licensing Act, 1964)第 78 条(b)款规定给值班的巡警提供酒精饮料的酒馆老板会被罚款。这里没有提到被告人的精神状态，而且这看起来会遵循这样的事实，即 A，酒馆老板，给 B，一位值班的巡警提供了一杯啤酒，A 就违反了 178 条(b)款。但是，情况并不必然是这样的，因为法院根据在大量的其他背景下适用的一个规则来解释这个条款，大意是一个合理的事实错误是一次刑事控告的辩护理由。[4] 因此，如果 A 有合理的根据相信在给 B 提供酒精饮料时他已经下班，他就没有犯下被控的罪行，尽管制定法的文字可能说明 A 被判有罪是唯一可能的结论。一种对关于事实 189
的演绎推理的有效性标准检验当然是探究对结论的否定是否定了

〔4〕 *Sherras* v. *De Rutzen* [1895] 1 QB 918.

一个前提还是其他前提。如果它没有这样做,这个推理一定是错误的。但是,这项检验不可能被轻易地适用至讨论中的这种法律推理,这种反对意见能够通过这样的方案来解决,即当形成了适当的前提时,法律规则在本质上仍是可废止的。[5] 在前面给出的例子里,大前提是"一个酒店老板给值班的巡警供酒要被罚款,除非这种情况给了它某些辩护的理由"。可能的辩护理由不会太多。它包括精神错乱(insanity)、强迫(duress)和错误。

必须给这样的事实——大多数规则的前提范围是不确定的——留有余地。通常有一种它们可以毫不怀疑地适用的硬核,但是还有边缘,就这种边缘而言,相当多的怀疑不可避免。如果是关于法律的司法推理这个主题,硬核很罕见,因为它会导致关键在于事实问题的案件。位于边缘区域的案件确实需要进行关于法律的司法推理,但是在描述它们导致的作为演绎的这些推理时存在一种琐屑的成分。这是因为在这种推理形成三段论形式之前,关键的判决已经作出。在事实问题被发现之后,不仅三段论被建构出来,而且在任何有关规则范围的法律问题已经被解决之后,它也被建构了出来。[6]

这可以通过进一步引用 *R.* v. *Bourne* 案[7]来展现。这个案件的结果可以用三段论的形式描述如下:1861 年《人身侵犯法》仅惩罚那些非法适用器械有意使妇女流产的人。鲍纳医生没有非法地适用一项器械,因为他这样做是为了防止一个年轻的女孩身体受
190 损,因此鲍纳医生没有违反第 58 条。这个结论只有在有关"非法"的意思这个难点被解决之后才以制定法的术语和案件的事实遵循了三段论格式。麦克纳特恩法官没有诉诸任何三段论来解决这个

---

[5] 这是哈特描述的。see *Proceedings of the Aristotelian Society*, NS 49.171.

[6] 司法程序分为两种独立的探求类型,即(a)什么是相关角色(法律问题)?(b)当事人事实上做了规则要求之事(事实问题)吗?这会产生误导;它掩盖了这样的事实,即在法律规则的含义确定之前,不可能用该规则的术语来提及案件的事实。

[7] [1939] I KB 687, p.175.

问题。他通过对1929年儿童生命保护法的类推来进行推理。这部制定法应对的是杀害儿童的犯罪行为，而且为了界定这种犯罪行为，在一个儿童还没有脱离其母亲独立存在之前剥夺其生命并非不法，只要被告人这样做是为了保护这个母亲的生命。尽管在1861年法律中没有类似的规定，麦克纳特恩法官认为他自己有权按照该法使用的那样以一种类似的意义来解释“非法”这个词语的意思。他也解释了生命保护的例外，即避免一个肉体生命的受损而保护一种正常的健康生命。他也可能选择有关剥夺生命的不可抗辩性的众多陈述中的一种作为指出他从这里作出的不同结论的类推。选择了毁灭儿童生命的类推之后，他就会将它与堕胎区别开来，或是根据前一种犯罪行为的制定法定义明显指的是保护母亲生命的辩护理由，因而说明在另一种犯罪行为的制定法定义中它不可能被推论出来，或是根据鲍纳医生通过手术正在保护这个女孩的健康，而非侵犯她的生命。绝佳的理由可以用来支持麦克纳特恩法官所采取的过程，但是在他的结论以三段论的形式被呈交之前，它们必须被用来确定他的选择。

当一个司法判决以判例法为基础而没有参照任何制定法时，其推理可以在论证的最后阶段采取三段论形式。一旦法官就相关的规则、规则范围和事实作出了决定，那么其结论的有效性可以通过演绎以被认可的方式建立起来。再重复一遍，三段论是微不足道的，但是，无论我们关注的是制定法的适用还是判例的适用，在其被适用的阶段关涉的推理的琐屑并不会改变这样的事实，即它从本质上来说是演绎的。如果在一次法律论证的早期阶段适用的话，演绎推理可以不那么微不足道。它能够被用来暴露辩护人辩论或者甚至一项先前判决的司法推理的逻辑谬误，但是对这些可能性的讨论仅是为了普遍地处理判例法的效力以及特别关于法律 191
推理的先例原则。

关于法律的司法推理可以被正确地描述为归纳推理，这种观念来自于这样的事实，即一个法官经常从一项或更多的先前判决中析取出一项规则来裁判其面前的案件。作为选择，他有时确立一项规则,然后通过过去的判例来对其进行检验。第一个程序可能类似于科学家的归纳,他从特定的情况中形成普遍的事实命题,而第二种程序可能类似于所谓的“辅助归纳”(secondary induction)[8],通过它,特定的情况被用来确立或否定一项已经形成的普遍命题。尽管有关判例的司法推理和这些归纳程序很是类似,但是它们之间的不同足以使人们对将司法推理描述成归纳推理的适当性产生最严重的怀疑。最重要的原因是,对于科学家而言,此刻的事件或者与他从特定的诸多情况中形成的普遍命题相关,因为它就是这些情况中的一个,或者与他已经形成的规则的检验相关,因为它是据以检验此项规则的材料的一部分。另一方面,对于法官而言,规则的目的在于在裁决此刻案件中提供帮助。引用一位美国学者的话来说就是:

> 法官并不利用他面前这个案件作为检验他在作出结论时的推理过程中所适用的规则的有效性的手段。根据法律的整个判决理由就是规则支配案件,而非,像科学规律受事件的支配。[9]

关于法律的司法推理是演绎的还是归纳的,这个问题并不能进行一般的回答,因为每一种情况都依赖于提出此问题的辩论阶段。当试图对其作出一般回答时,通常就是说当涉及的是适用制定法时就是演绎推理,因为它是从一般到具体,但当涉及的是判例法的适用时,它就是归纳推理,因为它是从具体到一般。前面的讨
192 论说明通常的回答会遭遇两种反对意见。首先,在适用制定法的法律案件(law cases)和典型的关于事实的演绎推理的场合之间的相似之处远多于判例的适用和关于事实问题的归纳推理之间的相似之处。其次,通常回答的支持者将这种推理描述为演绎推理,在判例法的适用中所起到的作用同它在制定法的适用中一样多。

---

〔8〕 Kneale, *Probability and Induction*, 104.

〔9〕 Dickinson, 79 *University of Pennsylvania Law Review* 833.

3. 类推推理[10]

就一个单独的先例而言，可以指出类推司法推理的三个阶段，尽管这并不说明在实践中它们总是分离的。首先是对先前判例和法院面前的案件之间相关类似性的理解。接下来要确定先前判例的判决理由，最后决定将该判决理由适用至当下这个案件中。类推可以被认为是在第一个阶段适用，它在第二个阶段不起作用，但是在第三个阶段它经常起到了决定性作用，在该阶段，法官必须考虑他面前这个案件的事实和先前那个判例的事实是否类似到足以适用其判决理由，或者说服他如果他愿意的话就可以适用它。

在某些最为重要的判例中，*Donoghue* v. *Stevenson* 案一直被认为是为此种推理提供了很好的例证。我们已经看到，关于 *Donoghue* 案的判决理由，被普遍接受的观点是：

> 一个产品的生产商，他以想要产品到达最终消费者的形式出售商品，以这种形式，他们并没有给消费者进行任何中间检查的可能性，而且他们知道，在准备或提供这些产品时不尽合理的注意义务将导致对消费者的生命或财产造成损害，他们有责任对消费者承担合理注意的义务。[11]

4 年之后，有人在 *Grant* v. *The Australian Knitting Mills* 案[12]中，不得已而求其次地（faute de mieux）论辩说，*Donoghue* v. *Stevenson* 案的原则被限定为这样的案件——在这些案件中，食品和饮料被投入流通领域，除了消费者之外的任何人都没有接触它的可能。原 193

---

〔10〕 关于该主题的讨论，见 Levi, *An Introduction to Legal Reasoning*; McCormick, *Legal Reasoning and Legal Theory*, 161—165, 180—194; Alexy, *A Theory of Legal Argumentation*, 281—284.

〔11〕 p. 44.

〔12〕 [1936] AC 85.

告因穿戴包含了过量亚硫酸盐的裤子而感染了皮炎，这是因为作为被告人的制造商的疏忽。这些裤子是从一个零售商那里买来的，因此在原告和制造商之间没有契约关系。当怀特爵士给枢密院司法委员会提出建议时，他自己就该案件的这个方面的意见表述如下：

> 辩护律师……试图将目前的案件和 *Donoghue* 案区别开来，根据就是在 *Donoghue* 案里，姜汁啤酒的生产商他们将它放进了塞住口加以密封的瓶子这个角度而言，它们"控制"着它，因此在其被打开饮用前没有任何损害，然而被讨论中的衣服仅仅是被装进了纸箱里了，每箱六套，在正常过程中它会被商店的店主装卸和打开，而且对其分别进行处理……阁下们并不接受此种论辩。*Donoghue* 案的判决并不取决于这个被塞住口加以密封的瓶子。此方面的关键问题在于此商品应该在离开制造商时到达了易受同样瑕疵之害的消费者或用户手里。这对于那件衣物而言也是如此，在阁下的眼里，这毋庸置疑。[13]

在 *Haseldine* v. *Daw* 案[14]里，原告因某电梯垮塌而受伤，他乘坐这个电梯到一个大型街区的租户所在的楼层去。案发时，该房东雇佣了一个工程公司来修复该电梯，并且电梯的垮塌是因该工程公司的过失而发生的。摆在上诉法院面前的问题是，该院是否一定作出支持原告胜诉而这些工程师败诉的判决。多数认为他们支持，引用上诉法院法官戈达德的话来说就是：

> 事实显示了直接进行检查是不可行的或不可预期的，一个动产的修理者的地位同生产商没有区别，因而对在通常过程中可以被期望适用被维修之物的人负有注意义务。[15]

---

〔13〕 Ibid. 106—107.

〔14〕 [1941] 2 KB 343.

〔15〕 At 379.

Donoghue 案的原则因此通过类推被扩大，尽管 *Haseldine* v. *Daw* 案与之有两个不同特征。首先，被告是修理者而非制造商。早些的权威已经说明一个修理者不对如此事实负责。在 *Donoghue* v. *Stevenson* 案里，这些权威被认为已经开启了这些案件被辩护的方式。[16] 然而，阿特金勋爵认为 *Donoghue* 案的效力范围仅限于制造 194
商，这在 *Haseldine* v. *Daw* 案的异议判决中被强调。足以区分这两个案件的第二个特征是这样的事实，即在修理完成后这个电梯本应该进行检查，而制造商对该姜汁啤酒在第一杯啤酒倒出时因有毒物质不必然从这个瓶子里出来而不可能在被消费之前进行了检查。阿特金勋爵引用"没有中间检查的合理可能性"是否意味着在事实上是可能的，或者被告人可以合理预见到的检查？*Haseldine* v. *Daw* 案在第二种意义上给予了回答。

我们目前关注的司法推理类型可能导致当下的案件被一种不同于构成了先前案件的判决理由的规则所裁决。我们已经知道了两个案件之间的相异和类似之处，先前案件的判决理由已经确定，法院可以决定这个判决理由并不适用于当下情境，而且不应该被扩展以包含它。可以通过规则自身的条件或注意某些其他规则的必要性来作出这样的判决。该规则自身的条件说明上诉法院拒绝在 *Farr* v. *Butters* 案[17] 中适用 *Donoghue* v. *Stevenson* 案。在该案中，制造商将一台起重机的各个部件卖给了一个工人的雇主，该制造商被判不对这个工人的死亡负责。在他将这些部件组装起来时本来有很多机会来检查该起重机的缺陷，而且他事实上已经注意到了这些缺陷的存在。一种有竞争性的类推导致阿特金森法官(Atkinson J)不情愿地放弃了在 *Otto and Otto* v. *Bolton & Norris* 案[18] 里适用 *Donoghue* v. *Stevenson* 案。一栋房屋的建造者被判不

---

[16]　[1932] 1 AC 562 at 591.

[17]　[1932] 2 KB 606.

[18]　[1936] 2 KB 46.

用对购买者的妈妈因有缺陷的天花板垮塌而受到的伤害负责。[19]
195 当类推推理导致先前案件的区别时，一个人是否谈及该推理当然是一个纯粹语词问题。

让我们回到类推推理的三个主要推理阶段，对先前案件和法院面前的案件之间的相关类似或区别的感知在很大程度上取决于情境。与注定存在大量的任何律师都马上会确认为非实质的不同这个事实不同，当下案件被论证和辩护的方式经常具有极端重要性。先前案件的判决理由的发现主要是一个心理学问题。法官A确定法官B裁决案件C的原则，很可能受到法官B所使用语言的巨大影响，但是这些语词不应该是，通常也不是决定性的。一部制定法的文义解释可能被认为会支持它，但是不会被认为支持这样的一种对先前判决的解释。当采取这种进路时，我们的判例法只有在极少数情况下才如此运行。[20]

还有一个决定将先前案件的判决理由适用至当下案件的问题。有时，在这个问题上没有什么选择。假定枢密院在听审一个澳大利亚上诉案件时不受 *Donoghue* v. *Stevenson* 案约束，那么很难不将该判决适用至 *Grant* v. *The Australian Knitting Mills*（该案是关于被亚硫酸盐污染的裤子的）。[21] 在其他情境下，无疑会有选择的空间，因为律师们对于先前案件和法院面前的这个案件之间的某些相似之处的法律意义可以有充分的理由抱持不同的观点。在此事件中，所有事情都取决于法官是否考虑先前案件据以裁决所使用的规则是一种应该被扩展或限制的规则。对于 *Haseldine* v.

---

〔19〕 *Donoghue* v. *Stevenson* 案的规则可以适用于今天的这些事实（*D. and F. Estates Ltd.* v. *Church Commissioners for England* [1989] AC 187; *Murphy* v. *Brentwood DC* (1990) 2 ALL ER 908.

〔20〕 See the interpretation of the words of Willes J in *Indermaur* v. *Dames* (1866) LR I CP 274.

〔21〕 在遵循一个判例问题上是否真的有选择，这个问题当然一定在某些程度上是一个见仁见智的问题。例如，有人论证说，这条裤子在穿前已经被选过了，这个事实提供了区别 *Grant's* 案和 *Donoghue* v. *Stevenson* 案的一个令人满意的理由。

Daw 案(有缺陷的电梯案)所涉及的问题,本可以采取不同看法,事实上也的确如此。*Donoghue* v. *Stevenson* 案的原则是否如适用于制造商那样适用于修理者?当有此可能性时它的确被适用——但是没有中间检查的可能性——了吗?为什么这些问题都被得到了肯定的答复,上诉法院法官戈达德已经在一个先前的案件中对其原因做了陈述: 196

> 相邻义务的法律概念已经由贵族院在 *Donoghue* v. *Stevenson* 案里作了权威的规定,而且现代趋势还在加大,而不是限制该义务的范围。普通法必须扩张以保持与现代生活同步。[22]

这种趋势并没有在所有考虑了 *Donoghue* v. *Stevenson* 案的判决中展现出来[23],而且无疑正是对无限制的侵权责任扩张的恐惧构成了 *Haseldine* v. *Daw* 案异议判决的基石。

前面对司法类推推理的描述是不完全的。在并非一个先前案件的某项附随意见中提到的事实经常成为起点,而推理通常与一个以上过去判决有关。当涉及几个判决时,推理就会有四个阶段:对当下案件和大量先前案件的类推(可能经常是冲突的)的把握,确定先前案件的判决理由,从那些判决理由中建构一项规则或几项规则,以及确定将该项规则或那几项规则中的一项适用至当下案件中。[24] 尽管前面的讨论尚不充分,我们还是希望已经足够使读者认识到,存在一种危险,就是此种类推推理可能有时过于狭窄并因此导致概念论(conceptualism)。

---

〔22〕 *Hawon* v. *Wearmouth Coat Co. Ltd. & Sunderland Gas Co.* [1939] 3 All ER 47 at 54.

〔23〕 See e.g. *Barnett* v. *Packer* [1940] 3 All ER 575.

〔24〕 For an illustration see the speech of Lord Diplock in *Dorset Yacht Co. Ltd.* v. *Home Office* [1970] AC 1004 *infra*, pp. 205—206.

4. 概念论和类推推理

当在类推推理的第三阶段所考虑的那些因素受到不当限制
197 时,这种推理导致概念论。例如,法官在思考决定是否适用一个先例的判决理由的因素中不会考虑他的判决的社会后果。

在《法律史解释》(Interpretation of Legal Law)〔25〕的一个著名的篇章中,哈佛的罗斯科·庞德院长对19世纪的法院的一种态度提出了抗议,根据是:

> 一个历史地演化而来的概念是司法行为的全部检验标准。这种概念并非被用来适用于某个案件从而为这个特定案件带来一个结果,据此,法律是根据其目的而被赋予效力的。特定案件的结果是不重要的。这个案件是要按照普罗克拉斯提斯(Procrustes)*的方式来适应这种概念的。

就美国而言,20世纪的*Hynes* v. *New York Central Railway Co.*案〔26〕因纽约上诉法院(New York Court of Appeals)对"概念法学"〔27〕的指责被认为已经成为这个时代的一个欢迎辞。被告人的电气化铁路在哈林河(Harlem River)边通过。从它们的一个堤岸算起,一个跳板超越了被告人的财产界线8½英尺。一个在河里游泳的男孩,合法地行使着其作为一个公民的权利,爬到了这个堤岸上,走到了这个跳板的末端,在这里撞上了因被告人的雇员过失而从被告人的电杆上垂落了下来的电线并死掉了。法院判决这个男孩的代理人可以从该铁路公司那里得到损害救济,尽管从技术上讲,这个男孩是该铁路公司财产的非法侵犯者。在卡多佐法官做判决的

〔25〕 At p. 119.

* 普罗克拉斯提斯,古希腊传说中阿提卡(Attica)的一个强盗,他将被他抓到的人放在一张铁床上,比床长的人,被其砍去长出的部分;比床短的人,被其强行拉长,后来被提修斯用同样手法杀掉。——译者注

〔26〕 (1921) 231 NY 229.

〔27〕 这个概念似乎来自耶林。

过程中,他说这个案件典型地反映了"法学概念"、原理和概念的扩张而无情的漠视"干巴巴的极端逻辑"所产生的结果的危险。[28]

> 在某种意义上,而且是高度技术性和人为的意义上,伸出跳板的末端的跳水者是临近土地的入侵者,在行使其公共权利时他仍在公共水域。法律必须决定这是否使得他遵守此领域或另一领域的此地或其他地方的规则。

它的根据并不在于这样的事实,即伸出的跳板因财产法应该同侵权法同等对待而属于此土地的一部分。

对庞德和卡多佐反对的缺点,另一种描述方式是说它是根据 198
下面的说法进行论证的:"在本案中死者是一位非法侵入者。以前的案件显示,不需对非法侵入者负注意义务,因此对该死者不需负注意义务,尽管他的非法入侵是伴随着行使其在应对其负注意义务的公共河流中游泳的权利中产生的。一个人不可能因某一部门法就受到一种法律的保护,例如与被告人驱逐非法入侵者的权力有关的法律,而且也不因另一部门法就受到另一种法律的保护,例如与被告人注意义务有关的法律。"这种谬误——如果它是一种谬误,就是一种类推推理导致的错误,因为,如果本案首先与关于土地所有人对那些行使公共权利的人之义务的先前案件相比较,然后才与土地所有人对非法入侵者的义务相比较,本案一定会看起来与第二种案件比第一种案件更为接近。只有在考虑了判决的结果时,对遵循第二类案件的智慧的怀疑才有可能出现。例如,这样的一种情境颇不现实,就是两个游泳者被同一根因土地占有者的过失而垂下的电线击中,一位可以得到救济,因为当时他在水里,而另一位则不能,因为他正在跳向水里。[29]

与字词和短语的意思有关的案件使得目前讨论的类推推理的

---

〔28〕 At 235—236.

〔29〕 多亏 *British Railways Board* v. *Herrington* [1972] AC 879 案,英国法现在才有了一个理性的判决。

危险更为凸现。接受下列的推理非常容易:本案与某种表达有关。这种表达以先前一个案件中的某种方式被解释,因此这种解释应该被应用至本案。扩大这种进路的害处是不必要的。它们可以被总结为“忽略短语被适用的语境是错误的”。

讨论中的这种缺点,英国法官普遍不具有。我们已经看到霍斯伯里勋爵如何拒绝引用一个案件的命题,这个命题似乎是从这个案件中合乎逻辑地得出的。霍斯伯里继续说到:

199 这样的一种推理模式假定法律必定是一部逻辑法典,而每一个法律人一定知道,法律并不总是逻辑的。[30]

此背景下的“逻辑”似乎是一致性(consistency)的同义词。霍斯伯里勋爵的评论所针对的那种缺点似乎是先前案件据以裁决的规则扩张至这样的案件,该案根据其事实不去停止考虑该规则是否应该被扩张就不可能合理地被区分开来。无疑,法院有时以此方式行事,但是,它们主要按照下面的观点进行审判,即来自不同时代的案件之间的合理区别要好于将一项旧规则扩张至现代情境下——在此情境下,它的运作不会令人满意。一个丈夫有权因被告人的过失提起诉讼要求得到因其妻子配偶权的损失方面的赔偿。一致性似乎已经要求贵族院本应该在 1951 年这个问题提交给它们时授予一项针对妻子的权利,但是配偶权损失诉讼现在被认为是异常的,而且其范围并没有被贵族院扩张。[31] 贵族院在法律上不受关于丈夫诉讼的判决约束,但是它很难考虑推翻它们。

规则需要合适而且异乎寻常地不应该被扩张,这种认识不一定被允许遮蔽基于一致性需要的论证的普遍功效。霍斯伯里勋爵反对的仅是将法律必须看做逻辑法典。我们的大部分法律之所以获得演化,仅因为判例被引用的原因就是其命题是从其中合乎逻辑地推导出来的。

---

〔30〕 [1901] AC 495 at 506, p.57.

〔31〕 *Best* v. *Fox* (1952] AC 716.

普通法对如此多的不合逻辑给予了包容，特别是就其表面而言，但是对于任何法律制度而言，如果其根基都是不合逻辑的，那么它根本就无法运行。[32]

5. 初现案件[33] 200

我们记得威勒斯法官(Willes J)说过：

当私人正义、道德正确和公共便利被适用至一个新主题时，它们就成为没有先例的普通法。[34]

这并不意味着，当这个案件初现时，法官通常仅根据他个人观点作出裁判。一项仅仅说明了案件事实和论辩情况并根据正义、道德正确或公共便利作出一方或其他当事人应该获胜的判决几乎就是一项没有理由的判决，而且当遭遇全新的法律问题时，现代英国法官通常不会作出这样的判决。对他而言，通常的程序是指出各方的正反论辩情况，而且形成他的判决所依靠的原则。

不言而喻，一个法官通常不会只考虑案件的一面，但是这就是 *Preistley* v. *Fowler* 案[35]所遇到的情况，该判决是雇员据以不能因同事的过失受损而向雇主要求救济的共同雇佣原理的基础。一个屠户的雇员因弄翻了一个因其同事过失而超载的货车而受伤。他要求他的雇主给予救济，在确认了对此没有任何先例之后，厄宾格勋爵通过考虑一个支持原告的判决所带来的后果对该案进行了裁判。

举例来说，雇主要为女仆出于过失将一个雇员安置在一

---

〔32〕 Lord Devlin in *Hedley Byrne and Co. Ltd.* v. *Helkrand Partners Ltd.* (1964] AC 464 at 516.

〔33〕 See Le Froy, "Judge-Made Law". *LQR* 20 (1904). 399, and "The Basis of Case-Law." *LQR* 22 (1906), 293.

〔34〕 p. 28.

〔35〕 (1838) 3 M. and W. 1.

> 张潮湿的床上而对该雇员负责；为家具商送出了一个不安全的床架——当其睡觉时他跌落下来并弄伤了自己——而负责；为厨师过失地没有适当地清洁厨房里使用的铜器皿而负责；就这个屠户而言，给这个家庭供应了有害于健康的肉，他要负责；就一个房屋的建筑商而言，他所营造的房子地基有缺陷因此垮塌，不仅伤到了雇主也伤到了雇员，他也要负责。

201 诚然，这些言辞都与家庭雇员有关，但是早在 1838 年就已经是工业时代了，当时 *Priestley* v. *Fowler* 案被判决，因一项普遍规则——雇主不对因另一雇员过失而对他的雇员负责——的不正义，而且，如果厄宾格勋爵停下来思考这种不正义，他至少保留他的观点，这本可以阻止 *Priestley* v. *Fowler* 案成为共同雇佣原理的基础。他对相反判决的灾难后果考虑的相当不足。雇员和独立的承包人之间的区别在 1938 年不如后来那样清晰，但是，即使在那时，一个雇主是否对任何人因他的家具商、屠户或建筑商的过失负责，还是一件不能确定的事。

当法官的确考虑了每一方的正反情况，没有一种被大家所确认的推理名称，但是它具有其自身的特征，可以将它与演绎和归纳区分开。它已经被维斯德莫教授(Professor Wisdom)很好地描述如下：

> 这是一种衡量一个由各自非决定的项目组成的团体的集合效应对另一个各自非决定的项目组成的团体的集合效应的问题。[36]

关于事实问题的推理并不一样。法官有时必须考虑他的判决所可能带来的社会效果，但是他也关心他的判决根据既存的法律原则得以证成的方式，其判决可以为未来作支持的法律论证的种类以及相互冲突的类比力量。

一个例子就是，贵族院在 *Lister* v. *Romford Ice & Cold Storage*

---

〔36〕 *Philosophy and Psycho-analysis*, 157.

Co. Ltd. 案[37]中以 3:2 的多数作出判决所适用的方法。上诉人是一位被告人雇用的大货车司机。他在被雇过程中过失驾驶，而且导致了对同事的人身伤害，对于这位同事，被告人被判替代性地有责任赔偿损害，共同雇佣原理在之前已经被制定法废除了。被告人要求上诉人赔偿。他有小心驾驶的契约义务以及他违反了这种 202
义务并导致了被告人被要求赔偿的损害，对此没有太多争议。但是在雇佣合同中有一个潜在的条件，那就是被告人将保证他们不承担因上诉人的过失而导致的对第三方责任，而且他们不要求他赔偿，对此却有争议。被告人事实上受保险的保护，而且这种要求也是在其保险公司的鼓动下提起的。如果考虑去比较五个独立判决的困难，支持或反对贵族院多数判决被告人胜诉的理由可以归纳如下：

(1) 建议的潜在条件不可能刚好形成。被告人保证不进行所有针对上诉人的过失的要求么，或者在所有习惯于如此行事的情况下亦是如此么，或者潜在条件仅仅是被告人允许上诉人拥有任何关于争议中的责任方面已经由他们实际上扣除的保险利益么？支持上诉人就要求这些暗示的最后一个要足够准确。

(2) 在一个有关雇主保险义务的雇佣合同中，从条件的暗示中应该得出的观点在哪里？一种与上诉人所争论的有关暗示应该被包括在一份雇佣起重机驾驶员、建造者或甚至一个家政服务员的契约中么？支持上诉人就要求这个答案取决于这个问题，即对于雇主而言，保证不受讨论中的损害之牵连，这是否是习惯做法？

(3) 如果这样的一个暗示应该在今天的一份雇佣大货车司机的契约里作出，什么时候它成为它应该成为的法律？它应该在1930 年道路交通法之前作出吗，当时第三方保险是普通险而非强制险。或者 1930 年道路交通法改变了有关在一份大货车雇佣契约中被暗示的条件的法律了么？反对这一点就要求这种暗示在今

---

〔37〕 [1957] AC 555. See also the analysis of the judgment in re *Makein* [1955] ch. 194 by Professor Hart in *Proceedings of the Aristotelian Society*, suppl., 29,262.

天能够被充分地作出。在没有约束性先例时，普通法不时发生变化，尽管很难说这种变化是如何以及何时发生的。

(4) 保险商有代位求偿权(a right of subrogation)，例如，如果他因要求给了被保险人钱款，他就被放在了被保险人的地位上，取
203 得同于后者针对其他人的权利。允许本案的上诉会剥夺被告人的保险商的代位求偿权。支持上诉人，就要求，如果这是一种艰难，它是一种反对保险商能够保护他们自己的艰难。

(5) 作出上诉人所论争的暗示就会鼓励他放松小心驾车的义务。支持上诉人就要求类似的反对能够针对所有确保不受第三方风险干扰的契约作出，即使此时与雇主的个人责任有关。

前面的分析中出现了三点。首先，这些论证就其术语而言是普遍的。如果它们可以被认为是以私人正义、道德正确或公共便利为基础，它就与大量可能的案件有关，而非仅仅跟法院面前这个案件有关。[38] 如果真的可以说初现案件的普通判决反映了法院的个人观点，那些观点与案件的可能反响比其特定事实更有关联。其次，即使在司法判决以很多独立的命题的集合效应为基础时，事情不可避免地会发展到法官只能说"我已经权衡了我所陈述过的正反两方，现在我考虑所说的正反两方意见后根据我已经形成的原则作出如此这般的判决"。重要的是，正反两方应该被首先权衡，这正是司法过程的核心。最后，关于有关排除针对不小心驾驶的制裁之危险的第五点，我们会注意到，法律贵族们是在根据猜测行动。没有探究普通的大货车司机对其雇主期待责任和其后果的反应——如果有的话。收集这种性质的普遍证据并非英国法院的惯例。美国法院已经被认为是从布兰代斯法官(Brandeis J)——当时他还是律师——在一件有关劳动立法的案件中促使最高法院考

〔38〕 司法推理的特征目前被通称为"普遍化的"，见 e. g. MacCornick, *Legal Reasoning and Legal Theory*, ch. 4.

虑长工作时间的效果以来就已经开始这样做。[39]“布兰代斯大纲”里面有很多内容是支持它的，但是对于一个英国人而言，有充分理由可以认为，如果一个法院想要不限于按照其成员关于这些问题的个人观念行动，那么它会考虑最好被认为是议会立法前奏的问题。 204

尽管对于有先例的案件而言，类推推理是一种典型情况，而对于没有先例的案件，对有关独立命题的集合效应进行推理是此类案件的特征，它们并非是格格不入的。如果“先例”这个术语被解释得足够宽泛，几乎就没有那种从文意上无法充当类似案件的案件，无论有多遥远。在某些案件中，重要的附随意见和先前判决确实在很大程度上澄清了这些问题，尽管最终的答案只能借助对有关独立命题的集合效应进行推理来提供，这种推理经常要平衡不同的政策考量。

Dorset Yacht Co. Ltd. v. *Home Office* 案[40]正是一个这样的案件。这个问题是，假定它们的管理人的过失能够被证明，内务部是否对从位于布朗海岛的一个营地里逃跑出来的教养院(Borstal)的受训者对停泊在普尔港的游艇的损害负责。通过4∶1的多数，贵族院的回答是肯定的。无可争议的是，如果这些管理人因过失而负责，内务部负替代责任，但是并没有指出过失地允许精神正常的成年人逃脱看护而侵犯第三方权利就要负责的直接权威。阿特金勋爵在 *Donoghue* v. *Stevenson* 案里阐述的“邻居”原则简述如下：

> 你必须采取合理的注意，以避免你可以合理预见的行为或疏忽可能会伤害到你的邻居。那么在法律上谁是你的邻居？答案看起来就是那些人——他们会受到我的行为如此密

---

〔39〕 See Cardozo, *Growth of the Law*, 124. Lister's 案判决的效果事实上被跨部门委员会在劳工部考虑过了(22 MLR 652)。尽管它给出了几种建议，该委员会并没有对立法施加压力，没有一个法院会得到该委员会得到的所有证据。

〔40〕 [1970] AC 1004.

集和直接的影响,以至于当我做讨论中的那些行为或疏忽时我要合理地考虑他们会受这些影响。[41]

但是,邻居原则在英国法中并不能普遍适用,而且对某些与第三方
205 行为有关的案件更是如此。还没有建议,A 因不能阻止 A 无权控制的人们对 B 的人身或财产伤害而负责,无论他制止这种伤害有多么容易。然而,该案中多数中的三位成员将邻居原则放在了他们推理的最前面,因而作出结论,在该案中并没有证明没有按照该原则行事。

迪普洛克勋爵,该案判决多数派中的第四位成员,分析了某些罕见案件中的法官推理,在这些案件中,法官最终按照政策考虑行事,他们行使了一种他们不情愿称呼的立法职能。他在这些权威被认为是"归纳"的第一阶段描述了这种推理:

在所有已经被分析的判决中,注意义务被发现存在于任何行为和关系具有 A、B、C、D 等每一特征的地方,当这些特征一个都没有时,注意义务亦不存在。

然后就是迪普洛克描述为"演绎"推理的阶段:

在所有判决中,当行为和关系具有 A、B、C、D 等每一特征时,就有注意义务。[42]

迪普洛克勋爵然后强调指出,在根据相关权威形成一个原则时,必须给包含在这种分析中的案件的出现以及缺席的特征留足空间:

凡是案件中的行为和关系具有 A、B、C、D 等每一特征,而不具有被排除分析的案件里的 Z、Y、X 等每一特征时,注意义务就存在。

在详尽地考察了包含了 *Ellis* v. *The Home Office* 案[43]——在该案

[41] 完全的陈述在上书第 44 页中有详述。

[42] [1970] AC at 1059.

[43] [1953] 2 QB 135.

中，内政部为监狱官员过失地允许一个暴力囚徒伤害另一个同室者而负责——的权威后，迪普洛克勋爵作出结论：

> A因为C（对其行为自负法律责任）的侵权行为对B的人身或财产造成损失而负有责任，如果A和C的关系具有以下特征：(1) A具有法律权利阻止并管束被拘禁的C；(2) 当C在侵权时A确实在行使其监禁C的法律权利；而且(3) 如果A在行使其监管权利时有合理的注意就可以阻止C侵犯B的人身或财产；而且如果A和B之间的关系具备以下特征：(4) 在C侵权时，A具有法律权利去控制B的处境或财产免遭C的接近；(5) A可以合理地预见到，如果他不采取合理的注意阻止C做下这种侵权行为，B可能会受到人身或财产的损害。[44] 206

特征(2)和(4)，在Ellis案里有，在目前讨论的案件里没有，但是迪普洛克勋爵判决，艾利斯在受伤时处于他的攻击者的监护人监管之下，这个事实对于这些监护人对因其过失而财产或人身受损的人应负的注意义务而言是不重要的。最终的裁决只能通过平衡通过教养院训练——这种训练经常失败——而使得罪犯回归社会中的公共利益和人身或财产的整合方面的个人利益来实现。

6. 结　　论

类推推理是遵循先例和我们的先例原理的特色产物。它导致了创造规则并因此限制了通过独立前提的集合效应进行的推理范围。当这个问题是本案是否符合一个特定规则时，相关的前提就比这个问题更为普遍时要少。类推推理的主要危险已经探讨过了。它们当然不足以宣称对遵循先例的价值产生怀疑。

先例原理会导致的更进一步的两个危险应该在对法律推理的

〔44〕［1970］AC at 1063.

效果讨论结束时提出来。第一点就是,它可能掩饰了这个事实,即
207 实际上对于某一特定判决并没有给出理由。我们已经看到,仅仅根据宣称如此判决才是正义或便利的所做的判决与那些没有理由的判决没有实质区别。当一个判决提到了冲突案件并仅仅指出某些要被遵循,某些不被遵循,或者在可能的情况下,将被推翻,但没有指出为什么要这样做时,这种判决无异于一份没有理由的判决。不必说此类判决是例外[45],但是它们经常发生得比大多数英国法律人愿意承认得要多。

先例原理导致的第二种危险来自于不可能引用所有相关判例。如果后来发现冲突判决被忽视了,就会存在这样的一种风险,即为了掩藏这种冲突,过于琐屑的区别会被得出。失察的风险在今天因为电脑检索系统(computerized retrieval systems)的使用要小些。但是这些会带来过度引用并不展现例外原则的未经汇编的判决的危险,这种惯例最近遭到了英国法院的反对。[46]

---

〔45〕 But see *R.* v. *Podola* 11960) I OB 325.就有关举证责任的判决而言,刑事上诉法院的判决不过是表达了与上诉人的律师观点不同并陈述了之前的判例,指出了某些判例已被推翻。对任一做法的接受,都没有给出理由。

〔46〕 *Stanley* v. *International Harvester Co. of Great Britain Ltd.*, *The Times*, 7 Feb. 1983 CA; *Roberts Petroleum Ltd.* v. *Bernard Kennedy Ltd.* (1983) 2 AC 192 HL.

第七章

先例和法律理论

208

1. 先例和法律的定义

英国的先例原理提出了与法律定义有关的问题。基于目前的讨论，这些问题可以主要地被简化为两个问题：(1) 提出的定义认为案件的判决理由是立法的内容吗？(2) 提出的定义包括把案件的判决理由当作权威的规则（例如，某特定判决理由据以有法律效力的规则）吗？如果第一个问题的答案是否定的，那么这种定义在被适用至英国法律制度中时一定会被拒绝。所有法律人都会毫不犹豫地说，*Rylands* v. *Fletcher* 案的规则同要求一个意志必须由两个证人签字的制定法规则一样都是英国法的规则。更值得怀疑的是，如果第二个问题的答案是否定的，这种提出的法律定义是否会被拒绝。在一项构成判决理由或来自判决理由的规则和一项授予该判决理由权威的规则之间存在不同，正如在一项基于制定法内容的规则和一项授予该制定法权威的规则存在不同一样。现在可以说，这种差别大的足以正当地将第二种规则从法律定义中排除出去。

萨蒙德（Salmond）

根据萨蒙德的说法，“法律由法院确认和据以行事的规则组

成。"[1]孤立地看,这种定义过于宽泛,因为它包括了法院,和我们
209 中的其他人一样,据以形成它们的事实结论的普通推理规则。这种说法一定与萨蒙德著作中的下列重要篇章有关:

> 法律必须以一项或更多项第一原因为基础,这种第一原因的运作是最终的,它的权威是不可再溯源的。换句话说,在每一种法律体系中必须要找到最终原则,所有的其他法律都来自于该原则,但该原则本身是独立存在的(self-existent)……人们不可以在人行道上骑自行车,这种规则的效力可能来自于一个市议会的条例(bye-laws)。这些条例的效力来自于议会法律,但是议会法律的效力来源于何处呢?这是法律意义上最终的;它的来源仅是历史的,而非法律的。宪政史家可能知道它的来源,但是法律人必须认为它是独立存在的……没有任何制定法能够给议会授予这种权威,因为这就会假定将被授予的权力会存在。司法判决拥有效力的规则在法律上也是最终的且不可溯源的。没有任何制定法对它进行了规定。它当然为很多先例所确认,但是没有一个先例对先例授予权威。你必须在授予它之前首先拥有权威。如果我们探究大量的这些最终原则,答案是一种法律体系可以自由地确认任何数目的它们,但是不必确认超过一个。从任何一种最终法律渊源都可能推出整个法律,但是必须要有一种这样的渊源。例如,一部制定法,可能在任何时候都给予先例的运作以权威,因此就把它从一种最终法律来源降低为一种法律的派生来源。[2]

对于萨蒙德而言,这个篇章建议,法律是由法院所确认和据以行事的规则组成的,如果法院确认了受这样的规则的约束,(1)因为它们来自于法院所适用的法律体系中被接受为最终的规则,或(假定在法律的定义中包括最终的原则被认为是可欲的)(2)因为

---

[1] *Jurisprudence* (11th edn.). 41.

[2] 本段在同上书第12版的第3章里稍微做了些修改。

这些规则在这样的一种体系中是最终的。在英国法律体系中，这当然意味着立法的内容和高级法院裁判的案件的判决理由都是法律。

就第一种建议而言，在任何法律体系中都有两种类型的规则，即这个体系的规则据此可以被确定的规则（萨蒙德的最终规则）和构成了实体法和程序法的规则。如果认为使用同一个词“法律”来涵盖法律规则和告诉我们在一个既定的体系中什么是法律的规则是令人困惑或不雅的，我们可以杜撰其他适用于第二种类型的词 210
语，但是这样做将与开业律师日常使用的词语相违，按照他们的这套语言，议会法律和司法判决获得效力的规则本身就是英国法的规则。开业律师之所以这么描述它们，仅因为它们是由法院确认的。这就是将它们同惯例区别开来的特征，女王根据这些惯例同意议会两院通过的法案，而且尽管它们在宪政的运作中起到了同样重要的作用，它们还是没有被法院所确认。

凯尔森（Kelsen）[3]

从表面上看，萨蒙德的进路和构成汉斯·凯尔森（Hans Kelsen）的纯粹法学的重要特征的基本规范概念有相似之处。对于凯尔森而言，现代国家的法律是一套等级化的规范，这套规范规定在某些情况下[4]，强制性的措施“应该”被适用。[5] 这样的规范由人的意志行为所规定。它们可以包括法官制定的一般规范，以及制定法或习惯规范，因此这种理论可以容纳案件的判决理由，如果这些能够采取规范的制裁—规定的模式。这种实证规范金字塔的最高处是包含在历史上第一宪法中的规范。这些是该体系中其他所有规范获得权威的最终规范。从属法律被制定法授权，制定法被

〔3〕 关于凯尔森理论的小结，见 Harris, *Legal Philosophies*, ch. 6。

〔4〕 Kelsen, *General Theory of Law and State*. 124—132; *Pure Theory of Law*, 145—150, 221—278.

〔5〕 Kelsen employs "ought" stipulatively to stand for "shall", "may", and "can" (*Pure Theory of Law*. 6, 10, 77, 119).

当下的宪法授权,目前的宪法被某些之前的宪法授权,等等。最终,我们可以找到历史上的第一宪法,在法律思想上可以假定其有效性。按照凯尔森的理论,这意味着理论家必须规定一种被所有
211 法学命题预先假定的基本规范。[6] 基本规范授予那些规定或在习惯性宪制的情况下创造历史上的第一部宪法的人创制规范的权力。

凯尔森写到:

> 如果历史上第一部宪法是由一个大会的决议规定的,基本规范授权这些个体组成那个大会;如果历史上第一部宪法是以习惯的方式出现的,基本规范授权给这种机关——或,更准确地说,它授权其行为形成导致了第一部宪法出现的习惯的个体。[7]

萨蒙德的"最终原则"不纯是假定。它们可以有意识地在司法惯例中找得到。它们可以构成凯尔森所说的"历史上第一部宪法"的一部分。相比之下,基本规范是由大多数法律人"通常无意识地"预先假定的。[8] 理论家之所以对其进行规定,是因为只有这样做他才可以解释实证法的"应该"(oughts)获取客观有效性的基础,而不需要把它们的约束性基础归诸于自然法。

凯尔森高度抽象的有效性来源(validity-derivation)论题不易被适用至任何具体制度。在不成文宪法下的法律制度中,因最终宪法授权规则的出现时间不能被确定,而这是"历史上第一部宪法"这个概念所需要的,因此这个事实会导致某些问题。然而,这种理

---

〔6〕 *General Theory of Law and State*. 116—117. 395—396, 437. *What is Justice*. 219—222, 262. *Pure Theory of Law*, 9—10. 46. 50, 194—195. 198—205. (1965) 17SLR 1128. 1141—1151. 在凯尔森人生的后期出版的文章里,他将基本规范描绘为费因格的"似乎"哲学的技术意义上的"拟制"。Isr. LR 1 (1966), I, "The Function of a Constitution", in Tur and Twining (eds.), *Essays on Kelsen*.

〔7〕 "The Function of a Constitution", in Tur and Twining (eds.), *Essays on Kelsen*, at 114.

〔8〕 *General Theory of Law and State*, 116.

论的一个方面已经被用作理解某些基本原则变化的一种工具。如果关于生效的法律有效性—声明在 T1 时间与一群最终渊源有关，然后在 T2 时间它们与一套不同的最终法律渊源有关，而且这种变化没有被第一群里任何法律渊源所授权，那么就会出现一种“基本规范的变化”，或“革命”。[9] 我们在第二章已经看到，这种类型的技术革命是解释贵族院 1966 年惯例声明的司法基础的一种方式。 212
在第五章的最后，我们提出了这样的一种观点，即欧洲共同体法注入英国法的重要性就意味着“联合王国的制定法不再像以前那样不可侵犯”[10]。如果议会不能背离直接可适用的共同体法开始被接受，而且 1973 年以前的宪法并没有授权议会可以对其继任者强加限制，那么另一种凯尔森式革命就已经发生了。

应该强调的是，这种革命概念仅具有解释力。它不可能规定以一种先前宪法中没有规定的方式发生的革命是否应该被接受。更进一步讲，在很多情况下，司法惯例是模棱两可的，因此先例规则的细节并没有被解决，凯尔森的理论既不能规定也不能描述这种渐增演变的过程。然而，我们还是可以看到，作为一个历史问题，一种根本规则已经被另一种所替代的情况下，他的“革命”概念提供了一种解释，它是精心设计的宪政连续性理论的一种替代。

哈特(Hart)[11]

H. L. A. 哈特的著作，《法律的概念》(*The Concept of Law*)，出版于 1961 年，已经被认为位居最原创之列，也被认为是对 20 世纪法理学作出最重要贡献的作品之一。它把法律当作第一性规则和第二性规则的结合，第一性规则设定义务，第二性规则指出如何创

---

〔9〕 *General Theory of Law and State*, 118. *What is Justice*, 224. *Pure Theory of Law*, 49—50, 208—211. Isr. LR 1 (1966), 1, 2.

〔10〕 *R.* v. *Sccretary of Slale for Transport*, *ex pane Factortame Ltd.* (1989) 2 *CMLR* 353. 403 Bingham LJ.

〔11〕 关于哈特理论的小结，见 Harris. *Legal Philosophies*, ch. 9。

制、改变或废止第一性规则。

按照哈特的理论，法律也可以被认为是一套规则等级体系。第一性规则和第二性规则中的每一项规则的谱系都可以被追溯至"承认规则"(rule of recognition)，哈特表达萨蒙德的最终规则的同义词。它说明根据它一个规则才被结论性地肯定为一个法律规则。[12] 它可简可繁，而且它可以分成独立的部分，一个部分可以服从于其他部分，但绝不是来源于其他部分，就像英国法中的先例和
213 立法。承认规则的有效性并不来自于另一个规则，而是来自于这样的事实，即它是被适当的公务人员接受和据以行事的。

> 当我们从认为一项特定的立法是有效的，是因为它满足了这样的规则——女王在议会(the queen in parliament)所制定的就是法律，转向认为在英国，这种最后规则被法院、公职人员和私人当作最终的承认规则来使用，我们已经从宣称该制度内的某一规则有效的内部视角转向了该制度的遵循者可能制造——即使他不接受——的事实的外部视角。[13]

与凯尔森的基本规范不同，承认规则并不仅是理论的假定。它是一项社会规则，其存在可以通过经验来记录。

哈特也特别地对本书的主题进行了有益的和现实的观察：

> 任何对英国法中先例的适用进行的诚实描述必须为下列成对的比较事实留下空间。第一，并没有一种单一的方法确定一项给定的权威先例是权威的规则。撇开此点不谈，在大多数已决案件中，很少有什么怀疑。注释通常就已足够正确。第二，没有任何权威性的或独一无二的从案件中抽象出规则的公式。另一方面，当对某一先例对后来的某案件的约束存在疑问时，通常会普遍同意一项假定的公式就已足够充分。第三，无论从先例中抽象出来的某项规则有多权威，它必须与

[12] *The Concept of Law*, 92.

[13] Ibid., p. 104.

因下列两种创造性或立法活动而受其约束的法院的实践相协调。一方面，裁决一项后来案件的法院可以通过缩小从某先例中抽象出来的规则范围和承认某些例外之前没有被考虑，或者如果被考虑了，就让它悬而未决，从而作出与之相反的判决。这种"区别"之前判例的过程包含了发现它与当下案件之间某些法律上相关的相异之处，而且这些相异之处永不可能被完全不遗漏地确定下来。另一方面，在遵循一项之前的先例时，法院可以不考虑从该先例中形成的规则里发现的某项约束，因为它并不是制定法或之前先例所确定的任何规则所需要的。[14]

德沃金[15]

简而言之，哈特的《法律的概念》将法律当作一套规则体系，而且认为在某些问题上，法院起到了一种创造性的或立法者的作用。 214
德沃金在两点上不同意哈特。他论争说，作为一套规则体系的法律的概念，没有考虑原则，而且将任何立法性质的事务都归诸于法官说明了他们行使了他们事实上不占有的自由裁量权。[16]

原则与规则不同。规则是类似"收费公路最高限速60公里每小时"这样的命题。

> 规则是以全有或全无(all-or-nothing)的方式被适用的。如果一项规则所规定的事实是既定的，那么如果该规则有效，就必须接受该规则所提供的答案，或者该规则无效，该规则就对此判决毫无作用。[17]

当然，规则有例外，但是，根据德沃金的理论，在理论上没有原因能说明，为什么它们不应被全部加上，而且为什么例外越多，规则陈

---

〔14〕 Ibid., p. 131.

〔15〕 关于德沃金理论的小结，见 Harris, *Legal Philosophies*, ch. 14。

〔16〕 See R. M. Dworkin, *Taking Rights Seriously*, ch. 2.

〔17〕 Ibid., p. 24.

述就越准确。一家新泽西法院在 *Heningsen* v. *Bloomfield Motors Inc.* 案[18]里的判决为原则提供了例子。Heningsen 买了一部汽车，签署了一份标准订单，该订单减少了该制造商的产品缺陷责任——"本保证代替了所有其他保证、义务和责任"。该法院仍然判决，该制造商对因该车的有缺陷的转向装置而出现事故导致 Heningsen 和他的妻子（受赠人）的医药和其他开支负责。在判决过程中，参照了一般原则，即"一个在签合同前没有读该合同的人不能减轻他自己对它的责任"和"当事人自由签约的基本原则"，但是没有"这种基本原理——法院不会允许它们自己被当作不公平和不正义的工具"重要。更为明确的是，汽车制造商事实上统一格式的免除条款，"法院一般不会让它们自己去执行这样的一项'交易'——在这种交易中，一方不正当地利用了其他方的经济上的需要"。与规则不同，相关的原则可以，而且经常确实存在冲突；对它们进行衡量是法官的责任，一种或另一种相关原则占优的判决可
215 能是对以后案件有约束力的基础。相反，对一个或更多相关规则的考虑会导致一个法官形成一项排除其他原则的原则。

> 当我们说某一特定原则是我们的法律中的一项原则时，它的全部含义就是，如果它是相关的，公职人员在考虑倾向于一种或另一种方向时，必须考虑这项原则。[19]

原则和承认规则

我们可以忽略前面段落中的很多矛盾之处，马上来看德沃金反对法律是一套规则的主要观点——他论争说，法院对原则的依赖不可能参照承认规则来加以说明：

> 我们通过理解一整套变化、发展和相互影响的标准（它们自身是原则而非规则）赞同某一特定原则，这些标准是关于制

---

〔18〕 32 NJ 358，161A (2nd) 69，1960.

〔19〕 *Taking Rights Seriously*, 26.

> 度责任的,关于制定法的解释的,关于各种类型的先例的说服力的,关于所有当前道德惯例的关系的,关于其他此类标准的由来的。我们不能将所有这些捆在一起成为一个单一的"规则",甚至是成为一个复杂的规则,如果我们能这样做的话,其结果同哈特的承认规则也没有什么关系,它是一种相当稳定的主要规则,具体规定了"某种或某些特征,如果一项建议的规则具有此项特征,那么就可以最终肯定性地认为它就是一项规则……"[20]

然而,形成一项据以识别英国法的原则和规则的主要规则并非特别困难。它可以是这样的:"如果相关,所有法院必须适用制定法规定、先例规则,和案件的判决理由。在一个没有制定法规定或判决理由可以适用的案件中,所有的法院在对它作出裁决之前,必须考虑源于立法、相关案件的判决理由和相关附随意见的原则"。在 *Heningsen* v. *Bloomfield Motors Inc.* 案中提到的所有原则,类似于所有那些在戈塔特的《法律的要素》(*Elements of Law*)第 33 页逐条列记的考虑事项,如果没有受到判决理由的支持,也受到了大量附随意见的支持。在一个立法和约束性先例是主要的法律渊源的法律体系中,说服性渊源应该与它们相关,这是绝对正确的。在任何情况下,不论其价值如何,都可能找到或多或少会支持任何原则的附随意见。下面这些雄辩的片段总是可以在缺乏更好的 216
"权威"时用来提供帮助:

> 但是存在某些法律原则,它们,尽管既不是在普通法里也不是在任何法官的判决中,更不是在议会立法的语言中直接表达出来的,仍然必须被认为适合于帮助法官解释普通法,并且在各种议会立法的制定法全书中能够找得到。[21]

与法律规则不同的原则是否应该被包括在法律定义中,对这

---

〔20〕 Ibid., p. 40—41.

〔21〕 Kelly CB in *River Wear Commissioners* v. *Adamson* (1876) 1 QBD at 551.

个问题的回答是各说各有理。将它们从法律定义中排除出去,可能被认为意味着它们的重要性极小。这样的结论当然是荒谬的,因为原则在解决没有任何规则可以直接适用的法律问题的解决中起到了相当重要的作用,而且使得开业律师或法律学者可以预测法律将如何发展。另一方面,在一个法律人的陈述"这是法律"和同一法律人的陈述"这可能是法律"之间保留区别,也是重要的。在第一种陈述中的确定性程度远高于第二种陈述。萨蒙德和哈特所采取的进路的优点在于它使得我们可以说,制定法和司法判决据以拥有法律效力的规则,联合王国和可直接适用的欧洲共同体立法的内容,案件的判决理由,以及地方习惯规则(其有效性(而非它们的存在)来源于与它们的内容必须遵守的检验标准有关的司法判决),都是英国的法律。这种进路在某些背景下的功效一定不要遮蔽我们的双眼,让我们看不到这样的事实,就是,在某些背景下,"法律"这个词经常地和正确地在一种更为规范的意义上被适用。

作为立法者的法院

我们已经说过,"司法立法"这种表达是高度隐喻性的[22],但是它或它的同义词,法官使用得并非不常见,尽管通常伴随着这样的评论,即它是一种极其特殊的现象。然而,隐喻性的语言也被用
217 来保持这种源自司法判决的宣示理论的观念,即法官从不制定法律。有些看上去是新规则,有时被认为是"总体而言马上就会出现的法律",或者"法律的内在逻辑"的结果。德沃金教授已经将这种司法学说的特征当作了一种拒绝承认法官"立法"的理论的核心。他的"权利命题"首次出现在他的著名的关于"疑难案件"的论文中,最早发表于 1975 年[23],而且在其出版于 1986 年的著作《法律帝国》中有详尽的阐述。他区分了政策论证(arguments of policy)

---

〔22〕 p. 34 *supra*.

〔23〕 (1975) 88 HLR 1057, reprinted in *Taking Rights Seriously*, ch. 4.

和原则论证(arguments of principle),前者通过展现它提出了社会的某些集体目标而证成一项政治决定,后者通过展现它尊重或保证某些个人或团体的权利而证成一项政治决定。诉讼当事人对这种与从法律的其余部分中演绎出来的相关原则最为一致的决定是有权利的。德沃金想象存在一位超人法官,赫拉克勒斯(Hercules),他建构了"一个抽象原则和具体原则相结合的体系,这个体系可以为所有普通法的先例和宪法以及制定法规定(这些也要根据原则进行正当性证明)提供一种融贯的正当性证明"[24]。赫拉克勒斯假定对任何法律问题总有一种正确的答案。他将发现它,一方面通过考虑整个权威的法律材料("适当"维度),另一方面通过考虑正义、公平和正当程序("实质"维度)。[25]

就先例而言,德沃金区分了它们的"立法效力"(enactment force)——这看上去与判决理由这种观念相一致——和它们的"吸引力"(gravitational force)。我们已经看到先例在后来的案件中可以影响法律的发展,通过超越那些强制规则的方式,这些强制规则指出,在司法等级中,法院有时受制于先前判决的判决理由。德沃金论争说,对先例的类推推理只有在我们确认了司法推理——至少在普通法民事案件中——受到原则而非政策的指导才能被解释或证成。"公平"需要被一致对待的基础权利。就公共目标而言,并不需要类似的一致性。因此,对先例进行一种融贯性解释的司法义务必须预先假定它们受到了关于权利的命题——"原则"而非 218
关于目标的命题——"政策"的支持。[26]

德沃金的原则—政策两分法已经成为大量批判论文的主题,或支持或反对。这取决于我们如何看待这些情况。德沃金告诉我们,"最终我的所有论证都受控于每一位读者对法律所发生的和能够发生的事情的感觉"。[27] 清楚的是,法官仅仅使用"原则"或"政

---

〔24〕 *Taking Rights Seriously*, 116—117.

〔25〕 *Law's Empire*, chs. 7—10.

〔26〕 *Taking Rights Seriously*. 110—115.

〔27〕 *Law's Empire*. 15.

策”这个词语并非是决定性的,因为德沃金按照约定适用这些术语。一切都取决于我们理解的已经涉及的法院的这些论证的分配特征。它们排他性地与某些当事各方或处于类似地位的人都对其有权利的结果相关吗(原则)?或它们包含了对公共善的考虑吗(政策)?司法推理经常是或者被这一方式或者被那一方式进行解释。

在《法律帝国》中唯一被详加讨论的英国判决是 *McLoughlin* v. *O'Brian* 案。[28] 在该案中,原告的家庭卷入了一场因被告人的过失而引发的道路事故中。她被告知了该场事故并被送至医院,在那里她得知她最小的女儿死掉了,而且还目睹了她家庭其他成员的伤势。她声称她所闻所听使她极为震惊,导致她染上了心理疾病。以前的判例法无非就是允许对事故现场或附近的人所受精神冲击致损进行赔偿,因此这里的问题是,它是否应该被扩展至对 McLoughlin 夫人适用。上诉法院,尽管认为她的心理伤害是可以合理地预见的,但还是作出了这样的结论,即有合理的政策考虑反对这样的一种扩张,特别是这种论证,即准许她的要求就会打开投机的和成本巨大的诉讼之闸门。贵族院一致推翻了上诉法院的判决。

德沃金认为这样的一种裁决应该以下面的方式来理解。法院以现存的先例来确认受可以预见的伤害的人被赔偿的道德权利,并一致地作出结论,原告必须也有这种权利。它避开了对整个公
219 共善的考虑。他赞同斯卡曼勋爵(Lord Scarman)的意见[29],它本身可能受到了德沃金的原则—政策这种区分的影响。斯卡曼勋爵说:

> 这次上诉直接提出了一个有关我们的法律中法官的职能和立法之间的平衡问题…… 法院的职能是裁决其面前的案件,即使裁决需要对某一原则进行扩张或改编,或者在某些情

---

[28] (1983) 1AC 410.

[29] *Law's Empire*, 28.

况下,需要创立新的法律来满足该案的正义。但是,无论法院决定怎么判决,它是从一种积存原则的基线开始的,然后寻找一种与已经被确认的某原则或某些原则相一致或类似的解决办法。

普通法的区别特征就是这种原则的司法发展和形成。政策考虑将必须被权衡;但是法官的目标是形成原则。而且,如果原则无情地需要一个判决包含一定程度的政策风险,法院的职能就是根据原则进行裁判,将政策的削减留给议会来判断。这就是我们的宪政结构中两种立法机构的真正作用……如果原则导致了被社会认为不可接受的结果,议会可以立法或找出一条新路……

那么为什么法院不应该找出新路,如上诉法院在本案中勇敢所为的那样?很简单,因为关于在哪里划定界限的政策问题是不可在法庭裁决的。[30]

然而,西蒙·李教授已经指出[31],在 *MaLoughlin* 案中,贵族院的其他议员没有人以这种方式表达自己的观点。他们认为政策考量已经影响了上诉法院,而且发现他们是不充分的。埃德蒙·戴卫斯勋爵(Lord Edmund Davies)直截了当地反对斯卡曼勋爵的方法:

在我看来,"政策问题不可由法院裁决",这个命题既新鲜又令人震惊。对于本上诉而言,它是如此新鲜以至于在阁下的听审中从来没有提到过它。而且,说它令人震惊,是因为我认为它违反了现存且完全被接受的法律。[32]

---

〔30〕 (1983) 1 AC 410, 429—431.

〔31〕 (1988) *OJLS* 8 (1988), 278.

〔32〕 (1983) I AC 410, 427. 埃德蒙·戴维斯勋爵给出了贵族院考虑政策论证的最近的例子: *Rondel* v. *Worsley* (1969) I AC 191; *Dorset Yacht Co. Ltd.* v. *Home Office* (1970) AC 1004; *British Railways Board* v. *Herrington* (1972) AC 877.

对于需要法官让先例产生“立法的效果”，德沃金论述的不多。
220 我们在第一章已经看到，它们在美国没有在英国那么重要而且德沃金举的主要例子是美国的。另外，德沃金使他的理想法官，赫拉克勒斯，设身处地地在最终上诉法院的位置上思考问题。[33] 因此，关于适当维度，赫拉克勒斯只需要注意他没有放弃的那些先例。“如果法院提议推翻该判决，就本案的实际判决而言，所有实质的公平论证都不能成立……”因此，即使他能够被当作赫拉克勒斯的理想模型，他也必须被改变为赫拉克勒斯法官或上诉法院法官赫拉克勒斯。

德沃金的权利命题是否能够一致地为先例的权威地位留下空间，这是令人生疑的：如果一个先例已经正确地考虑了基础权利，对它的上诉就是多余的；如果它还没有，它就应该被抛弃。[34] 然而，德沃金确实提出了一种“嵌入的错误”(embedded mistakes)理论，根据该理论，法院可以给一项某判决中规定的而它认为是错误的规则授予持续的有效性。[35] 如果市民无可非议地信赖该判决，对正当程序的考虑可能不利于推翻它，因为这样会跟着发生不公平的奇袭。[36] 在某些可能的情况下，法院不能推翻一项错误的判决，这也会被德沃金用来迎合[37]这种观点有利于英国背景下的苦心经营。我们已经看到，我们很多强制性先例规则的细节因司法惯例的不确定而尚未解决，或者虽已解决，但是存在矛盾。在这些背景下的规范论证确实而且应该反映了约束性先例应该在我们的不成文宪政里起到了作用。

对这些问题，我们的结论容易受到我们是否同意德沃金的命题之影响，这种命题即我们的法律是否应该按照法官可以在疑难案件中创造权利的方式来解释。如果法官仅仅在犯错误时候才立

---

〔33〕 *Taking Rights Seriously*, 118.

〔34〕 David Pannick, “A Note on Dworkin and Precedent”, *MLR* 43 (1980), 36.

〔35〕 Taking Rights Seriously, 118—123. See S. L. Hurley, “Coherence, Hypothetical Cases and Precedent”, *OJLS* 10 (1990). 221.

〔36〕 *Law's Empire*, 403.

〔37〕 *Taking Rights Seriously*, 121—122.

法，他们约束继任者的权力应该受到限制。如果，在另一方面，在某些案件中，法律并没有规定唯一正确的答案，因此法官必须选择他认为最佳的答案，有些事情被认为是尊重了这种面向未来的选 221
择，除非后来的发展使得它过时了。对德沃金的正确一答案(right-answer)命题的拒绝会支持规则的宪政适当性，据此下级法院受高级法院的判决的约束，贵族院以下的上诉法院一般受自己判决的约束。我们对法律真理越少相信，我们对法律终局性的评价就会越高。

某种司法论述特别难以适合论证法官没有制定法律。当贵族院在 Miliangos 案[38]里推翻其在 re United Railways of Havana 案[39]里的判决时，它也严厉地批评了上诉法院没有遵循 Havana Railways 案。贵族院认为，它在本判决之前的判决代表了下级法院必须适用的法律。在其大多数成员看来，不必得出这样的结论，即先前的这个判决在被规定时就已经是错误的了。问题是，后来的情况，特别是现代的汇率波动，保证了贵族院现在废止先前规则并宣布一项新的规则。“司法立法”看起来是对于这样的一种过程足够适当的描述。

当贵族院决定不推翻自己的一项判决时，这可能是因为，如我们在第四章所见，它认为关于这个问题，有两种“说得过去的”观点，在它们中间作出选择是一种“感觉”。德沃金教授邀请我们通过对“法院之作为和可能作为”的感知来检验他的论断。“感觉”似乎与哈特的“自由裁量权”概念比德沃金的“正确答案命题”更为协调一致。应该强调的是，哈特拒绝承认自由裁量包含了恣意。他说，通过法律规则的“开放结构”(open texture)留给法官的自由裁量意味着“结论，即使它可以不是恣意的或非理性的，事实上都是一种选择”[40]。如果法官调用道德(德沃金的“道德”维度)，选择可能还会是：

---

〔38〕 *Miliangos* v. *George Frank* (*Textiles*) *Ltd.* (1976) AC 443.

〔39〕 (1961) AC 1007.

〔40〕 *The Concept of Law*. 124.

> 司法判决，特别是关于有高度宪政重要性的问题的判决，经常包含了道德价值之间的选择，而不仅仅是适用某些孤立
> 222 的突出的道德原则；因为认为在法律的意思不确定的情况下道德总是可以提供清楚的答案是愚蠢的。在此点上，法官可以再次作出一个既非恣意也非机械的选择；而且这里经常展现有特色的司法价值，它对法律判决的特别适当性解释了为什么某些人不情愿将此类司法活动称之为"立法"。这些价值是，在审视这些选择项时的不偏不倚和中立；考虑对所有将受影响者的利益；以及将某些众所接受的普遍原则作为判决的一个理性基础。无疑，因为这些原则总可能是复数的，因此不可能出现这样的情况，即一个判决是唯一正确的：但是它可以作为考虑了各种信息之后无偏倚选择的理性结果而为人所接受。在所有这些问题上，我们努力去"考量"和"平衡"，以在各种竞争性的利益中作出正义的选择。[41]

2. 法律和事实

在本书中我们已经多次强调，对事实问题的裁决并不构成一项先例。关于法律命题和事实命题的区分，现在必须多说几句。这种区分有利于详尽的讨论，但是我们在这里只关注它与先例原理的相关性。

法律和事实的区分在很多不同的背景下都是必须要做的。它们中有三点与目前的讨论息息相关。首先，当一个案件在陪审团参加审判的情况下被裁决时，这是一项普遍规则——事实问题必须由他们来裁定，法律问题留给法官。接下来，有这样一种规则，即不可以对郡法院法官某些判决中的事实问题进行上诉。最后，我们已经提到了，有这样一项原则，即关于事实问题的裁定不构成一项先例。在第三种意义上，而非在前两种意义上，解释问题有时

---

〔41〕 *The Concept of Law*, 200.

被当作事实问题。例如，上诉法院最近已经判决，对普通形式的仲裁条款的术语进行解释的先前判决并不构成约束自身和下级法院的先例，因为该条款的真正意思取决于具体契约的情境。[42]

一个显著的引起混乱的例子——这是因澄清与独立于其背景的法律或事实问题而导致的，是一系列这样的案件，在这些案件 223
中，一位汽车乘客因夜间与未开灯的目标相撞而致损要求给予损害赔偿。[43] 在某段时间里，这似乎是上诉法院的观点——原告一定必然有可归责之于他的过失，因为他或是以在其视野范围内不能停下的速度前进，或者如果他能够在这些范围内停下来，他没有保持一种适当的注意。然而，后来开始认为，没有一种过失案件充分类似于另一种可以构成先例的案件，而且刚刚已经提到的所谓"两难原则"(dilemma principle)只适用于某些事实。被详尽解释的案件因此必须被当作对事实问题进行了解释。但是在另外一种情况下，它们必须被认为是对法律问题进行了解释。某些此类案件的整个问题是，没有足够的证据保证郡法院可以发现被告没有此类可归责于他的过失。因此，在法律问题留给法官而非陪审团的规则以及不可以就郡法院的事实问题进行上诉的背景下，讨论中的案件必须被认为是对法律问题进行了解释。为什么这种区别在所有背景下都应该是一样的，对此没有原因可以解释。证据的充足性问题必须在有陪审团的情况下当作法律问题；但是它们很难说是一个适合先例的主题问题。[44]

在先例原则的背景下，一个特定的问题究竟是一个法律问题还是一个事实问题，这本身就是一个法律问题。存在决定哪一个是哪一个的检验标准吗？萨蒙德作出这种区分，解释这个问题是否是一个能够根据一个普遍原则来回答的问题。如果它是一个这

---

〔42〕 *Ashville Investments Ltd.* v. *Elmer Contractors Ltd.* (1989) QB 488.

〔43〕 *Baker* v. *E. Longhurst Ltd.* (1933) 2 KB 461; *Tidy* v. *Battmann* 119341 1 KB 319; *Morris* v. *Luton Corporation* [1946] KB 114.

〔44〕 法律和事实的区分在不同背景下是相关的，这个问题有时在讨论上个脚注里提到的判例时被忽视了，见 e.g. 62 *LQR* 110 and 9 *CLJ* 361。

样的问题，而且如果它可以这样被回答，那么，尽管它是一个事实问题，萨蒙德还会认为关于它的判决构成了一个先例。被告是否做了具体陈述，萨蒙德把这个问题当作一个这样不可能根据原则来回答的例子。这要与这个问题——在作出此陈述时，被告人是
224 否有欺诈或过失——相比较。尽管第二个问题，类似于第一个，是一个事实问题，萨蒙德认为它可以根据原则来回答，如果这样做了，这个判决就构成了一个先例，并且这个问题以及其他任何与之本质上类似的问题，在未来都将成为一个由因此建立的规则预先确定的事实问题。贵族院在 *Qualcast*(*Wolvehampton*) *Ltd.* v. *Haynes* 案[45]之后，萨蒙德所采取的这种区分，已经很困难——如果不是不可能的话。[46] 一个雇主有义务为其雇员提供一个安全的工作环境。当这份工作包含了雇员可以通过穿保护鞋罩防止的危险时，为了逃避过失责任，雇主是否应该告诉原告，他的一位雇员去穿保护鞋罩，这是一个事实问题还是法律问题？有不少先前的判例，看起来郡法院已经根据普遍原则——如果雇主没有告诉雇员在工作中易遭危险时使用保护服，他就存在过失——对此作出了裁决。然而，贵族院认为这些案件并不构成一个先例。推翻郡法院和上诉法院的判决后，贵族院根据特定的事实裁决被告胜诉。不少法律贵族强调法律对要由陪审团（如果有的话）来决定的问题作出结论的理由不能被当作先例。因此，看起来可以安全地假定，在先例规则的背景下，任何可以留给陪审团（如果有的话）的问题，必须被看做一个事实问题。除此之外，在法律和事实之间作出区分是不可能的。只要处理事实问题的案件继续被报告，而且此类案件将差不多不可避免地继续被报告，这个问题就一直存在，原因就是：一个案件是否被看做先例，这个问题取决于未来的法庭看待该案件的方式。

---

〔45〕 *Jurisprudence* (11th edn.), 222.

〔46〕 [1959] AC 743.

第八章

未　　来

实践中的变化

先例规则以法官的实践为基础。前面所阐述的基本规则看起来已经稳固地确立了下来。特别是，中间层级的上诉法院受它们自己的判决的约束，该规则自从贵族院在 *Davis* v. *Johnson* 案[1]里作出判决以来还没有受到质疑。然而，枢密院已经表达了这样的观点，即最高法院关于此类问题的意见不能构成任何案件的判决理由，因此并没有什么严格的约束力。[2] 我们不能排除这种可能性，即在将来某天，一个上诉法院的全席法庭决定废除或修改 *Young* v. *Bristol Aeroplane Co. Ltd.* 案的规则。贵族院对此类动议的反应，以及最后结果，只能是一种纯粹的猜测。我们所能说的就是，大多数评论者都认为这样的一个步骤是值得追求的，但是它应该是司法实践。

然而，先例规则，和其他司法实践的特征一样，是经常性的渐进演化的主题。我们已经看到，既存的遵循先例原则的例外在最近是如何被扩大的。未来的发展会对第四章里提到的很多尚未解决的问题有所启发。特别是，我们希望，针对上诉法院是否受两个法官组成的法庭的判决的约束和失察例外的范围和可适用性以及

---

〔1〕 (1979) AC 264.

〔2〕 *Attorney-Central of St Christopher Neva and Anguilla* v. *Reynolds* (1980) AC 637, 659.

是否存在一种过时的例外,能有一个明确的规则。

至于更为激进的发展,越来越重要的欧洲共同体法将最终可能给英国先例原则带来变化。我们在第五章里看到,迄今为止,这
226 还没有发生,但是我们可以想象在某些情况下,新的遵循先例原则的例外可以从欧洲维度上产生出来。一个更为遥远的可能性是,欧洲法院的法学本身影响英国法院观察它们的角色的方式。它可以刺激英国法院去接受一种制定法的目的解释方法,而不是文义解释方法,后者甚至在英国加入欧洲共同体之前亦是明显的[3];并因此可以影响判决理由表达的风格。另一方面,无论我们变得有多欧洲化,普通法司法制度下的法官应该抛弃这种观念——一个高级法院的单项判决可以权威性地规定一项支持法国观点(只有一大批先例才有这样的效力)的法律规则,这是不能想象的。英国的国内法必须在直接可适用的共同体法前让路;但是国内法得以识别的方式将继续在我们可见的将来受某些类似于我们既存的先例原则这样的事务约束。

立法创新

议会能够改变或废除先例原则的任何方面,对此从没有任何质疑。的确,有时倒是会有这样的观点,某些先例如此稳固以至于只有议会才能改变它。[4] 在其他司法制度下,此类措施已经被采纳。例如,津巴布韦的立法机关已经通过立法规定了津巴布韦最高法院不受它自己的任何判决的约束。[5] 英国议会从来没有想以这种直接方式来进行干涉;而且如果它这样做了,可能事与愿违。法院不必遵循其他法院的裁决,这是一项立法事务。防止同样案件同样处理的惯例一再被提炼成准规则,这是另一项立法事务。

---

[3] *Carter* v. *Bradbeer* (1975) 3 All ER 158, 161 Lord Diplock.

[4] *Miliangos* v. *George Frank* (*Texiiles*) *Ltd.* (1976) AC 443. 470 Lord Simon.

[5] (1981) ASAL 205—6. 关于这个例子,我要感谢埃德文·卡麦伦教授编的《南非律师》。

立法经常非直接地影响先例规则的内容。在议会撤销一个旧法院或建立一个新法院的时刻，这都在发生。然而，随着上诉法院刑事分庭已经认定可用于刑事上诉法院的规则也同样适用于它，对于新创立的法院而言，最近的趋势表明，支配以前惯例的先例规则出现了空隙。我们是否需要目前的两级上诉结构，这是一个长期争论的话题。如果贵族院的司法职能被废除，因此上诉法院就变成了英国最终法院，那么，对于它将继承贵族院现在所采取的对待该院过去判决的态度来看待它自己的过去判决，可能就没有什么疑义了。 227

宪制的发展

另一个长期的争论涉及这个问题——权利法案，特别是欧洲人权和基本自由公约，是否应该被注入英国国内法。如果这样做了，它可能最终会对英国的先例原则和与欧洲共同体法的关系产生影响。那就是，英国法院可能认为自己不受上诉法院或贵族院的判决的约束，如果该判决与欧洲人权法院的一项后来的判决不一致。另外，如果这一点——议会不能单方面地废除权利法案——已经被接受，它不能废除欧洲共同体法，另外的修正就会产生。如果法院获得了对首要立法的宪法审查权，因此议会不能推翻它们的判决，中间层级的上诉法院受它们自己的判决约束这项规则在宪政的背景下可以有很好的理由被抛弃，而且贵族院可以被期望去更为自由地行使其推翻其自己判决的权力。

法典下的先例

部分英国法律可能在并不遥远的将来会被修改。为什么适用于受判例法排他性的或主要的支配的主题的先例规则不应该被适用于解释法典，对此可有原因？如果一种类似于我们的严格的先例原则在没有法典但是有大量的正在被法典化的制定法的情况下是值得追求的，同样，当一部详尽的法典包含更大量的法典化的章节时，它就有充分的理由值得追求。如果存在缺陷，它们应该由立

228 法来补救。如果,在另一方面,我们有一部以抽象术语写就的法典,严格的先例原则可能最不需要。抽象的规定除了以同样抽象的术语来修订之外是难以修订的。它们必须由法院来适应变化着的时间和条件,例如,美国宪法的规定已经被不断地重新解释。很多法国法典的一般原则之间的差别可能比英国和法国的先例原则差别更大。

过去不少立法者禁止法院在应用它们的法典时审查法律。此类规定已经被证明是徒劳无益的。一个立法者看起来能做得最好的就是希望他的词语将按照赫歇尔勋爵(Lord Herschell)在 *Vagliano* v. *Bank of England* 案里讨论的方法来进行解释:

> 我认为,正确的过程是,首先检查制定法的语言,探寻它的自然意思是什么,不要受任何来自之前法律状态的影响,而且不要去探究该法以前是怎么规定的,然后假定它可能不会被改变,去看看立法的词语是否带有与此种观点一致的解释。如果一部想要在某法典中体现某特定的部门法的制定法要以此种方式被对待,对我来说,它的功效差不多完全被破坏掉了,而且它的立法目的将被阻止。[6]

这意味着法典制定之前的案件对法典的解释不具约束力,尽管它们可能还有相当多的作为其应用例子的价值。当一部法典的某项规定有意改变之前的法律时,先前的案件只有在该先前存在的法律不明确时才应该被引用。

前瞻性推翻*

很多人们认为作为宣示理论最后遗存的就是目前这种稳定的惯例:英国前瞻性推翻。

> 而且如果我们发现前面的判决明显是荒谬的,或不正义

---

〔6〕 [1891] AC at 144. 赫歇尔勋爵说的是1882年《汇票法》。

* 国内亦有译作“无溯及力的推翻”,我觉得对于读者而言不易理解,所以本书译为“前瞻性推翻”。——译者注

的，它被宣布并非该项判决是恶法，而是它就不是法律。[7]

这种惯例可能会导致大量的困难，而且可能形成法院在行使 229
其推翻权力时一种令人不快的障碍。例如，如果贵族院想要推翻大多数法律人认为使得契约关系不涉及第三人原则生效的判决，以该原理的有效性假定为基础的财产转让就会有很多麻烦，而且财产转让者的意图和其他人的合法期待都会被消灭。如果讨论中的判决能够以纯粹前瞻性效果而被推翻，这些不正义就可能被避免。旧法适用于在推翻之前发生的事件（包括那些本案的情况），但是它不会继续适用于此后进行的交易。

此类性质的思考导致了在美国抛弃了这种原则——推翻必须是溯及既往的。这样的一种结论在一个司法判决可以使得制定法——据此，离婚已经被授予或者债券已经发行——无效的国家里是无法想象的。在美国，人们越来越认识到，一个州的上诉法院可以选择是溯及既往地还是前瞻性地推翻某一先前判决。[8] 美国最高法院已经被认为拥有了类似的权力，无论是民事还是刑事案件[9]，决定推翻应该是溯及既往的还是前瞻性的标准已经被规定。[10] 在这些情况下，此方面的美国法律文献数量巨大，并不令人惊奇。[11]

前瞻性推翻并不总是最正义的过程。对于刑事诉讼，这一点可以看得最为清楚。假定 A 被上诉法院刑事分庭根据它过去的判决——应 A 的上诉，贵族院判决这些判决是错误的——判决有罪。如果对上诉法院的判决的推翻是完全前瞻性的，A 的有罪判决应该被 Q 确认。[12] 让我们假定，贵族院仅仅判决 A 被宣判无罪，尽 230

〔7〕 *Blackstone's Commentaries*, i. 69—70.

〔8〕 *Great Northern Railway* v. *Sunburst Oil and Refining Company*, 288 US 350 (1932).

〔9〕 *Linkletter* v. *Walker*, 381 US 618 (1965).

〔10〕 *Johnson* v. *New Jersey*, 394 US 619 (1966).

〔11〕 See Andrew 0. Nicol, "Prospective Overruling: A New Device for English Courts", 39 *MLR* 542.

〔12〕 一个经常用来反对前瞻性推翻的论点是，惯例来自要上诉的诉讼当事人。

管指出了上诉法院的判决自贵族院的判决之后开始被推翻。以同A一样的方式行为的人，该行为可能发生在此后的一个日子，仍会被宣判负有刑事责任。对于那些已经因最终判决有罪得到监禁处罚的人而言，对刑事案件的溯及既往的推翻可能和前瞻性推翻一样不正义，但是，在前瞻性推翻的情况下，对于那些还没有被起诉或者对他们的起诉在先前案件被前瞻性推翻的日子里悬而未决的人而言，不正义会增加。美国最高法院已经不得不解决特别困难的问题，因为它接受人身伤害诉讼，该诉讼是由通过依照一项以该院后来已经推翻的一项判决为基础的有罪判决已经被拘留的人提起的。

时间自身就会显示贵族院是否会认可已经被美国最高法院认可的权力，而且宣布它可以在推翻一项判例时，指出推翻生效的时间。为了确定贵族院以纯粹的前瞻性效力推翻的时间，刑事上诉法院的一项判决规定了一项惯例规则，该规则禁止在一项杀人起诉中增加其他犯罪指控。贵族院这样做，并没有顾及这种事实，即如果被告人根据它认为应该在未来占据主流地位的惯例已经被提起诉讼，刑事上诉法院只能判决他既没有犯下杀人罪也没有犯下强盗罪。贵族院在一次审判中确定了他的强盗罪的成立，该审判发生在他针对其杀人罪判决上诉已经被刑事上诉法院根据关于他的不在现场的证明而允许之后。然而，贵族院非常小心地强调，正在被推翻的是一项惯例规则，而非一项法律规则。[13]

有时候，有人认为贵族院在 *Hedley Byrne and Partners Ltd.* v. *Heller and Parters Ltd.* 案[14]里事实上前瞻性地推翻了 *Candler* v. *Crane Christmas and Co.* 案[15]。在后面这个案件中，上诉法院判决，在普通法上，过失诈称不会导致侵权责任。在 *Hedley Byrne* 案里，被告人曾过失地对有关该公司的偿付能力做了过失性的错误陈
231 述，但是他们已经说明了他们不承担对此陈述的责任。贵族院判

〔13〕 *Connelly* v. *Director of Public Prosecutions* [1964] AC 1254.
〔14〕 [1951] 2 KB 164.
〔15〕 [1964] AC 465.

索 引

（索引中的页码为原书页码，即本书的边码）

译后记

遵循先例是英国司法的核心，英国的法学研究与法学教育和司法实践密不可分。因此，先例制度是英国法学研究和法律教育的核心。接受过法律教育的学者或学生大抵都知晓遵循先例或先例制度这个术语，国内关于是否引进先例制度或参考先例制度的合理内核的研讨也已进行了很多年。

但是，关于什么是遵循先例、英国的遵循先例与其他国家的类似制度有何不同、如何区分判决理由和附随意见，如何适用遵循先例原则、遵循先例原则有哪些例外，以及先例和其他法律渊源的关系，乃至于先例对法律推理和法律理论，多数学者或学生就未必能够完全说的上来。而这些主题，恰是本书所关注的内容。

克罗斯和哈里斯都是英国法学大家，二人有很多相似经历，比如，克罗斯爵士在一岁而哈里斯教授在四岁时失明，尽管如此，二人都爱好体育运动，克罗斯爵士是英国著名的棋手，而哈里斯教授在划船和骑马方面颇具天赋。再有，二人都做过律师并都在牛津大学执教过，而且都取得了杰出的成就。本书的前三版是由克罗斯爵士完成的，第四版的修订工作是在克罗斯爵士去世后的1990年由哈里斯教授完成的。该书自出版以来，一直是该领域的权威之作，与哈特教授的《法律的概念》并列久负盛名的《牛津大学克拉伦登法学丛书》之列。

大概五六年前，我在学校随贺卫方老师读书时，既已粗粗翻阅过该书，彼时还不敢有翻译此书之心。去年春季，因着袁瑜琤兄的介绍,北京大学出版社的王晶编辑让我帮着推荐本书的合适译者,我联系了对英国先例有很好研究的师长们,遗憾的是,他们都没有时间。如此情况下,责任便落到了我的头上。说句实在话,虽然之前也读过一些相关的作品,并和师友们一道翻译了几本英国法的著作,拿到本书时,还是感到诚惶诚恐,深怕自己有限的水平糟蹋了这本经典名著,败坏了读者诸君的胃口。然而,弓在弦上,不得不发,只有用认真的态度,发挥自己最佳的水平,庶几不至于太拙劣。完成初稿后,自己校对了几遍,又经北京大学出版社李铎先生和王晶编辑的认真校对,本书所呈现给诸位就是目前这个样子了。不敢说本书已经达到了十分的水平,但我愿意说,我们都尽了十分的努力。当然,本书的任何问题,责任全由我本人承担。

译事多艰,良非托辞。针对本书的任何批评,欢迎发送至 miaowl@ 126. com,我在这里先行谢过了。

苗文龙

2010 年 11 月于重庆